바람직한
자녀와의 대화방법

Nancy Samalin & Moraghn Jablow 지음
김진숙 · 연미희 · 이인수 옮김

學文社

LOVING
YOUR CHILD
IS NOT
ENOUGH

Positive Discipline
Thtat Works

NANCY SAMALIN
with Martha Moraghan Jablow

PENGUIN BOOKS

역자 서문

"일어나, 세수해, 이닦아, 아침 먹어, 얼른 학교가, 숙제해, 공부해, 피아노 연습해, 책가방 챙겨, 얼른 자……"

위와 같이 매일 반복되는 일상적인 문제로 많은 부모들은 자녀와 씨름하며 힘들게 지내고 있다.

과연 이런 자녀와의 문제를 해결할 수 있는 좋은 방법은 없을까?

이러한 문제를 해결하고자 이 책은 1976년이래 2,500명 이상의 많은 부모들을 실제로 지도하면서 얻은 경험을 바탕으로 Nancy Samalin 여사가 Martha Moraghan Jablow 와 함께 저술한 "Loving Your Child Is Not Enough"를 번역한 것이다.

저자는 이 책에서 자녀를 훌륭하게 키우기 위해서는 자녀를 사랑하는 마음만 가져서 되는 것이 아니라 기술이 필요하다는 것을 강조하고 있다. 그것은 자녀의 행동에는 엄격하되, 감정은 수용하여 공감해주라는 것이다.

그러나 한 가지 유의할 점으로 여기에 나오는 부모들처럼 한다고 100% 성공한다고 생각하면 안 된다. 왜냐하면 어떤 아이에게는 효과적인 것이 다른 아이에게는 비효과적일 수가 있고, 또 같은 아이에게도 처음에는 비효과적이었던 것이 다음에는 효과적이지 못할 수 있기 때문이다. 그래서 부모들은 자신의 자녀에게 알맞은 방법을 부단히 찾아내야 한다는 것이다.

1, 2, 3, 10장은 연미희씨, 4, 5, 6장은 김진숙씨, 7, 8, 9장은 이인수씨가 각자 맡아서 번역한 것을 서로 바꿔가며 여러 차례 읽었음에도 불구하고 매끄럽지 않은 부분이 있을 것 같아 두려운 마음이다. 단지 역자들은 자녀를 양육하는 부모들에게 조금이나마 실제적인 도움을 주어 행복한 부모-자녀관계를 이루는 데 작은 보탬이 되었으면 한다.

1995년 10월
역 자

차 례

6

서 론

필자는 종종 잠자고 있는 아이들의 귀엽고 평화스러운 얼굴을 볼 때면, 너무나 아이들이 사랑스럽다. 그러나 아이들이 깨어 있을 때 즉, 우유를 엎지르고, 슈퍼마켓 선반에 있는 참치통조림을 끌어내리고, 블록을 던지며 싸우고, 받아쓰기에서 많이 틀리고, 다른 사람에게 자랑하고 보이고 싶을 때 오히려 매달려 칭얼거릴 때는 결코 아이들을 사랑하는 부모는 될 수 없게 된다. 잔소리하고, 큰소리 치고, 비평하고, 별명을 붙이고, 위협하고, 벌주며 그리고 결코 다른 사람에게 사용할 것이라고는 상상조차 못한 말을 한 것 때문에 끊임없이 죄책감을 느낀다.

기술이 없이 사랑과 선의(good intention)만으로 아이들의 행동을 변화시키기는 어렵다. 다음과 같은 전형적인 대화는 종종 부모자녀간에 싸움을 유발한다.

필자 : 에릭, 조심해. 주스 엎지를라.

에릭 : 아뇨. 안 엎지를 거예요.

필자 : 넌 전에도 그랬고 또 그럴 거야. 왜 넌 항상 컵을 식탁가장자리에 두니?

에릭 : 잔소리 그만하고 절 좀 내버려둬요.

잠시후, 에릭은 주스를 엎질렀다.

필자 : 아휴, 에릭! 조심하라고 했잖니? 왜 그렇게 어설프니.
       엄마가 조심하라고 수백 번은 말했잖아. 얼른 엎지른
       것 닦아!

필자는 아이를 갖기 전에 교사였다. 그래서 학생들과 마찬가지로 아이들에게도 인내심을 가질 것이라고 생각했다. 그러나 차츰 부모가 되는 것이 이 세상에서 가장 힘들고 어려운 일이라는 것을 알게 되었다. 필자는 수용적이며 교육적인 부모 즉, 세상에서 가장 위대한 어머니가 되길 원했지만 활동적이며 불안전한 두 아들과 생활해 나가는 데 전혀 준비가 되어 있지 않았다.

또한 나자신이 성질이 괴팍하고 자기통제력이 적다는 것을 알게 되었다. 나는 아이들과 공감하길 원하면서도 비평적이었고, 두 아들이 서로 사이좋게 지내길 바랐으나 그들은 항상 싸웠다. 또 잔소리하고 싶진 않았지만 결코 잠자코 있을 수 없었고, 아이들이 나에게 존경심을 가지고 대하길 원했지만 아이들은 말대꾸를 했다. 아이들이 내 말을 경청하길 바랐지만 아이들은 전혀 신경 쓰지 않았다.

나는 해결방법을 얻기 위해 자녀양육에 관한 책을 많이 읽었다. 책에서는 모든 것이 매우 쉽게 보여서 "오늘부터 큰소리치지 말고 아이들을 훈육해야지"라고 결심하곤 했다.

그러나 아이들이 과일가게에서 쌓아 놓은 배를 마구 뽑아내자마자 즉시 거칠게 돌변했다. 즉 전에 하던 습관적이고 "자동적인" 방식으로 되돌아 왔다. 왜냐하면 그것을 대신할 방법을 전혀 몰랐기 때문이다. 모든 상투적인 말, 즉 "일관성 있게 하라… 편애하지 마라… 인내하고 수용하라"는 말을 구체적인 테크닉으로 바꿀 수 없었던 것이다.

나는 절실하게 구체적인 대안이 필요했다.

아이들이 7살, 8살이 되었을 때 나는 저명한 심리학자인 하임기너트의 일을 하고 있었던 엘리스 기너트가 이끄는 부모워크숍에 참여하게 되었다. 이 워크숍에서 나는 내가 하는 말이 아이들에게 미치는 영향을 잘 깨닫게 되었다. 즉, "조심해. 주스 엎지를라"는 말은 에릭 자신을 불안하게 만들었고 그래서 "아뇨, 안 엎지를 거예요."라고 방어적으로 말하게 만들었다. 또한 필자의 예상이 적중했다. 즉, 에릭은 주스를 엎지른 것이다. "왜 넌 항상 컵을 식탁 가장자리에 두니?"라고 아이를 공격함으로써 아이는 반항적으로 "잔소리 그만하고 절 좀 내버려둬요."라고 말했다. 또한 나의 말은 아이가 컵을 옮겨 놓도록 하지도 못했다.

시간이 지나면서 나는 자동적으로 반응하기 전에 자신을 억제하게 되었고 아이들의 말에 전과는 다른 식으로 귀기울이게 되면서 우리 가족의 분위기는 현저하게 달라지기 시작했다.

나는 큰소리치고, 위협하고, 비평하는 것에 대한 새로운 대안을 짧은 시일 내에 배울 수가 없었다. 가치 있는 기술을 습득하기 위해서는 많은 시간과 연습이 필요했다. 그러나 그 기술이 항상 효과적인 것은 아니다.

그러나 만일 조금이라도 효과가 있다면 전혀 없는 것보다는 나을 것이다. 현재 나의 아이들은 20살, 21살이며, 기너트로부터 배운 기술 덕택으로 상호존중, 신뢰, 그리고 이해를 갖게 되었다.

우리 가족내의 이런 엄청난 변화를 가져오게 한 기술과 정보가 무엇인지를 알게 되면서 몇 년 전 본인처럼 아이가 복종하도록 설교하고, 벌주고 뇌물을 주는 것 이외에는 다른 방법을 알지 못하는 부모들에게 이 기술을 가르쳐주고 싶었다. 다른 부모들도 이 기술을 배우는 것이 유익할 것이라고 믿었기 때문이었다.

그 후 필자는 이 기술을 14년간 부모들에게 가르쳤고 상담학분야에서 석사학위도 취득했으며 뉴욕에서 부모지도 워크숍을 창설하게 되었다. 이 워크숍의 목적은 부모자신의 말하는 방식을 잘 깨닫게 하며, 자신이 한 말의 효과를 알게 하고 자녀와의 관계를 향상시키기 위한 새로운 방식으로 반응하게 도와주는 것이다. 그것은 성공적이었다. 새로운 방식으로 대화함으로써 화내는 대신 협력하고, 감정을 상하게 하거나 모욕감을 주지 않고 서로의 감정을 표현할 수 있으며, 자녀의 감정에 공감하면서도 행동상의 제한을 할 수가 있었다.

매주 부모 워크숍에 참석하는 부모들은 실제 자녀와 나누었던 대화를 글로 써서 가져온다. 우리는 함께 그 대화를 분석하고 검토함으로써 자신의 말하는 방식에 귀기울이게 된다. 경청은 매우 중요하다. 부모의 충동적이고 자동적인 반응이 얼마나 비효과적이며 아이의 마음에 상처를 주는 지를 알게 될 때 부모들은 아이들과의 대화에 보다 사려 깊고 효과적인 방법을 사용하게 된다.

이 책은 지난 십년간 수천 명의 부모들의 대화와 경험을 기초로 한 것이다. 필자는 독자들이 이 책에 나오는 부모들의 말에 귀를 기울임으로써 자녀와의 대화에 필요한 효과적인 기술을 많이 배울 수 있으리라고 확신한다.

부모는 밥먹기, 옷입기, 숙제하기, TV보기, 자질구레한 일의 분담, 형제간의 싸움, 장난감 및 옷의 정리정돈과 같이 매일 반복되는 지루하고 짜증나는 싸움으로 애태우게 된다.

이 책에 소개된 대화들은 이와 같은 일상의 문제에 부딪친 부모들

의 체험이다. 이 대화들은 우리가 무의식적으로 반응하는 것이 얼마
나 불행한 결과를 초래하는 지를 알게 해주며, 또한 아이들의 행동을
개선하고 그들과 친밀감을 형성하며, 즐거운 시간을 가질 수 있는 방
법을 보여주는 실증적 예가 될 것이다.

제 1 장

일상의 싸움을 피하는 방법

만약 여러분이 하루종일 혹은 단 30분 동안이라도 자녀와의 대화를 녹음하여 듣는다면, 다음과 같은 소리가 반복되는 것에 놀라게 될 것이다.

"일어나… 옷 입어… 옷 갈아입어… 얼른 아침 먹어… 똑바로 앉아 … 머리 빗어… 도시락 챙겨… 서둘러, 버스 놓칠라… 피아노연습해 … 장난감 제자리에 갖다 놔… 숙제해… 세수해… 당장 저녁 먹게 와… 흘리지 말고 먹어… 얼른 먹어… 목욕해… 잠옷 입어… 이 닦어… 언니 공부하는 것 방해하지마… 자거라… 얼른 불꺼!"

아이들과의 대화중 대부분은 단순히 '일상 생활을 유지하기 위한 말'들이다. 대부분의 부모들은 자신이 아이들에게 쉬지 않고 명령하는 말들을 의식하지 못한다. 과연 아이들이 부모의 말에 무감각해지는 것이 이상한 일인가?

부모가 되면 우리는 아이들의 행동을 향상시키기 위해 하루 24시간 동안 계속해서 가르쳐야 된다고 생각한다.

부모가 되면 가르치고 행동에 제한을 가하는 것은 필수적이다. 이

럴 때 대부분의 부모들은 한 가지 교수법 즉, 설교에 의존한다. 부모
들은 아이들이 해야 할 일을 말해 주는데 이는 현재의 부모가 어릴
때부터 배워온 방식이기 때문에 지극히 당연하다. 부모가 아이들에게
사용하는 말을 의식하지 못할 때 부모는 이전에 자신의 부모가 한대
로 그대로 반복하는 "자동기계"와 같다.

대부분 부모의 설교는 부모-자녀간의 쌍방적 대화를 촉진하지 못
한다. 그래서 아이가 부모에게 대들거나 무시하는 결과를 초래하게
된다. 또한 설교는 장차 힘싸움과 대결의 기반이 된다. 다음의 전형적
인 아침 장면을 보기로 하자.

엄마 : 창수야 이리 온. 자 옷 입고 학교 가자.
창수 : (칭얼대며) 엄마가 입혀 줘. 난 못 입어.
엄마 : 혼자 입을 수 있어. 단지 게을러서 그래.
창수 : 아네요.
엄마 : 넌 5살이야. 혼자 입어야 돼.
창수 : 전 5살이 아니예요. 아직 3달이나 남았어요.
엄마 : 오, 저런! 병호는 벌써 혼자서 옷 입더라. 그앤 4살도
　　　 안 됐어. 자, 서둘러. 늦어.
창수 : 걱정마세요.
엄마 : (창수의 머리 위로 셔츠를 확 잡아 당기며) 너 때문에
　　　 힘들어 죽겠다.
창수 : (눈물을 흘리며) 엄마 나뻐. 미워.

이같은 일상의 싸움은 허다하다. 즉 옷 입기, 밥 먹기, 숙제 하기,

TV보기, 잠자는 시간 지키기… 이런 일상적인 일들은 사소한 충돌을 커다란 싸움으로 번지게 하며, 부모나 아이 어느 편도 이기지 못하게 된다. 부모가 아이에게 "이겼다"고 생각할 때 부모는 진 것과 마찬가지이다. 부모가 아이를 힘, 위협, 혹은 벌로 순종하게 할 때 아이들은 무력감을 느끼게 된다. 그래서 아이들은 무력감을 견디지 못해 창수처럼 아직 여력이 있음을 나타내기 위해 또 도전한다.

만약 창수 엄마가 아들에게 한말을 듣게 된다면, 무엇을 들을 수 있겠는가? "단지 게을러서 그래"라고 한 엄마의 말은 아들을 얕잡아 보는 말이었다. 창수는 그 말에 화가 나서 부정했다 ("아녜요"). 엄마의 ("혼자 입어야 돼")라는 말은 창수와의 싸움을 확대시켰다. 그래서 기꺼이 엄마에게 동의하는 대신 창수는 사실 ("전 5살이 아니예요. 아직 3달이나 남았어요")을 가지고 따졌다. 엄마가 창수보다 더 어린 아이와 비교했을 때, ("병호는 벌써 혼자서 옷 입더라") 창수는 자존심이 상해서 방어적 ("걱정마세요")으로 대답했다. 엄마의 "너 때문에 힘들어 죽겠다."라는 말로 싸움이 절정에 달했을 때 창수는 단지 눈물로 반항하며 ("엄마, 나뻐, 미워")라고 옷입기 싸움에서 ('승리한') 엄마에게 복수심을 나타냈다.

이 책을 통해 필자는 창수 엄마처럼 자동적으로 반응하지 않는 새로운 대안을 제시하면서, 부모들에게 아이의 행동에 대해서는 엄격하게 하지만 감정에 대해서는 관대하라고 강조하고 싶다.

이 책은 부모-자녀간의 친밀감을 증진시키고, 부정적인 반응을 줄이며 자녀의 협력과 자아 존중감을 높이기 위한 것이다. 부모의 욕구와 자녀의 욕구는 자주 상반되기 때문에 결코 갈등을 전적으로 피할 수는 없을 것이다. 부모가 서두를 때 아이는 꾸물거리며, 부모가 잠깐

동안 쉬고자 할 때 아이들은 수십 가지 요구를 한다. 부모가 전화를 할 때 아이들은 옆에서 시끄럽게 방해하고, 손님을 대접하기 위한 준비로 바쁠 때 아이들은 장난감을 가져다가 잔뜩 늘어놓고 논다.

만약 하루에 5분 더 아이들과 즐겁게 지내고 5분 덜 큰소리 친다면 부모는 올바른 방향으로 나아가고 있는 것이다. 부모가 완벽하게 모든 상황을 바꿀 수는 없지만 새로운 대화방법을 사용하여 일상의 싸움을 감소시킬 수는 있다. 부모가 사용하는 특정한 말들은 아이의 반응방식을 결정한다.

다음에서 진숙이 엄마는 처음엔 자동적으로 반응했지만 잠시동안 자신의 말을 곰곰이 생각한 후 아이에게 효과적으로 반응했다.

> 진숙 : 성희가 제 생일파티에 오는 게 싫어요.
> 엄마 : 그래도 성희는 네 친구잖아.
> 진숙 : 아네요.
> 엄마 : 그런 말이 어딨니. 성희가 네 말을 들었으면 얼마나
>   섭섭하겠니.
> 진숙 : 괜찮아요. 성희는 못 오게 할거예요.
> 엄마 : 그럼, 생일파티를 하지 말아야겠구나!
> 진숙 : 좋아요. 생일파티는 필요 없어요.

진숙이 엄마는 먼저 "성희는 네 친구잖아."라고 말함으로써 딸의 감정을 부정했다. 진숙이는 분명히 성희가 생일파티에 오는 것을 싫어했지만 엄마는 딸이 왜 그러는지 이유도 알아보지 않고 반박했다. 또 엄마는 "그런 말이 어딨니. 성희가 네 말을 들었으면 얼마나 섭섭

하겠니"라고 설교했다. 부모가 설교할 때 아이들은 진숙이의 "괜찮아
요"라는 반응처럼 부모의 말을 무시한다.

　많은 부모들은 어떻게 해야 좋을지 모를 때 아이를 위협("그럼, 생
일파티를 하지 말아야겠구나!")하게 된다. 그러나 부모가 자녀를 위협
할 때 함정에 빠지기 쉽다. 부모는 자신의 위협대로 생일파티를 해주
지 않거나 아니면 자신의 말을 취소하고 항복하면 아이는 부모의 말
을 다시는 진지하게 받아들이지 않을 것이다. 이 경우 어떠한 선택도
효과적인 훈육은 아니다. 진숙이는 엄마의 으름장에 대해 "좋아요. 생
일파티는 필요 없어요"라고 소리침으로써 파티를 취소시키겠다는 협
박에 교묘하게 반응했다.

　결국 이 시점에서 엄마와 진숙이 어느 누구도 이기지 못하는 막다
른 골목에 이르게 되었다.

　잠시 후 진숙이 엄마는 앞으로 논의될 몇 가지 기술을 사용해서 다
음과 같이 다른 방식으로 딸에게 말했다.

　　엄마 : 성희가 널 성가시게 굴었나보구나.
　　진숙 : 예, 성희는 항상 제 인형을 갖고 놀아요.
　　엄마 : 그래서 넌 정말 속상하겠구나.
　　진숙 : 예, 성희가 그러는 게 정말 싫어요.
　　엄마 : 생일파티에서 그 문제를 해결할 좋은 방법이 없을까?
　　진숙 : 음, 만약 이층 방에다 인형을 갖다 놓고 파티를 아래
　　　　　층에서 연다면 성희가 제 인형을 갖고 놀 수 없을 거
　　　　　예요.
　　　　　아, 그럼 그 앨 파티에 초대해도 되겠어요.

엄마 : 야, 멋진 생각이구나.

이 대화는 너무나 근사해서 실제로 일어난 것이라고 믿기가 어려울 것이다. 그러면 진숙이 엄마가 행한 것을 하나씩 검토해 보자.

"성희가 널 성가시게 굴었나보구나."라고 말함으로써 엄마는 딸의 감정을 소중하게 생각하고 인정해 주었으며, 딸을 괴롭히는 것이 무엇인지를 알아낼 수 있는 좋은 기회를 갖게 되었다. 또한 "그래서 넌 정말 속상하겠구나"라고 말함으로써 성희에 대한 딸의 감정을 인정해 주었을 때 진숙이는 엄마가 진심으로 자신을 이해한다고 생각하게 되었다. 진숙이 엄마는 문제를 확인하는 데 도움이 되는 정보를 알아내기 위해 아이의 감정을 인정해주는 기술을 사용했다. 진숙이 엄마는 "…좋은 방법이 없을까?"라고 질문함으로써 진숙이가 문제를 해결할 수 있는 기회를 제공해 주었다. 만약 진숙이가 스스로 해결책을 찾지 못했다면 엄마는 두세 가지 가능한 방법을 제안하여 그 중 한 가지를 선택하도록 했을 것이다.

문제해결을 할 기회가 주어질 때 아이들은 자신에 대한 인식이 생기면 자신감을 향상시킬 수 있을 뿐만 아니라, 부모가 아이를 지나치게 보호할 때보다 더 자신이 제안한 해결책을 잘 수행할 것이다.

똑같은 일상의 싸움을 반복하는 부모들로부터 수집한 다음의 대화를 읽어가면서, 부모들은 각 상황에 있어서 한 가지 완벽한 해답은 없다는 사실을 명심해야 한다.

부모는 자신의 아이를 다른 사람보다 더 잘 안다. 각각의 아이는 독특해서 똑같은 상황이나 똑같은 말에도 각기 다르게 반응할 것이다. 어린 아이에게 매우 효과적인 것이 나이든 아이에게는 불리한 결과를 초래할 수도 있다. 그리고 오늘 아이에게 효과적인 것이 내일은 비효과적이 될 수도 있다.

당신은 아이에게 몇 가지 새로운 기술을 사용하여 상상적, 창의적으로 반응할 수 있다(만약 그 순간에 여력이 있다면). 대부분 부모들의 말은 쉽게 예측할 수 있어서 아이들은 부모가 입을 열기도 전에 말하려는 것이 무엇인지를 안다. 그래서 부모들은 말을 하기 전에 잠시 멈추고 "내 말이 반항을 일으킬 것인지 협력을 가져오게 할 것인지"…"지금 엄격한 제한을 하고자 하는지 혹은 싸울 가치가 없는지" … "만약 아이가 다른 사람의 아이라면 어떻게 말할 것인지"를 스스로 질문해 보는 것이 유용하다.

싸울만한 가치가 있는 싸움

진정으로 중요한 것은 무엇인가? 아이들의 모습은 어떠한가? 아이들은 무엇을 입고 있는가? 무엇을 먹는가? 자신에 대해 어떻게 생각하는가? 몇 점을 받았는가? 운동을 얼마나 잘 하는가?

다른 사람들은 아이들에 관해 무엇을 생각하며 그것이 우리에게 얼마나 영향을 미치는가?

만약 부모가 아이들의 가장 싫은 행동 목록을 만든다면, 그 항목은 무수히 많을 것이다. 즉 "아이들이 공상에 잠기는 것, 칭얼대는 것, 셔츠를 바지에 집어넣는 것을 잊어버리는 것, 식사시간마다 식탁 다리를 걷어차는 것, 건방지게 행동하는 것, 여러 번 상기시켜야만 씻는 것, 일을 느릿느릿 하는 것, 음식을 가지고 장난하는 것, 형제끼리 싸우는 것, 부모를 쉴새없이 방해하는 것, 부모가 부를 때 대답하지 않는 것 등등… "이다.

몇몇 부모들은 갈등을 일으키는 가장 성가신 아이들의 행동"목록"을 만드는 것이 도움이 된다는 것을 알고 있다. 성가신 행동의 목록을 검토하는 것은 부모가 아이들의 행동에 대해 통찰력을 갖게 해주며, 사소한 문제에는 신경을 덜 쓰고, 중요한 것을 어겼을 때에는 전력을 다해 노력할 수 있게 해준다. 어떤 아버지는 "이것이 앞으로 일주일 동안 문제가 되겠는가?"라고 자문해 봄으로써 자녀에 대한 지나친 요구를 억제했다. 다른 부모는 "내가 이것을 눈감아 줘도 괜찮은가? 이것은 과연 싸울 가치가 있는 것인가? 아이가 속옷바람으로 자려할 때 잠옷을 입고 자는 것이 얼마나 중요한가?"를 스스로 질문해 본다. 또 다른 부모들은 하루 중 자녀가 해야할 일을 적어두는 것이 유용하다는 것을 알게 된다. 즉 부모는 목록을 검토한 후 중요하지 않은 사항을 빼는 것이 오히려 더 쉽다는 것을 알게 된다. 자연히 부모들은 순위를 정하고, 그 중 가장 중요한 것을 선택할 수 있다.

일상생활에서 사소한 충돌을 피하거나 감소시킬 수 있는 또 하나의 전략은 부모가 융통성을 발휘하는 것이다. 5살인 영희와 3살된 윤희는 식탁에서 자리 다툼을 하고 있었다. 이때 엄마는 아이들이 싸우지 않도록 융통성을 발휘했다.

영희 : 윤희가 내 자리에 앉았어요.
윤희 : 난 오늘 여기 앉고 싶어.
영희 : 그건 내자리야, 넌 거기 앉을 수 없어.
윤희 : 아냐, 앉을 수 있어 지금도 여기 앉아 있잖아.

영희 : 엄마…! 윤희가 내자리에 앉아 있어요. 불공평해요.
　　　그건 내자리야.

영희, 윤희네 집에서 이런 식의 싸움은 새로운 사건이 아니었다. 이
럴 때 엄마는 보통 윤희를 끌어내려 다른 의자에 앉혔다. 그러면 윤
희는 항상 소리쳐 울었고, 계속해서 싸움이 일어났다. 그러나 이번에
엄마는 다른 식으로 행동했다.

엄마 : (영희에게) 넌 그 의자에 앉기를 참 좋아하는구나.

영희 : 예.

엄마 : 그런데 윤희도 거기 앉는 것을 좋아해. 아마 오늘밤은 윤
　　　희 차례지.

영희 : 제가 만약 맞은편 의자에 앉을 수 있다면, 이 자릴 윤희에
　　　게 내주겠어요.

"맞은편"은 벽 쪽으로 밀쳐진 식탁의 측면이다.

엄마 : 음, 좋아. 식탁을 옮기자.

엄마는 한쪽 벽에 붙여진 식탁을 이동함으로써 영희가 기대하지
못했던 일을 했다. "넌 그 의자에 앉기를 참 좋아하는구나"라는 간단
한 말은 엄마가 영희의 감정을 이해하고 있다는 것을 딸이 알게 함
으로써 싸움을 피하게 해주었다.

오후 5시경 아이들이 지치고 배가 고파서 집에 왔을 때 엄마는 진
작 보냈어야 할 편지의 답장을 쓰는 중이었다. 그러나 딸들은 사소한
요구로 엄마가 답장쓰는 것을 방해했다.

예리 : 엄마, 모노폴리게임판 어딨어요?

엄마 : 너 혼자 찾아봐.

예리 : 엄마가 찾아줘요.

엄마 : 애들아, 편지좀 쓰게 잠깐동안만 방해하지 않을 수 없겠니?
　　　너희들이 귀찮게 하면 편지를 쓸 수가 없어.

예리 : 엄마 언제 저녁할 거에요? 배고파 죽겠어요.

엄마 : 너희들이 귀찮게 하지 않으면 곧 할께.

엄마가 사건이 확대되는 것을 막기 위해서 융통성을 발휘할 수 있다는 것을 깨달았을 때는 이미 늦었다. 엄마는 "왜 난 아이들이 잠든 밤에 편지를 쓰지 못할까?"라고 스스로 자문했다. 워크숍에서 엄마는 "아이들이 원하는 대로 해준 것은 아니예요. 전 선택… 편지를 뒤로 미룰 수도 있다…을 할 수 있다는 것을 알았어요. 그리고 실제로 아이들이 잠든 후 편지를 편안히 잘 쓸 수 있었죠."라고 말했다.

타협할 수 없을 때

부모들은 아이들과 싸울 만큼 문제가 중요하지 않다고 판단할 때는 융통성을 발휘할 수가 있다. 그러나 융통성을 발휘하기보다는 오히려 엄격하고 명확한 제한을 하는 것이 필요할 때가 더 많다.

제한을 하는 과정에서 부모들은 다음의 명수엄마가 하는 것처럼 부모로서의 권위를 가지면서도 아이와의 싸움을 피할 수 있다.

명수 : 엄마, 계란후라이 하나 해주세요.

엄마 : 그래,

계란후라이가 다 된 후,

명수 : 전 이런 걸 원하지 않았어요. 먹지 않을래요.

엄마 : 저런, 엄만 그렇게 해달라는 줄 알았지.

명수 : 아녜요. 다른 걸로 다시 해주세요.

엄마 : 엄만 아침에 한 번 이상 요리하지 않아. 이건 네가 좋다면
       먹어도 좋아.

명수 : (놀라서 쳐다보며) 아, 음 먹겠어요.

잠시 후, 명수는 그 계란후라이를 먹기 시작했다. 결과가 너무 좋아서
믿어지지 않을 것이다. 아이에게 제한을 하는 것이 쉽지는 않지만 명
수엄마는 아들의 요구에 굴복하지 않고서도 싸움을 피할 수 있었다.
만약 엄마가 자동적으로 반응했더라면, "어서 먹어! 네가 해달라고
했으면 먹어야 할 것 아냐."라고 명령했을 것이다.

　명수가 "전 이런 걸 원하지 않았어요."라고 했을 때 엄마는 아들의
말을 부정하지 않고 "엄만 네가 그렇게 해달라는 줄 알았지."라고 대
답했다. "엄만 그렇게 해달라는 줄 알았지."라는 말은 예를 들면 "네
가 그렇게 해달라고 말했잖아."와 같은 말처럼 명수를 공격하지는 않
는다.

　엄마가 "네가…"로 시작했다면, 명수는 방어적인 태도를 취했을 것
이고, 의심할 여지없이 싸움이 계속되었을 것이다.

　명수가 다른 것을 만들어 달라고 했을 때, 엄마는 단호하게 "엄만

아침에 한 번 이상 요리하지 않아."라고 한계선을 그었다. 그렇지만 아들에게 선택의 여지를 주었다. 즉, 엄마는 명수가 반항하도록 부추기는 명령적인 말보다는 오히려 선택의 여지를 주었다("네가 좋다면 이 후라이 먹어도 돼.")

명수는 엄마한테 자신이 원하는 다른 것을 얻을 수 없음을 깨달았을 때 이미 만든 계란후라이를 먹기로 결심했다. 그러나 명수 엄마의 반응이 아이들에게 음식을 먹게 하는 확실하고 유일한 방법은 아니다. 단지 앞의 예는 한 엄마가 자녀와의 승패싸움에 빠져들지 않고 피할 수 있었던 방법중의 하나에 불과하다.

아이가 자신의 행동 결과를 체험하게 하는 것

아이들에게 행동에 대한 결과를 체험하게 하는 것은 종종 부모의 설교나 위협보다 훨씬 더 효과적인 훈육방법이 될 수 있다.

만약 아이가 더러워진 옷을 세탁장에 갖다 놓는 것을 잊어버리면, 다음에 입으려고 할 때는 더러워서 입지 못하게 될 것이다.

만약, 아이가 불러서 금새 오지 않는다면, 밥과 국은 식어 있을 것이고, 만약 아이가 자켓의 단추를 끼우지 않고 장갑도 끼지 않았다면, 차가운 바람은 엄마의 잔소리보다 더 확실하게 아이가 단추를 끼우고 장갑을 끼도록 상기시켜 줄 것이다. 만약 아이가 숙제를 하지 않는다면, 다음날 선생님이 문제를 풀도록 지명했을 때 잘 몰라서 창피를 당할 것이다.

만약 위의 경우에 아무 말도 하지 않는다면, 부모는 아이들과 말다툼하는 데 힘을 소모하지 않아도 아이들은 스스로 자신들의 행동 결과를 통해 배울 수 있게 된다.

종철이 엄마는 항상 아침에 일어나는 것 때문에 11살 된 아들과 싸운다. 마침내 엄마는 아들이 지각하도록 놔두는 것이 아침마다 아들을 깨우는 것보다 훨씬 더 효과적이라는 것을 깨달았다. 엄마는 아들에게 더이상 아침에 일어나는 것에 대해 책임지지 않을 것이라고 말했다. 그 후 종철이는 학교에 늦지 않게 가기 위해 엄마에게 의존하지 않고 자명종 시계를 맞추어 놓았다. 이렇게 함으로써 종철이는 엄마가 깨우는 것보다 훨씬 지각을 적게 했다.

아이가 부모의 말을 경청하도록 하는 방법

어떻게 하면 아이가 부모의 말에 귀를 기울일 수 있을까요?라는 질문은 워크숍에서 대부분의 부모들이 하는 첫번째 질문이다.

대답은 간단하다. 즉, 말을 적게 하는 것이다. 아이들은 부모들의 긴 명령어에 익숙해져서 이내 부모의 말에 무감각해진다. 예를 들면, 한 어린 소년이 "저희 엄마가 두 번째 말을 시작할 때, 전 엄마가 처음에 한 말은 다 잊어버려요."라고 말하는 것과 같다. 또 다른 아이는 "엄마는 제가 간단한 질문을 할 때마다 항상 길게 대답을 하세요."라고 한다.

만약 당신이 한 마디만 하고 멈출 수 있다면, 아이들은 부모에게 더욱 협력할 것이며, 많은 일상적인 싸움을 피할 수 있을 것이다.

만약 당신이 소위 "한 마디 규칙(one-word rule)"이라고 하는 것을 고려한다면 간단하게 말하는 습관을 가질 수 있을 것이다.

예를 들어, 병수는 비에 젖은 채 집에 들어와 부엌 바닥을 온통 진흙

투성이로 만들었다. 만약 병수 엄마가 자동적으로 반응했다면, 다음과.
같이 말했을 것이다. "장화는 현관에 벗어 놓으라고 몇 번이나 말했
니? 이 지저분한 것 좀 봐라! 넌 엄마가 하루종일 바닥이나 청소했으
면 좋겠니? 넌 인정도 없고 조심성도 없어. 왜 장화를 밖에 벗어두는
간단한 일조차 넌 기억하지 못하니?…" 병수는 첫번째 말 이외의 것
은 신경도 쓰지 않을 것이다.

　그러나 병수를 화나게 하는 비평을 하지 않고서도 간단히 그리고
효과적으로 엄마의 의사를 전달할 수가 있다. 즉, 엄마는 단지 "장화"
라는 한 마디만 하면 된다.

　완곡하게 끝없이 상기시켜주는 잔소리("또 이닦는 것을 잊었구나.
넌 왜 그렇게 잘 잊어버리니? 네 이는 온통 벌레먹게 될거야.
네 형은 결코 이닦는 것을 잊어버리지 않아…") 보다는 오히려　간단
히 "이"라고 말할 수 있다.

　한 마디는 보다 더 강한 어조로 반복될 필요가 있을지도 모르지만
그럴 경우에도 비평이나 감추어진 뜻은 없어야 한다. 한 마디 규칙은
매우 효과적이다. 왜냐하면 아이를 비난하는 것이 아니라 상황을 전
달하는 것이기 때문이다. 상황은 다시 싸움을 일으키지 않지만 부모
한테 비평받았다고 느끼는 아이는 화제를 다른 데로 돌리거나 방어
적이 되며 부모에게 반항하게 된다.

　아이들은 부모가 잔소리하는 것에 반항하는 것처럼 명령하는 말에
도 반항한다. 필자의 아들이 "엄마가 제게 명령할 때마다 그 반대로
하고 싶어져요."라고 고백한 것과 같다. 아이들은 장황한 비평, 위협,
혹은 명령보다는 무엇을 하는 것이 필요한 지에 대한 간결하고 일반
적인 진술에 훨씬 더 긍정적으로 반응한다.

부모는 아이들이 열등감을 느끼지 않게 하면서도 중요한 것을 배우도록 도와줄 수가 있다. 만약 우리가 기대하는 것을 말하고 난 뒤 잠시 자리를 피해주면 아이들은 쉽게 부모의 말에 따를 수 있을 것이다.

간결하고 일반적인 진술	비평적이며 장황한 잔소리
"책 반납기일이 5일 지났어."	"오늘 방과후 즉시 도서관에 책을 반납해, 넌 반납기일이 이미 5일이나 지난 줄 모르니?"
"스쿨버스가 10분 있으면 도착할거야."	"옷입어, 도시락 잊지마. 서둘러! 왜 그렇게 꾸물대니."
"옷은 걸어두는거야."	"당장 옷 집어! 왜 그렇게 칠칠맞니? 넌 옷걸이가 뭔지 모르니?"
"새장은 깨끗이 청소 해야 해." "동철이와 재미있게 놀았지? 이젠 집에 가야할 시간이야."	"넌 한 번도 새장 청소하는 것을 기억하는 법이 없구나." "만약 지금 당장 현관으로 나오지 않으면, 동철이 집에 다시는 데려오지 않을거야."
"할머니께는 항상 존대말을 사용해야 한단다."	" 넌 참 버릇이 없구나. 또 엄마한테 말대꾸하고 할머니께 건방지게 굴면 혼내 줄거야."

아이는 만약 부모가 교관처럼 즉각적인 순종을 기대하며 그 앞에서 있으면, 자신의 체면을 유지하기가 어려울 것이다.

아이가 우유를 엎질렀을 때 부모는 다음과 같이 간단하게 말할 수있다. "스펀지 여기 있어. 엎지른 것을 닦으렴."라고 말한 다음 아이가 체면을 유지할 수 있도록 잠시 그 자리를 피해 주는 것이다.

싸움을 거는 사람

엄마 : 동숙아! 이리 와! 동숙아! 지금 당장! 넌 갈수록 방을 더
　　　어지럽히는구나. 방이 돼지우리 같아. 만일 네가 이렇게
　　　계속 옷을 어질러 놓으면 이젠 다시 너에게 옷을 사주지
　　　않을거야. 왜 넌 깨끗이 못하니? 왜 옷을 걸어 놓지 않고
　　　바닥에 있는대로 늘어 놓니?

동숙 : 엄만 왜 동일이는 야단치니 않아요? 동일이 방도 더럽단
　　　말예요. 그리고 사실 엄마도 그렇게 깨끗하지 않은 편이잖
　　　아요.

　말을 시작할 때 사용되는 "너", "만일" 그리고 "왜"와 같은 말들은
아이들을 화나게 한다. 그래서 아이가 부모와 싸우도록 부추기게 되
는 것이다. 동숙이는 방이 지저분해서 청소하겠다고 순순히 엄마에게
동의하지 않고 오히려 대들었다. 그리고 동숙이는 그 책임을 남동생
에게 돌리려고 했으며, 화가나서 "엄마도 그렇게 깨끗하지 않은 편이
잖아요."라고 엄마를 비난했다.

　동숙이 엄마는 아이를 화나게 하는 온갖 말을 사용했다. "넌 갈수
록 방을 더 어지럽히는구나."는 말로 공격을 시작했다. "너"로 시작하
는 말은 즉각적으로 적대적인 반응을 유발하며, 문제가 아닌 사람을
공격하게 된다. ("넌 항상… 넌 결코… 차라리… 넌 그런… ")

　"만일"은 대체로 위협을 시작하는 말이다. 즉 "만일 네가 이렇게
계속 옷을 어질러 놓으면, 이젠 다시 너한테 옷을 사주지 않을거야."
는 위협하는 말이다. 이것은 비효과적인 양육방법이다. 동숙이 엄마는

정말로 딸에게 옷을 다시는 사주지 않으려고 작정한 것인가?

　동숙이는 그것이 으름장이라는 것을 알고 있다. 또한 협박은 강자가 약자를 위협하는 힘싸움(power play)을 초래한다. 그래서 약자는 협박을 일종의 도전으로 생각하고 또다시 싸우려고 한다. "왜"는 대체로 비난을 시작하는 말이다. 즉 "왜 넌 깨끗이 못하니? 왜 옷을 걸어놓지 않고 있는대로 늘어놓니?"와 같은 종류의 광범위한 비난적 공격은 방어적이거나 반항적 반응을 유발한다. 왜냐하면 그것은 마치 동숙이가 스웨터를 서랍에 넣어둔 적이 한 번도 없었던 것처럼 과거의 잘못을 전부 상기시키기 때문이다 (비난에 관한 것은 6장에서 보다 자세하게 다뤄진다).

　동숙이의 지저분한 방문제를 해결하기 위해 "너", "만일" 그리고 "왜"와 같은 말을 사용하는 대신, 어떻게 하는 것이 좋은지 간단히 말할 수 있었다. 즉 "동숙아, 옷은 걸어둬야 해. 옷을 산더미처럼 쌓아두면 구겨져서 다림질을 해야 한단다."라고 말할 수 있었을 것이다.

　"-하고나서"는 협박시 사용되는 "만일"을 대치할 수 있는 효과적인 말이다. 자녀가 하고 싶어하지 않는 일을 하게 할 때, "-하고 나서"라는 말은 위협이 아닌 동기를 부여하는 말이다. 즉 "네가 옷을 정리하고 나서 엄마와 시장에 가자."와 같다.

　유사한 맥락에서 사용되는 "-했을 때"도 똑같은 효과를 나타낸다. 즉 "숙제를 끝냈을 때, TV어린이 시간을 봐도 좋아."라고 할 수 있다. 시간에 대한 정확한 개념을 갖지 못한 아이들조차 "-하고나서" 혹은 "-했을 때…"의 순서를 이해할 수 있다.

　강자가 약자를 협박하는 상황을 만들기보다는 오히려 파트너십(partnership)("네가 -을 하고나서, 엄마는… 을 해줄 것이다.")을 불어

넣을 수 있으며, 잠재적인 힘싸움을 없앨 수 있다.

"-하고나서"는 "만일"과 크게 다르지 않은 것으로 생각될지 모르나 그 효과는 매우 놀랄 정도이다. 경험 있는 부모들은 "-하고나서"는 목소리의 어조를 변화시키며, "만일"이라는 말로 시작하는 것보다 화가 덜 난다고 얘기한다.

선 택

아이들이 무엇을 입고, 무엇을 먹을 지, 언제 공부할 지에 대해서 스스로 선택하도록 함으로써 의사결정과 문제해결에 있어서 자신이 유능하다고 느끼도록 도와줄 수 있다. 그러므로 아이들에게 선택을 하도록 하는 것은 일상의 싸움을 줄이는 또 하나의 방법이다. 아이에게 명령하고, 설교하고, 협박하기보다는 오히려 "목욕을 저녁 먹기 전에 할래, 먹은 후에 할래?" 또는 "엄마를 도와줬으면 좋겠다. 식탁을 치워 줄래? 그릇을 정리해 줄래? 네가 정하렴."하고 말하는 것이 좋을 것이다. 아이에게 선택하게 할 때는 강자에게 의해 지배되는 약자 같은 느낌이 들지 않게 해야 한다. 그리고 부모는 선택을 가장하여 아이를 위협하지 않도록 주의해야 한다. 만약 벌을 받거나 부모가 원하는 것 둘 중에서 선택을 하라고 한다면, 실제로는 전혀 선택의 여지가 없는 것이다. 그것은 단지 협박에 불과하다. 예를 들어 "지금 당장 동생을 데리고 공원을 가든지 아니면 오늘밤 모두 영화보러갈 때 넌 집에 남아 있어."라고 말하는 것과 같다.

아이에게 타당한 선택을 하도록 하는 것은 문제가 심각한 최종단계에 이르는 것을 예방할 뿐만 아니라 아이가 유능한 의사결정자가 되도록 도와준다. 만수아버지는 12살 된 아들이 자신의 작업장에서 연장을 사용하는 것 때문에 종종 화가 났다. 아래에서 부자간의 대화를 보기로 하자.

아버지 : 만수야, 송곳을 상자 안에 도로 넣어 주겠니? 안 그러면 다음에 송곳이 필요할 때 찾기가 힘들어.

만수 : 전 아빠의 노예가 아니예요. 아빠도 송곳을 사용했잖아요.

아버지 : 그건 별로 중요하지 않아. 우린 함께 일을 하고 있잖아. 만일 다른 걸 치우는 일을 하고 싶으면 그걸 해도 좋아.

만수 : 어떤 거요?

아버지 : 글쎄. 톱밥을 치우든지 송곳을 제자리에 갖다 놓든지 하렴.

만수 : 톱밥을 치우겠어요. 집 안에서 진공청소기를 가져와야겠는데요.

아버지는 "전 아빠의 노예가 아니예요."라는 아들의 말 때문에 부자간의 문제를 회피하지 않았다. 오히려 아버지는 작업장의 기본 규칙 즉 청소하고 연장을 제자리에 갖다 놓을 것을 반복해서 말했다. 만수에게 선택을 하도록 조용히 기다려 줌으로써 아버지는 훌륭하게 훈육을 했다. 모든 부모들이 잘 알다시피 화가 날 때 조용히 기다리고, 협박을 하지 않고 협력하도록 선택할 기회를 주는 것은 어려운 일이다.

선택을 부여하는 것이 일상의 싸움을 어떻게 없애는 지를 가장 쉽게 입증해 줄 수 있는 곳은 식탁이다. 극히 소수의 부모들만이 아이들에게 음식을 선택하도록 한다. 부모가 되는 즉시, 대부분의 사람들은 아이들의 배고픈 정도나 개인적 기호를 고려하지 않고 아이들이 무엇을, 언제, 그리고 얼마만큼 먹어야 하는지를 강요하는 즉석 영양사가 된다. 그러나 이것은 자녀와의 불필요한 싸움을 초래하게 된다.

오랫동안 틀에 박힌 식사를 제공해 온 한 엄마가 마침내 아이들의 끊임없는 불평에 지쳤다. 아래의 그들 대화를 보기로 하자.

병환 : 엄마가 만든 음식은 맛있는 게 하나도 없어.
상숙 : 엄만 우리가 당근을 싫어하는 걸 잘 알잖아.
용숙 : 왜 우리가 맛없는 콩을 먹어야 해요?

식사시간의 불쾌감으로 피로에 지친 어머니는 어느날 아이들에게 음식을 일일이 나눠주기보다는 빈 그릇을 주어 아이들이 선택해서 먹도록 하게 함으로써 놀래주기로 마음 먹었다.

엄마 : 자, 지금부터 너희들이 원하는 만큼 음식을 가져가렴.
　　　단 한 가지 규칙은 '너희가 먹고 싶지 않은 것은 가져 가
　　　지 않는다.'는 거야.

처음에 아이들은 미심쩍어하면서 엄마의 눈치를 살폈다. 상숙이는 당근을 먹지 않았다. 병환이는 접시에 완두콩 하나를 올려놓고 엄마가 어떻게 할지 눈치를 보았다. 엄마는 아무 말도 하지 않았고, 그래서 아이들은 점차로 배가 고플 때 음식을 먹었다.

첫 일주동안 아이들은 영양상 균형 잡힌 식사를 하지 않았지만, 식사시간은 즐거워졌고 싸움도 훨씬 줄어들었다. 그리고 아이들은 결국

골고루 모든 음식을 먹게 되었다. 아마 어떤 부모들은 이 엄마처럼 음식을 제공하는 방식까지 바꾸기를 원하지 않을 것이다. 그러나 음식을 선택하게 하는 간단한 일조차 싸움을 줄여 준다. 즉 "계란을 삶아줄까? 후라이 해줄까?" 또는 "빵에 잼을 발라줄까? 땅콩버터를 발라줄까?"와 같이 할 수가 있다. 아이들에게 음식을 선택하게 함으로써 우리는 무엇을 사서 음식을 만들어 줄 것인지를 결정하는데 도움이 된다. 또한 아이에게 선택할 기회를 줌으로써 일상적 싸움이 줄어들 뿐만 아니라 아이들은 부모가 자신의 기호, 판단, 그리고 개성을 소중히 여기며 존중한다는 중요한 메시지를 받게 된다.

우리의 지겨운 음식 문제를 없애기 위해 한 어머니는 9살 된 딸에게 금주의 식단을 만들 것을 제안했다.

<금주의 식단>　　　　　　　　　　　　　　　　　　　<도표1>

시간＼요일	월	화	수	목	금	토	일
아 침	포스트	밥	빵	우유	밥	밥	밥
점 심	밥	밥	치킨	돈까스	주스	아이스크림	우동
저 녁	빵	우동	밥	주스	밥	치킨	밥

그 엄마는 "딸은 방으로 들어가더니, 거의 한 시간 동안 말없이 분주하게 움직이고 나서 자신이 좋아하는 음식의 도표를 제게 건네주더군요."라고 말했다. <도표 1 참조>

아이 스스로 문제를 해결하도록 하는 방법

부모가 자녀에게 의견을 묻고, 제안을 하면 아이들은 종종 심각한 싸움을 피할 수 있는 효과적인 해결책을 말할 것이다. 만일 문제해결을 할 기회가 주어지면, 아이들은 자신감이 생기고 부모가 제시한 해결책보다 자신이 제시한 해결책을 더욱 잘 지킬 것이다.

엄마 : 애야, 엄만 정말 나가야 해. 늦었어. 30분 전에 너더러 잠 잘 준비하라고 했잖아. 그런데도 넌 아직 놀고 있어. 강의 도중에 꼴찌로 교실에 들어가는 것이 창피했단다. 어떻게 하면 좋겠니?

말숙 : 지금 몇시예요?

엄마 : 8시야. 강의는 8시에 시작해.

말숙 : 서둘러요, 엄마. 제 걱정은 하지 마세요. 혼자 잘 수 있어요.
    말숙이는 놀던 것을 멈추고, 서랍에서 잠옷을 꺼내 갈아입기 시작했다.

엄마 : 고맙다, 말숙아. 엄마를 도와 줘서 정말 고맙구나.

다음은 옷을 방에 늘어놓는 아들과 엄마의 대화이다.

엄마 : 방이 온통 지저분하게 옷으로 뒤범벅된 것이 정말 보기 싫어. 옷을 걸어놓으라고 할 때마다 엄만 너와 싸우게 돼. 이 문제를 해결할 무슨 좋은 수가 없겠니?

덕기 : 글쎄요. 엄마가 빨래 바구니를 제 방에다 가져다 놓으시면 어떨까요?

엄마 : 좋아, 그걸 당장 네 방으로 옮기자.

그 후 덕기의 더러운 옷이 모두 바구니에 담기지는 않았지만 반쯤이라도 빨래가 담긴 것을 엄마는 다행스럽게 생각했다.

3살이 지난 병철이는 여러 주 동안 매일밤 자기방에서 나와 방이 어두워서 무섭다고 불평했다. 병철이 엄마는 무서울 게 아무 것도 없다며 매번 합리적인 설명을 했지만 아무 소용이 없었다. 그래서 아들에게 문제를 해결할 수 있는 방법을 물어 보았다.

병철 : 방이 너무 어두워요.
엄마 : 방에 전등이 있잖아.
병철 : 그래도 잠을 잘 수가 없어요.
엄마 : 엄마가 어떻게 하면 널 도와 줄 수 있겠니?
병철 : 아빠의 큰 회중전등을 제게도 하나 사주시면 좋을 것 같아요.
엄마 : 참 좋은 생각이구나.

엄마는 그날밤 아빠 것을 주고 다음날 아들에게 새로 큰 회중전등을 사주었다.

한 가지 주의할 점으로는, 아이에게 제안을 하게 하는 것과 부모와 자녀가 동의할 수 있는 해결책을 모색하는 것은 문제가 그다지 심각하지 않을 때 가장 효과적이다.

다음에서 한 아버지가 매번 가족의 자동차 여행에서 어디에 누가 앉느냐 하는 문제로 곤란을 겪은 후 행한 것처럼, 여러분은 위기가 발생하기 전에 문제를 예상하고 아이들에게 해결책을 물으면 현명하게 대처할 수 있다.

아버지 : 너희들과 함께 우리가 항상 직면하는 문제에 관해 얘기하
고 싶어. 출발하기 전에 우리가 해야 할 일을 함께 생각
해 보자. 누가 차의 앞쪽에 앉을지에 관한 싸움을 어떻게
하면 피할 수 있을까?

성수 : 제가 앞에 앉아야 해요. 왜냐하면 제가 가장 나이가 많으니
까요.

애숙 : 그건 공평치 않아.

명수 : 그건 안돼. 우린 교대로 앉아야 돼.

성수 : 좋아. 하지만 그걸 어떻게 기억하지?

애숙 : 나한테 새 공책이 하나 있어. 우리가 차를 탈 때마다 어디
에 누가 앉는지를 기록하면 돼.

명수 : 야, 그거 좋은데. 우리 그 공책을 차안에 보관하자.

성수 : 좋아, 하지만 오늘은 내가 앞에 타겠어. 왜냐하면 내가 가
장 위니까.

아버지 : 너희들 모두 찬성하니?

아이들은 모두 고개를 끄덕였고, 아버지는 그 규칙을 다시 한 번
상기시켰다. 그것은 적어도 몇 주 동안은 효과적이었다. 그러나 어느
것도 영원히 효과적인 것은 없다.

몇몇 가족은 모든 가족원으로부터 정보를 수집하기 위해 제안이나
불평의 소리를 듣기 위한 상자를 두거나 가족회의를 열어서 문제해
결 과정을 공식화한다.

일단 규칙이나 해결책에 의견을 같이하면 그것을 글로 써 놓고 되
도록이면 냉장고나 게시판과 같이 눈에 띄는 곳에 붙여 놓는 것이

좋다.

화장실을 깨끗이 사용하기 위한 대책을 자녀들과 논의한 어떤 가족은 다음과 같은 내용의 표시판을 만들어 화장실문에 붙였다. 즉, "우리는 다른 사람을 기쁘게 하고 싶습니다. 당신도 부디 그렇게 해 주십시오."라고 말이다.

TV가 끊임없는 불화의 원인이었던 어떤 가족은 엄마, 아버지, 그리고 아이들이 의논해서 TV시청시간을 제한하기로 결정했다. 서로가 의견을 같이한 해결책은 평일에는 TV시청시간을 1시간 줄인다는 것이었다. 그들은 그 내용을 글로 써서 TV옆에 붙여 놓았다.

위험을 제거하는 방법

앞서 말한 기술외에도 아이들과의 대결을 없애고 일상의 많은 싸움을 방지할 수 있는 기술이 3가지 더 있다. 즉, 잠정적으로 곤란한 상황이 발생하기 전에 미리 알려주는 것, 약간의 환상적 방법을 이용하는 것, 그리고 유머를 사용해서 분위기를 바꾸는 것 등이다.

아이들에게 일어날 수 있는 일에 대한 정보나 경고를 미리 주는 것은 종종 문제를 피할 수 있게 해준다.

예를 들어, 할머니의 방문에 앞서 엄마는 노경이에게 "할머니는 새 보청기에 대해 매우 신경을 쓰고 계셔. 어떻게 하면 할머니의 감정을 상하지 않게 할 수 있을까? 라고 말했다. 노경이는 "걱정마세요, 엄마. 그걸 모르는 척 할께요."라고 대답했다. 엄마는 딸이 할머니의 감정을 상하게 할지도 모르는 상황을 예상해서 정보를 주었을 뿐만 아니라 노경이 자신이 성숙한 어른처럼 행동했다는 느낌을 갖게 해주었다.

몇몇 잠정적으로 곤란한 상황에 대한 정보를 미리 제공해 주는 것은 아이들을 보다 편하게 할 수 있고, 할머니나 그외의 다른 사람 앞에서 부모가 아이의 행동을 "수정"하려는 것을 방지할 수 있다.

만약 부모들이 아이들의 의문과 공포를 감지하고 아이들에게 무엇이 예상되는지에 관해 확실한 정보를 준다면, 예를 들어, 새로운 곳으로 이사하거나 병원에 가는 것에 대한 공포를 훨씬 더 잘 극복할 수 있게 된다.

경수 엄마는 이것을 다음과 같이 잘 해냈다.

엄마 : 안좋은 소식이 있어. 주사 맞으러 의사한테 가야해.
경수 : 싫어요.
엄마 : 주사맞는 게 싫겠지만 가야 한단다.
경수 : 주사는 따끔따끔하겠죠?
엄마 : 아마 그럴거야. 그렇지만 그렇게 오래가진 않아.

경수는 의사에게 갔던 과거의 경험이 매우 좋지 않았는 데도 불구하고 평온하게 주사 맞으러 갈 수 있었던 것은 엄마가 아들을 갑자기 놀라게 하기보다는 오히려 그 일에 대해 미리 준비시켰기 때문이었다.

당신은 경수처럼 모든 아이가 순응하길 바랄 것이다. 하지만 그것은 항상 가능한 것은 아니며, 아마도 당신은 아이를 질질 끌고, 때리고 야단쳐서 의사에게 데려가야 할지도 모른다. 만약 당신이 그렇게 할 수 없다면 아이의 공포에 공감함으로써 아이의 협력을 구할 수 있을 것이다.

몇몇 부모들은 아이들이 생전처음 부모와 떨어져서 캠프장에서 잠잘 때나 관습이나 훈육방식이나 다른 친구의 집에 놀러갈 때 아이에게 미리 준비를 시키는 것이 문제를 얼마나 피할 수 있게 해주는지에 대해 말한다.

또 다른 부모는 자녀에게 미리 경고를 하고 싸움을 피하는 하나의 방법으로 타이머를 사용한다.

예를 들어, 병순이는 친구와 그만 놀게 할 때마다 항상 안달했다. 병순이 엄마는 딸에게 다음과 같이 미리 경고를 했는데 매우 효과적이었다. 즉, 엄마는 "타이머를 20분에 맞추었어. 그게 울리면 그만 놀고 옆집 미순이를 집까지 바래다 주어야 해."라고 말했다. 다른 부모들은 타이머를 맞춤으로써 아이가 일정한 시간내에 과제를 끝내 수 있도록 도와주는 데 사용한다.

시간은 많은 일상적인 싸움의 원인이 된다. 우리는 시간이 아이들에게 매우 추상적이라는 사실을 깨닫지 못한다. 예를 들면, 종수 엄마가 세번째로 서두르라고 말했을 때 아들이 "엄마, 난 10분이 얼마만큼인지 몰라요."라고 한 것과 같다. 타이머, 디지탈시계, 모래시계는 아이들에게 시간의 개념을 가르쳐주는 시각적인 방법이다. 엄마가 방에다 디지탈시계를 갖다 놓았을 때, 종수는 "이제야 10분이 얼마나 되는지 알겠어요."라고 말했다.

아이들은 환상을 좋아하기 때문에 싸움이 피할 수 있는 하나의 실제적인 기술이 될 수 있다.

창수는 영화관에서 나온 후,

창수 : 택시 타면 안 돼요? 버스는 몹시 붐비잖아요.

아버지 : (창수 아버지는 "돈을 함부로 쓰면 안돼"라고 말하고 싶
　　　　은 것을 간신히 참고 환상적 방법을 썼다.)오,
　　　　　내가 만일 1년에 천만원을 벌 수만 있다면 지금 당장
　　　　택시를 탈텐데. 그리고 만일 천만원만 있다면 차를 사고
　　　　운전수를 고용해서 창수가 원하는 곳이 어디든지 아빠가
　　　　데려갈 수 있을 텐데.

창수 : (웃으며) 오, 아빠, 아빤 너무 엉뚱해요.

그리고 나서 그들은 버스정류장으로 걸음을 옮겼다.

환상은 부모가 아이들을 제지하거나 지루한 이야기로 정신을 혼란
시키지 않고, 상냥하고 재미있는 방법으로 아이들의 끝없는 요구에
반응하게 한다. 당신은 여전히 "안돼"라고 말하고 있지만 환상을 이
용해서 아이들이 부모의 제한을 받아들이도록 할 수 있다.

여러분의 아이에게 "희망목록"을 적도록 제안함으로써 아이와의 싸
움을 피할 수 있다. 양희 엄마는 시장에 갈 때마다 딸이 인형을 사달
라고 떼쓰는 것 때문에 괴로웠다. 양희 엄마가 항상 "넌 집에 인형이
많이 있잖아. 그런데도 넌 결코 만족하질 않는구나"라고 잘라 말함으
로써 싸움을 매번 했다. 그러나 양희 엄마가 "음, 너의 희망목록에 한
개를 더 추가하고 싶다구."라고 말함으로써 그 싸움을 피하게 되었다.
이같은 방법이 항상 효과적일지는 의문이지만 자녀의 끝없는 요구에
대한 부모의 부정적인 반응을 없앨 수는 있다.

우스꽝스런 연극 또한 일상의 싸움을 감소시킬 수 있다. 아이가 엄
마에게 건방진 말대꾸를 할 때, 한 엄마는 눈썹을 위협적으로 치켜

뜨며 "네가 왜 그런 말투를 쓰는지 모르겠다. 넌 엄마를 나쁜 마녀와 혼동하는 것 같아"라고 속삭이듯 말했다. 엄마의 예기치 않은 반응으로 분위기는 달라졌다. 마찬가지로 낯설은 목소리로 아이들의 주의를 집중시켜 호기심을 끌 수 있다.

노철이와 수철이가 싸우고 있을 때 아버지는 "너희들은 마치 툭하면 싸우는 신혼부부같구나."라고 말함으로써 아이들의 주목을 끌었고, 아이들은 "그게 무슨 말이에요?"라고 물었으며 그리고 나서 그들이 무엇 때문에 싸웠는지를 잊어 버렸다.

"잊어 버리자(Let's erase that)"는 말 또한 싸움을 없앨 수 있는 방법이 될 수 있다. 명진이 엄마는 딸이 학교를 가기 전 아침먹고 옷 입는 동안 꾸물거릴 때마다 습관적으로 싸우는 것을 알았다. 엄마는 "서둘러"라는 잔소리를 자주 했고 목소리는 점점 높아갔다.

명진 : (손을 귀에 갖다대며) 절 엄마 맘대로 하려고 하지 마세요.
엄마 : 명진아, 방금 일어난 일은 잊어 버리자.

엄마는 마치 칠판을 지우는 것처럼 팔을 휘둘렀다. 엄마는 잠시 딸의 방을 나갔다가 다시 들어왔다.

엄마 : 스쿨버스가 15분 있으면 올거야.

명진이는 아침을 먹고, 옷을 입고 정각에 버스를 탔다. "잊어버리자"라는 한 마디 말이 다소 분위기를 바꿀 수 있었던 하나의 좋은 예다. "잊어 버리자"는 말은 제한해서 사용될 필요가 있는 기술이다. 그러나 그 말은 종종 싸움이 확대되는 것을 방지할 수 있다.

많은 부모들은 아이가 아침에 꾸물거리고 우는 소리하는 것이 가장 힘든 두 가지 일이라고 말한다. 부모가 아이들을 재촉하면 할수록, 아이들은 더욱 꾸물대며, 아이들이 우는 소리하는 것을 잔소리하면, 할수록 더욱더 불평한다. 습관적으로 전날 미리 준비해 두는 것은 싸움을 피할 수 있게 해준다.

부모는 아이가 옷을 준비하고, 타이머를 맞추고 자명종을 사용할 수 있도록 도와 줄 수 있지만 이런 방법도 언젠가는 소용이 없게 되어 우리 모두 지쳐서 어디론가 떠나고 싶을지도 모른다는 사실을 수용할 필요가 있다. 만일 어떤 단순한 기술이 영원히 일상의 문제를 없앨 수 있다면 놀라운 일이 될 것이다. 그러나 때때로 선택의 여지가 없다. 즉, 우리는 시간에 대한 압박 때문에 아이들을 재촉해야만 하는 것이다.

많은 부모들에게 있어 아이들의 우는 소리는 분필로 칠판을 긁는 것처럼 들린다. "또 우네("울지마")"라고 말하는 것은 아이를 더욱 울게 만든다.

"네 예쁜 목소리로 말할래?" 또는 "너의 우렁찬 목소리로?"라고 말하는 것이 훨씬 더 도움이 된다.

일상의 싸움을 피하는 효과적인 방법의 하나인 유머는 아이가 화를 낼 때 부모가 화내지 않고 반응할 수 있는 방법이다. 4살 된 철수는 엄마한테 화가 났다. 왜냐하면 상점에서 철수가 몹시 갖고 싶어하는 장난감을 엄마가 사주지 않았기 때문이다.

철수 : 그게 갖고 싶어요! 만일 엄마가 안 사주면, 엄마를 발로 걸

어 차버릴거예요.

엄마 : 그래, 엄마가 여기서 절뚝거리며 왔다갔다하는 것도 꽤 재미있을 것 같은데.

엄마는 다리를 절뚝거리는 시늉을 했고, 철수는 킥킥거리며 웃기 시작했다. 그리고는 엄마와 더이상 싸우지 않고 밖으로 놀러 나갔다.

어떤 엄마는 아들에게 단음식을 적게 먹이면서도, 싸움이 일어나지 않도록 하기 위해 노력했다. 엄마는 사탕단지에 다음과 같은 메모를 써 붙였다.

> 필수에게,
>
> 드디어 도둑을 잡았다! 사탕은 하나만 가져가세요.
>
> 가겟집 아저씨가.

필수는 엄마가 쓴 쪽지를 보고 웃었다.

약간의 유머를 내포한 메시지를 글로 표현하는 것은 아이에게 길게 잔소리하는 것보다 더욱 효과적이며, 말의 핵심을 파악하게 해준다.

호민이 아버지는 아들이 거실에다 온통 야구카드를 어질러 놓아서 짜증스러웠다. 그래서 아들의 방문에 다음과 같은 쪽지를 써서 붙였다.

> 사랑하는 아들에게,
>
> 거실바닥에 어질러진 야구카드들 보면 정말 정신이 혼란스럽구나.
>
> 살려다오! 아들아!

호민이는 다음날 아빠의 방문에 다음과 같은 쪽지를 남겼다.

　　사랑하는 아빠에게,
　저도 거실 여기저기에 신문이 널려 있는 걸 보면 머리가
아파요.
　　　　아들 올림.

다음날 아버지는 호민이 방문에 다음과 같은 쪽지를 붙였다.

　　사랑하는 호민에게,
　신문은 수요일까지 치우마, 아빠한테 알려줘서 무척 고맙다.
　　　사랑하는 아빠가.

그 후, 호민이는 다음과 같은 쪽지를 아빠의 문에 붙였다.

　　존경하는 아빠에게,
　앞으로 야구카드는 제 방에 보관하겠어요.
　　　호민이 올림

제 2 장

자녀의 감정을 이해하기 :
자녀가 화가 났을 때 대처하는 방법

아이들은 자신의 행동에 대해 여러 가지 감정을 갖게 된다. 아이들이 화내고, 슬퍼하고, 질투하고, 두려워할 때, 많은 부모들은 자녀의 언짢은 감정을 축소시키거나 부정하려고 애쓴다. 그러나 그것은 오히려 불리한 결과를 초래하게 된다.

왜냐하면 아이들은 부모들이 자신들을 이해하지 못한다고 느끼기 때문이다. 아이가 기분이 좋지 않거나 불평할 때 부모는 아이의 감정을 인정(acknowledge)해 주는 것이 필요하다. 아이의 감정을 인정하는 것은 시간과 연습을 요하는 기술이며, 저절로 얻어지는 것이 아니다. 왜냐하면 부모는 자녀가 슬프거나 화나거나 두려워하는 것을 원하지 않고 행복하길 원하기 때문이다.

9살 된 상희는 대체로 우수한 성적표를 집에 가져와서 자랑스럽게 부모에게 보여주곤 했다. 그러나 학기말 성적표를 받은 어느날 상희는 아버지에게 주저하며 성적표를 건네주었다.

아버지 : 왜 그러니?
상희 : 성적이 좋지 않아요!
아버지 : 어디 보자. 잘 했는데! 뭐가 나쁘단 말이니?

상희 : 전 수를 거의 받지 못했어요.

아버지 : 아냐, 넌 수를 2개나 받았어. 그리고 나머지도 우잖아.

상희 : (비꼬듯) 그래요?

아버지 : 넌 모든 과목의 성적이 좋아. 네가 기분이 좋지 않은 이
유를 모르겠구나. 넌 불평할 게 하나도 없어.
그리고 담임선생님도 잘 했다고 쓰셨어.

상희 : 그렇지만 전 과학에서 겨우 우를 받았어요. 전 특별 과제
도 제출했단 말이예요.

아버지 : 알았어. 왜 특별과제를 했니? 아마 선생님은 네가 그 과
제를 제출하기 전에 성적을 매겼거나 아니면 쉽게 수를
안 주는 선생님인 모양이구나.

상희 : 그래서요?

아버지 : (점차 화가나고 실망하며) 넌 더이상 뭘 기대하니?
이건 훌륭한 성적표야.

상희 : 아네요. 그렇지 않아요.

상희는 토라져서 얼굴을 찌푸리고 방문을 탁 닫으며 방을 나갔다.
아이들이 몸에 상처를 입고 우리에게 달려올 때 우리는 무엇을 해야
할지 정확히 알고 있다. 즉, 우리는 아이에게 상처를 소독하고 붕대를
감아 준다.

그러나 아이들이 마음에 상처를 입고 부모에게 올 때는 훨씬 더 어
렵다. 우리는 몸의 상처를 빨리 고치고 싶은 것과 마찬가지로 아이들
의 정서적 고통도 빨리 고치길 원한다. 그래서 아이들이 기분이 안
좋을 때 좋게 하려고 애쓰며 "두려워할 건 아무 것도 없어.", "세상이

끝난 것처럼 행동할 필요는 없어.", "그렇게 나쁘진 않아."와 같은 말로 무의식중에 아이들의 감정을 부정하거나 약화시키려고 할지도 모른다.

또한 상희 아버지처럼 아이의 불행을 제거하려고 긍정적인 면만을 지적하면서 기분좋게 해주려고 노력할지도 모른다. ("잘 했는데… 나머지도 우잖아… 담임선생님도 잘 했다고 쓰셨어") 상희아버지는 아이의 감정을 고려하지 않고 논리적으로 말했다. (아마 선생님은 네가 그 과제를 제출하기 전에 성적을 매겼거나 아니면 쉽게 수를 안주는 선생님인 모양이구나.)

아버지의 시도가 실패하고 원치 않는 싸움으로 이어졌을 때 아버지는 명백하게 아이의 감정을 부정했다. 즉, "넌 더이상 뭘 기대하니? 이건 훌륭한 성적표야."라고 말한 것이다.

부모가 자녀를 불행으로부터 벗어나게 하는 것은 당연한 일이지만 그렇게 하는 과정에서 우리는 종종 아이들을 더 불행하게 만든다. 왜냐하면 우리가 아이들의 감정을 부정할 때 아이들은 부모가 자신들이 어떻게 느끼는지에 관해 관심을 가지고 있지 않다고 생각하게 되어 그 순간 아이들의 좌절, 분노, 실망이 우리에게로 옮겨진다. 상희의 비꼬는 듯한 "그래요?"와 떠날 때의 토라짐은 실망한 성적표에 의한 것이라기보다는 자신이 믿었던 아버지가 자신을 이해하지 못하는 것 때문에 야기된 것이다.

아이의 감정을 인정하기 위해서는 사랑과 선의(good intention)이상의 것, 즉 주의와 기술이 필요하다. 아이들이 심한 정서적 고통을 느끼고 있을 때 공감해주면 아이들은 부모가 그들 편이라는 것을 알게 된다. 워크숍에서 어떤 엄마는 아들의 감정을 인정하는 기술을 습득한 후, 다음과 같은 아들의 말을 듣고 매우 놀랐다고 한다. "아이구, 엄마, 엄만 항상 제 반대 편인줄 알았는데 이제 보니 제 편이군요."

부모가 아이를 불행으로부터 보호하고자 애쓰는 것이 당연한 것처럼 부모는 자신의 행동 목적과 이유를 다시 생각해 볼 필요가 있다. 아이들의 고통을 없애주기 위해서는 아이들의 감정을 부정하거나 반박하기보다는 오히려 아이들의 감정에 공감해 주는 것이 필요하다.

그러면 과연 어떻게 아이들과 공감할 수 있을까? 우리는 스스로 "만약 이 일이 내게 일어났다면 나의 감정은 어떠하겠는가?"라고 질문함으로써 시작할 수 있다. 우리는 아이를 판단하는 입장에 서지말고 부모가 이해한다는 것을 아이들이 알도록 아이가 한 말을 다소 바꿔말함으로써 감정을 인정해 줄 수 있다.

명철이 엄마가 아들이 농구 시즌의 첫 게임에 지고 왔을 때 했던 것처럼 자녀의 감정을 인정해 주는 것이야말로 공감을 표현하는 구체적 방법이다.

엄마는 아들의 얼굴을 보자마자 경기엔 진 것을 알았다.

명철 : 엄마, 우리팀이 졌어요. 비극이에요.

엄마 : ("오, 그건 세상의 종말이 아니야, 앞으로 경기가 많이 남아 있잖아…"라고 말하고 싶은 것을 간신히 참고) 정말 속상하겠구나.

명철 : (놀라서 쳐다보며) 예.

엄마 : 네가 오늘 게임에 이기길 얼마나 고대했는지 엄마도 잘 알고 있어.

명철 : 예, 그랬어요. 그렇지만 나쁘진 않아요.

우린 아직 게임이 많이 남아 있거든요.

이 대화의 결과에서 한 가지 흥미로운 것은 역설(paradox)이다. 만약 엄마가 "그렇게 나쁘진 않아. 게임이 아직 많이 남아 있잖아."라고 말했다면, 명철이는 자신의 실망을 진지하게 받아들이지도 않을 뿐 아니라 공감하지도 않는 엄마에게 화를 냈을 것이다.

그러나 엄마의 능숙한 반응 ("정말 속상하겠구나" 그리고 "네가 오늘 게임에 이기길 얼마나 고대했는지 엄마도 잘 알고 있어.") 은 아들에게 효과적인 공감대를 형성하게 하였다. 명철이는 엄마가 자신을 이해한다고 느끼자 첫 게임에 진 것이 비극적 종말은 아니라는 결론에 스스로 다다를 수 있었다. 그래서 명철이는 "그렇지만 그렇게 나쁘진 않아요. 우린 아직 게임이 많이 남아 있거든요."라고 말할 수 있었다. 아들의 그 말은 "전 결국 좌절을 극복할 수 있어요."로 해석 될 수 있다.

공감적으로 반응하는 방법은 아이들이 자신을 유능하다고 느끼게 해주는 첫번째 필수적 조건이다.

결국 부모는 아이들이 좌절하고 화나고 실망했을 때 무력감, 의기소침, 불안을 느끼는 대신 그 상황을 극복하기를 원하지 않는가? 그러나 아이들의 기분이 좋지 않으면 부모 역시 기분이 나빠지기 때문에 우리의 정서는 아이들의 감정을 인정하고 수용하는 능력이 약화되어 자녀의 감정을 약화하기가 더욱 어려워 진다.

10살 된 말숙이는 15분 동안 부엌식탁에서 연필을 씹으며, 산수숙제에 대해 투덜거리면서 안절부절 못하고 있었다. 갑자기 말숙이는 산수책을 부엌바닥으로 집어 던졌다.

말숙 : 난 이런 시시한 숙제는 할 수 없어. 이걸 더해라, 저걸 빼
라, 이걸 곱해라, 저걸 나눠라.

엄마 : 학교에서 하루종일 공부하고 또 숙제를 하는 것은 확실히
힘든 일이야. 숙제가 참 많구나.

말숙이는 놀래서 엄마를 쳐다보았다. 왜냐하면 평상시 엄마의 설교
("자, 어서 시작해. 불평한다고 해서 더 나아지진 않아…")를 예상했
기 때문이다. 말숙이가 그 다음에 말한 것은 "맞아요"였다. 말숙이는
책을 다시 집어서 산수문제를 꾸준히 풀기 시작했다. 말숙이의 좌절
감에 공감함으로써 엄마는 아이에게 도피처를 마련해 주었고 그래서
말숙이는 숙제를 끝까지 다 할 수 있었다. 엄마는 산수문제를 한 문
제도 봐주지 않고서도 딸의 숙제를 도와주었던 것이다.

그러나 여러분은 자녀의 감정을 인정해 줌으로써 매번 자녀의 좌
절을 열심으로 바꿀 수 있다고 기대해선 안 된다. 하지만 여러분이
자녀의 감정을 인정해 주는 것에 성공했을 때는 스스로를 격려하라.

2학년인 봉숙이는 집에 돌아와서 아버지에게 "공책을 가져가지 않
아서 선생님한테 혼났어요."라고 하소연했다.

아버지 : 속상했겠구나.

봉숙 : 예. 병호도 공책을 가져오지 않았는데 혼나지 않았어요.

아버지 : 선생님이 넌 야단치고 병호는 야단치지 않아서 불공평하
다는 생각이 들었겠구나.

봉숙 : 맞아요. 선생님이 미워요.

아버지 : 지금도 선생님한테 몹시 화가 나지 그렇지?

봉숙 : 선생님을 발로 걷어차고 싶어요.
아버지 : 넌 정말 선생님한테 화가 굉장히 많이 났구나.

이때부터 봉숙이의 표정은 밝아지기 시작했고, 롤러스케이트를 타러 밖으로 나갔다. 아버지는 딸이 필요로 하는 것 즉 설교보다는 이해를, 그리고 선생님에 대한 분노를 터트릴 기회를 주었던 것이다. 봉숙이 아버지의 반응은 자동적 반응… 즉, 일이 잘못되어 갈 때 우리가 때때로 자동적으로 아이를 공격하고 잘못된 것이 무엇인지를 말해 주는 것…은 아니었다. 아버지는 딸이 공책을 잊어버리고 학교에 가져가지 않은 것에 비난하지 않았다. "넌 야단 맞을만해." 또한 딸에게 설교 "넌 선생님을 밉다고 하면 못써… 만일 네가 공책을 가져갔더라면 그런 일은 생기지 않았을거야."라고 하지 않았으며, 일시에 아이의 마음을 바꾸려고 하지도 않았다.

"선생님이 넌 야단치고 병호는 야단치지 않아서 불공평하다는 생각이 들었겠구나."라고 말함으로써 아버지는 딸을 단순히 비판하지 않고 아이의 감정을 인정해 주었다. 아버지는 이미 교사가 야단을 쳤기 때문에 다시 아이를 꾸짖는 것은 효과적이지 못하다는 것을 알고 있었다.

만일 아버지가 "병호도 공책을 가져오지 않았는데 혼나지 않았어요."라는 딸의 말에 "병호가 무슨 상관이니? 네 책임에 대해서만 생각해."라고 아버지의 판단을 가지고 반응했더라면, 봉숙이는 더욱 화가 났을 것이다. 그러나 아버지의 반응은 효과적이었다. 왜냐하면 딸에 대해 공감적·무비판적이었기 때문이다. 봉숙이가 선생님한테 화가 나서 집에 왔을 때 만일 아버지가 능숙하게 대처하지 않았다면 더욱 화가 났을 것이다.

11살 된 기숙이는 다소 완벽주의자였다. 기숙이는 어려운 곡을 선택해서 피아노 독주회에서 실수를 하고 난 후 울면서 무대를 퇴장했다.

독주가 끝난 후 무대 뒤 :

엄마 : 울지마, 누구든지 실수는 하는 법이야. 너한테 그 곡이 어렵다고 했지만 넌 엄마말을 듣지 않았어.

기숙 : 절 혼자 내버려둬요. 더 이상 그 일에 대해선 말하고싶지 않아요.

기숙의 선생님 : 모든 사람이 실수할 수 있다는 것을 안다고 해도 지금의 당황과 수치심을 떨쳐 버릴 수는 없지.

기숙 : 제 감정을 이해해주는 사람이 옆에 있다는 것이 몹시 기뻐요.

기숙이 엄마와 선생님은 둘 다 기숙이의 기분이 나아지도록 노력했다.

엄마는 기숙이의 고통을 없애려고 노력했지만 효과적이 아니었다. 그러나 선생님의 반응은 기숙이의 고통을 있는 그대로 받아들였기 때문에 효과적이었다.

아버지가 집에 왔을 때 성민이는 슬픈 얼굴을 하고 있었다.

성민 : 오늘 반에서 연극의 배역을 뽑았어요.

아버지 : 홍부전 말이니?

성민 : 예, 전 모든 배역에 다 출마해 보았지만 선생님이 배역에 대한 선정을 아이들에게 맡겼기 때문에 아이들은 누가 잘

하는지에 관계없이 인기에 의해서 배역을 뽑았어요.

아버지 : (아들을 뽑아주지 않은 성민이의 반 아이들을 원망하고
싶은 심정으로) 네가 원하는 배역을 맡지 못했구나.

성민 : (눈물을 글썽이며) 한 마디 대사도 없는 흥부의 어린 아들
역을 맡았어요.

아버지 : (선생님이 배역선정에 인기를 허용한 것에 대해 나쁜 선
생이라고 욕하고 싶은 유혹을 느꼈지만 간신히 참고 말
했다.)
만일 네가 선생님이라면 어떻게 뽑겠니?

성민 : 재능에 의해서 최고의 배우를 뽑을 거예요.

아버지 : 넌 인기에 의해 배역이 결정된 것에 화가 났구나.

성민 : 예, 연극하러 가고 싶지 않아요. 어제까지는 무척 기다렸는
데…

아버지 : 네가 그러는 이유를 알만해.

성민 : (씩 웃으며) 그렇지만 전 연극하러 갈 거예요. 우린 연극이
끝난 후 손님들에게 줄 음식을 함께 차리기로 했거든요.

성민이 아버지는 학교연극에서 하찮은 배역을 맡은 아들의 수치심
과 분노를 다루는 데 상당히 능숙했다. 아버지는 마치 성민에게 상처
를 준 교사와 반 아이들에게 화가 난 것처럼 보였다.

그러나 성민의 아버지는 아들을 도와줄 때 자신의 분노를 드러내
지 않았다. 비록 교사의 불공평한 태도에 화가 났지만 교사를 공격하
는 말은 하지 않았다. 아버지는 신중하게 "네가 원하는 배역을 얻질
못했구나."라고 말함으로써 아들의 욕구에 신경을 썼다. "넌 인기에

의해 배역이 결정된 것에 화가 났구나."라는 아버지의 말은 아들의 감정을 인정한 좋은 말이다. 감정을 부정하거나 그 중요성을 축소시키거나 부정하지 않고서도 아버지는 아들의 감정에 예민하게 반응하여 아들이 필요로 하는 진정한 공감을 해주었다.

아이가 교사, 이웃, 친구, 캠프교사 또는 버스 운전사에 대해 불평할 때 불평의 대상이 되는 사람을 편들지 않는 것은 매우 중요하다. 즉 "버스 운전사가 네 말을 들으면 어떻게 느끼겠니?"와 같은 하찮은 말조차 아이들은 부모가 자신의 불평을 진지하게 받아들이지 않으며, 자신을 믿지 않는다고 생각하게 할 수 있으며 혹은, 우리가 아이들보다는 다른 사람에 대해 훨씬 더 관심을 갖는다고 생각할지도 모른다.

아이 편을 드는 것 또한 항상 도움이 되는 것은 아니다. 만약 당신이 성민이처럼 선생님이 공정하지 않다고 느끼더라도 다른 사람을 비난하는 것은 그들과 사이좋게 지내는 법을 배워야 하는 아이들에게 전혀 도움이 되지 않을 것이다.

방호의 부모는 이혼한 지 1년이 채 못됐다.

방호는 주중에는 엄마와 함께 지내고 주말에는 아버지와 지낸 다.

방호 : 아빠 절 거의 볼 수 없어요. 제가 엄마와 대부분의 시간을 함께 보내기 때문이에요.

엄마 : 그렇지 않아.

방호 : 그렇지만 매일 엄마와 함께 지내고 단지 주말에만 아빠를 보잖아요.

엄마 : 만일 시간을 정확히 따져보면 엄마나 아빠나 너랑 보내는 시간이 거의 같다는 것을 알게 될거야.

방호 : 그렇지만 전 밤에는 아빠를 볼 수가 없잖아요.
아빠도 제가 보고 싶을 거예요.

엄마 : 아니야. 아빤 널 토요일과 일요일 밤에 만나잖아.

방호 : 그렇지만 엄만 월요일부터 금요일까지 저랑 함께 지내고
아빤 단지 토요일과 일요일 뿐이잖아요.

엄마 : (화가나서) 평일에 네가 뭘 하고 지내는지 생각해 봐.
엄만 널 학교가기 전 아침에 잠깐 보고는 하루종일 지쳐
서 집에 돌아온 밤에야 2시간 정도 볼 뿐이야.
너랑 아빠는 토요일과 일요일에 하루종일 함께 지내며,
피로를 풀고 재미있게 지내잖아. 그런데 우린 그렇게 못
하잖아.

방호는 더이상 아무 말도 하지 않았지만 저녁내내 침울했다. 방호
의 감정에 대한 엄마의 부정은 충분히 이해할 수 있다. 그 상황은 엄
마에게 매우 고통스러웠을 것이다. 왜냐하면 엄마는 전남편에 대한
감정을 아들과 공유할 수 없기 때문이다. 방호가 "아빤 절 거의 볼
수 없어요. 제가 엄마와 대부분의 시간을 함께 보내기 때문이에요."
라고 말했을 때 엄마는 감정이 상했다. 방호는 엄마를 공격하기 위한
의미로 말한 것이 아니라 단지 아빠를 그리워하는 심정으로 말한 것
이다. 어떤 부모도 그런 상황에서는 상처를 입을 것이다. 그래서 방어
적이 되기 쉽다.

당연히 방호엄마도 예외는 아니었다. 즉 "아니야"라고 부정적으로
반응했다.

만약 감정이 합리적 논리와 객관적 사실에 의해 변화될 수 있다면

방호는 엄마의 논리를 잘 받아들였을 것이다. 엄마는 아이가 틀렸다는 것을 논리적으로 설득하려고 애썼다. "만약 네가 정확히 시간을 재보면 엄마나 아빠와 보내는 시간이 똑같다는 것을 알게 될거야."라고 말했다. 그러나 방호에게 그와 같은 말은 부적절했다. 방호는 엄마가 자신의 말에 관심을 갖게 하려고 노력했다. 만약 엄마가 아빠와 함께 있고자 하는 방호의 갈망에 공감할 수 있었더라면, 엄마는 "넌 아빠를 자주 보고 싶은 모양이구나."라고 말했을 것이다.

방호의 엄마는 어떤 노력도 할 필요가 없다. 즉, 방호와 함께 많은 시간을 보내기 위해 직장을 그만 둘 필요도 없다. 방호가 필요로 하는 것은 자신이 아버지를 얼마나 그리워하는지에 대한 엄마의 이해가 전부였다. 비록 아이가 우리의 감정을 상하게 할 때 아이들의 감정을 인정해 주는 것이 쉽지 않을지라도 만약 우리가 그렇게 할 수만 있다면 아이들이 고통을 극복하도록 도와줄 수 있을 것이다.

기수엄마는 아들이 피부과 병원에 가는 것을 두려워하고 있음을 알고 있었다. 엄마는 마음 속으로 일이 순조롭게 진행되길 바랐다.

기수 : 오늘 의사 선생님한테 가고 싶지 않아요.
엄마 : 정말 병원에 가고 싶지 않은가 보구나.

이전 같으면 엄마는 "걱정마, 그렇게 아프지 않을 거야."라고 말했을 것이다. 그렇지만 지금 엄마는 아들의 감정을 인정하려고 애쓰고 있다. 병원 대기실에서 엄마와 기수는 한 시간 이상을 기다렸다.

기수 : 정말 미치겠어요. 의사가 우릴 이렇게 오랫동안 기다리게

할 권리는 없어요.

엄마 : 그래. 오래 기다리게 하니 화가 나는구나. 정말 기분이 안
좋구나.

일년 전 같으면 엄마는 "참아, 이 의사는 매우 유명한 사람이야."라
고 말했을 것이다. 마침내 그들은 섬뜩해 보이는 기구를 늘어놓은 치
료실로 안내되었다.

기수 : 전 보지 않겠어요.

엄마 : 정말 무서워 보이는데.

엄마는 의사가 기수의 여드름을 짜고 약을 발라 주는 것을 줄곧 지
켜 보았다. 기수는 몇 차례 움찔했다. 치료가 끝났을 때 엄마는 아들
의 팔을 잡아 주었다.

엄마 : 정말 잘 참더구나.

기수 : 많이 아프지 않았어요. 짜낼 때만 아팠어요.

옆에 서서 명령하기보다는 오히려 아이의 감정을 인정해줌으로써
엄마는 아이가 스스로 문제를 해결하도록 도와주었다.

영이 엄마는 딸이 5살이었을 때 전 남편과 이혼했고, 영이가 11살
이 된 직후에 재혼했다.

영이 : 엄마, 전 엄마가 재혼한 뒤로는 거의 엄마와 함께 시간을

　　　　갖지 못했어요.

엄마 : 영이야, 엄만 재혼 후 집에 있는 시간이 많아졌어. 그리고
　　　　우린 항상 함께 있잖아.

영이 : 예, 알아요. 하지만 전같지 않아요.

엄마 : 음.

영이 : 전 엄마와 단둘이 지낸 적이 없어요. 우린 전처럼 스케이트
　　　　타러 가지도 않아요.

엄마 : 오랫동안 둘만 지내다가 새아빠와 함께 지내는 것이 매우
　　　　힘든 모양이구나.

영이 : 엄만, 새아빠와 함께 많은 시간을 보내지만, 전 엄마와 단
　　　　둘이 지낸 적은 없어요.

엄마 : 알겠어. 어떻게 하면 좋겠니?

영이 : 우리 둘만 매일밤 게임을 하거나 얘기하면 어떨까요?

엄마 : 좋은 생각인데. 밤마다 30분 동안 특별시간을 갖도록 하자.

　　영이의 말에 대한 전형적인 반응은 엄마와의 다정한 관계에 새아
빠가 끼어들었기 때문에 영이가 화가 난 것으로 해석하는 것이다. 만
일 엄마가 그와 같은 결론을 내렸다면 아마 영이는 방어적이 되었을
것이다. 그러나 엄마는 딸에게 주의깊게 귀를 기울임으로써 영이가
새아빠의 존재에 화가 난 것이 아니라 단지 엄마와 둘만이 보내는
시간을 그리워한다는 사실을 깨닫게 되었다.

　　대부분의 사람처럼 영이 엄마는 처음에는 사실을 가지고 딸에게
반격(“엄만 재혼 후 집에 있는 시간이 많아졌어.”)했지만 금새 영이가
사실 이상의 것을 필요로 한다는 것을 깨닫기 시작했다. 처음에 엄마

는 "그렇지만 전같지 않아요."라는 영이의 말에 어떻게 반응해야 할
지 몰랐다. 그래서 "음"이라고 말함으로써 약간의 시간을 벌었다. 이
놀랄만한 단어("음"은 효과적이다)는 여러분이 뭐라고 말해야 할지
잘 모를 때 매우 유용하다. 이런 "음"과 같이 끙끙거리는 소리는 자
동적으로 대답하기보다는 오히려 생각할 수 있는 시간을 줄 뿐만 아
니라 아이에게 "그래, 네말을 듣고 있어. 계속하렴,"이라고 말하는 것
처럼 들리게 한다. 즉 이 간단한 말은 아이들에게 부모가 자신들의
말을 듣고 있다는 것을 알게 해주며, 그래서 아이들이 계속 말을 하
도록 격려하게 된다. 그 말은 또한 우리에게 자녀를 괴롭히는 것이
무엇인지에 대한 귀중한 정보를 얻을 수 있는 기회를 준다.

보배 : 제 자신이 미워요.

엄마 : 어머, 보배야. 무슨 말이니?

보배 : 제가 정말 싫어요.

엄마 : 네가 그렇게 생각하는 이유를 모르겠구나.

보배 : 제 얼굴은 예쁘지 않아요. 못생겼어요.

엄마 : 그럼 어떤 애가 예쁜거니?

보배 : 머리가 길어야 해요.

엄마 : 그래. 넌 분명 머리가 짧구나.

보배 : 엄마가 여름에 머리를 자르게 했잖아요. 그래서 지금 예쁘
　　　 게 보이지 않아요.

엄마 : 넌 정말 머리가 길었으면 하는구나.
　　　 보배는 고개를 끄덕였다.

엄마 : 어떻게 하면 좋겠니?

보배 : 머리를 자르지 않는 거예요.

엄마 : 넌 머리가 빨리빨리 자라서 다신 자르고 싶지 않지?

보배 : 전 머리를 다듬지도 않을 거예요.

엄마 : 머리는 어느 정도 기를 거니?

보배 : 어깨 아래까지요.

엄마 : 그럼 넌 머리를 방울로 다시 맬 수 있겠구나.
      그 모습은 어떨까?

보배 : 아주 예쁘게 보일 거예요.

보배의 기분은 마치 요술을 부린 것처럼 바뀌었다. 그러나 그것은 요술이 아니라 보배엄마가 딸의 감정을 인정하는 데 매우 능숙했기 때문이다. 아이들이 "내가 싫어요… 난 바보예요… 아무도 날 좋아하지 않아요…"와 같이 스스로에 대해 부정적인 말에 할 때 부모의 반응은 대개 즉각적으로 반박하는 것이다. "즉" 자신을 싫어하면 안 돼 … 넌 바보가 아니야 넌 머리가 좋아… 무슨 말이니? 넌 친구가 많잖아…"라고 하는 것이다. 딸을 반박하는 대신 엄마는 "네가 그렇게 생각하는 이유를 모르겠구나"라고 간결하고 단순한 말로 보배가 불평하는 원인을 알아내는 데 신중하게 반응했다. 직접 원인을 물어보지 않고서도 엄마는 딸을 괴롭히는 것이 무엇인지를 탐색할 수 있었다. 즉, "그럼 어떤 애가 예쁜거니?"라고 말했다. 만일 보배엄마가 자동적으로 반응했더라면 딸에게 왜 짧은 머리가 실용적인지 여러 가지 이유를 열거하며 말했을 것이다. 예를 들면 "짧은 머리가 더 시원해… 수영할 때 머리가 눈을 가리지 않아…"라고 말했을 것이다.

그러나 그렇게 말하지 않고 엄마는 보배의 바람("넌 정말 긴 머리

를 가졌으면 하는구나.")에 반응했고, 상상 속에서 딸의 소원을 인정
하였다("넌 머리가 빨리빨리 자라서 다신 자르고 싶지 않지?") 또 보
배엄마는 딸의 머리길이 문제로 싸우게 될까봐 어느 정도까지 기를
것인가에 대해 알아보는 데 시간을 들였다.

부모가 할 수 없거나, 하고 싶지 않은 것을 자녀가 요구할 때 우리
는 싸움을 하기가 쉽고, 가끔은 아이가 원하는 것만으로도 화가 난다.

만약 우리가 아이의 감정을 인정해 주는 것이 아이의 행동을 인정
하는 것으로 혼동하게 되면 더욱 곤란을 겪게 될 것이다.

아이가 원하는 것을 가질 수 없을 때 생기는 실망과 분노가 아이에
게 나쁜 영향을 미치는 것은 아니다. 오히려 여러분이 아이의 요구를
바람으로 간주하고 거절할 수 있다고 생각하면, 아이와 싸움을 피하
기 위해 아이의 감정을 인정해 주는 법을 사용할 수 있을 것이다.
("맙소사, 넌 결코 만족하는 법이 없구나, 넌 이미 많을 장난감을 가
지고 있어."라고 말하기보다는 오히려 "넌 그걸 정말 갖고 싶은 모양
이구나."라고 말할 것이다.)

여러분은 아이들의 감정은 관대하게 받아 주면서, 행동은 엄격하게
제한할 수 있다. 자녀가 원하는 대로 해주지 않거나 아이가 원하는
것을 거절하면서도 아이의 감정을 인정해 줌으로써 부정적인 영향을
미치지 않을 수 있다. 즉, 아이들의 마음 속으로 갖고자 하는 바람을
허용하는 것이다.

때때로 아이는 자신이 원하는 것을 얻지 않고서도 견딜 수 있다.
왜냐하면 아이는 자신이 바라는 것에 대해 감정적인 면에서 부모의
인정을 충분히 받았기 때문이다.

남희 아버지는 중국식당에서 5살 된 딸의 열렬한 요구를 들었을

때, 공공연히 야단치지 않고 환상적 방법을 이용하여 딸의 요구에 반응했다.

> 아버지 : 짜장면을 시키자. 두 그릇이면 충분하지?
>
> 남희 : 아뇨. 더 많이 시켜요.
>
> 아버지 : 얼마나 시킬까?
>
> 남희 : 많을수록 좋아요.
>
> 아버지 : (울화가 치미는 것을 느끼며) 넌 짜장면을 참 좋아하는구나. 넌 정말 많이 먹고 싶은 모양이구나. 50개 정도면 어때?
>
> 남희 : (웃으면서) 아뇨. 100개요.
>
> 아버지 : 1000개!
>
> 남희 : 이세상에 있는 것 모두!
>
> 아버지 : 좋아. 남희를 위해 이 세상에 있는 짜장면을 모두 시킬께.

두 사람은 웃었다. 종업원이 왔을 때 아버지는 두 그릇의 짜장면을 주문했고 그 후 남희는 아버지와 즐거운 시간을 보냈다.

환상을 사용함으로써 남희 아버지는 아이와의 싸움을 피할 수 있었다. 만일 아버지가 남희의 요구를 간단히 거절했다면 두 사람의 저녁시간은 엉망이 되었을 것이다.

6살 된 민영이는 풀이 죽어서, 공원 벤치에서 앉아 책을 읽고 있는 엄마에게로 다가왔다.

> 민영 : 큰 애들이 저를 나쁘게 했어요. 공중에 높이 던져 버리겠다고 절 위협했어요.

엄마 : 그래서 화가 났니? 그건 화낼 이유가 못돼. 그 애들은 단
지 너보다 키가 큰 것 뿐이야. 그리고 널 기분 나쁘게 하
려고 한 게 아냐. 어서 가서 그네나 타.

민영이는 화가나서 엄마옆에 앉았다. 엄마곁을 떠나 그네를 타러
가는 대신 계속해서 벤치의 가장자리를 발로 세게 찼다. 엄마는 민영
이의 말에 귀를 기울이지 않음으로써 아이를 몹시 화나게 만들었다.
그러나 인순이 엄마는 매우 능숙했다. 인순이는 두 가지 반대감정
의 병존으로 고민하고 있었다. 즉, 4살 된 아기인채로 남아있으면 하
면서도 7살 된 언니처럼 소녀가 되고 싶었다. 인순이는 어느날 저녁
"가족들은 날 애기 취급하고 있어."라고 말했다가도 다음날 아침엔
갑자기 화를 내며 "난 결코 어른이 되고 싶지 않아."라고 말하곤 했
다.

인순 : 전 영원히 아기였으면 좋겠어요. 나이를 먹고 싶지 않아요.
엄마 : 영원히? 그럼 넌 얼마나 나이를 먹고 싶니?
인순 : 10살이요.
엄마 : ("그렇지만 10살은 아기가 아니야"라고 반박하지 않고) 그러
면 10살이 되면 뭐가 하고 싶니?
인순 : 하루종일 비누방울 놀이를 하고 싶어요.
엄마 : 재미있겠는데. 비누방울은 얼마나 크게 불고 싶니?
인순 : (팔을 밖으로 펴 보이며) 이만큼 크게요. 그래서 천정 위에
가득 떠다니게 하고 싶어요.

엄마와 인순이는 웃었다. 만일 엄마가 자동적으로 반응했더라면 인순이를 설득하려고 했을 것이다.("10살 된 아이는 비누방울 부는 데 시간을 허비하지 않아…")

엄마는 딸이 자유롭게 상상하게 함으로써 한편으로는 성인이 되고 싶어하면서 또 다른 한편으로는 보호받고자 하는 딸의 갈등을 수용하고 있음을 보여 주었다. 이와 같이 아이들은 자주 부모에게 혼동된 메시지를 보낸다.

우리는 종종 아이가 원하는 바를 알지 못하면서도 아이의 생각과 감정을 안다고 생각한다. 우리는 너무 빨리 반응함으로써 자녀가 실제로 원하는 것을 알아낼 기회를 놓쳐 버리게 된다. 우리는 아이를 비판하거나 비난하지 않고 또 문제를 대신 해결해 주지 않고 아이들의 말에 귀를 기울일 때 실제로 아이를 괴롭히는 것이 무엇인지를 알게 되어 깜짝 놀라게 된다.

다음의 만철이 아버지가 4살 된 아들을 해변가에 데려갔을 때 생긴 일을 한 가지 예로 들 수 있다. 만철이 아버지는 애들처럼 바다를 매우 좋아하며, 수영하고, 모래성을 쌓고, 조개 줍는 것을 좋아한다고 아들에게 자주 말하곤 했다. 휴가 첫날밤 만철이는 바다에서 가장 멀리 떨어진 방에서 자겠다고 우겼다.

아버지 : 넌 왜 발코니에서 자지 않니?

만철 : 파도소리가 너무 커요.

아버지 : 만철아, 바다가 무섭니?

만철 : 아네요! 단지 소리가 시끄러울 뿐이예요.

아버지는 아들이 잠자리를 바꾸도록 허락했다. 아버지가 잘 준비를 해 주었을 때, 만철이는 "전 사실 바다가 조금 두려워요."라고 말했다.

아버지 : 바다가 무섭다고?

만철 : 비가 올 때 바다에는 파도가 많아요. 그리고 파도가 굉장히 커요.

아버지 : 그건 그래.

만철 : 그리고 파도는 항상 우리에게 가까이 다가와요.

아버지 : 음 …

만철 : 폭풍우가 지난 후 해변가를 산책하면 조개가 전부 깨어져 있는 걸 볼 수 있어요.

아버지는 4살 된 아이가 이런 사실을 발견했다는 것에 무척 놀랐다. 아버지는 아들이 의미하는 것을 자신이 정확히 이해했는지를 알기 위해 아들이 말한 모든 것을 반복해서 말했다.

아버지 : 조개껍질이 깨지는 건 사실이야. 그리고 때때로 바다는 위험하지.

만철 : 그래요. 아버지.

아버지는 이불을 덮어 주며 잘 자라고 뽀뽀해 주었다.
아버지는 아들의 말에 귀를 기울임으로써 아들이 자신과 얼마나 다르게 사물을 경험하는지와 어른들이 아이들의 관심을 거의 상상할 수 없다는 것도 알게 되었다.

여러분은 아이들의 감정을 인정할 때, 아이들의 말을 따라하는 앵무새가 될 필요는 없다. 만약 그것이 당신이 할 수 있는 전부라면 아이들은 금새 알아채고 당신의 진심을 의심하게 될 것이다. 똑같이 반복해서 말하지 않고서도 아이들의 말에 공감하는 경청자가 될 수 있다.

당신은 만철이 아버지가 했던 것처럼 "전 사실 바다가 조금 두려워요."라는 아들에 말에 "바다가 무섭다고?"라고 아이들의 말과 비슷하게 대답 할 수 있다. 때때로 단순히 비슷한 말을 사용함으로써 우리는 지나치게 형식적으로 공감하는 것을 방지할 수 있다.

당신은 또한 아이의 말을 가혹하게 심문하는 듯 "왜?"라고 말하기보다는 더 많은 정보를 가져다 주는 질문으로 바꿔할 수 있다. "선생님이 반 아이들 앞에서 제 시험답안지를 찢었어요."라고 애희가 불평했을 때, 엄마는 "선생님이 모든 아이들이 보는 앞에서 네 시험지를 찢었다고?"라는 질문으로 바꿔 말함으로써 딸의 고통을 인정해 주었다.

그러나 엄마는 더욱 많은 정보가 필요했다. 때때로 우리는 아이를 괴롭히는 것이 무엇인지를 알아내기 위해 탐정이 될 필요가 있다. 아이가 우리 자신이 이해하지 못하는 말을 할 때 반복하거나 바꿔서 말하는 것은 아이들이 부모에게 보다 자세하게 말하도록 격려하는 최선의 방법이 될 것이다. 또한 당신은 비판적이 아닌 간결한 대답 즉, "아… 알겠어… 아하… 음… "과 같은 것은 당신이 아이들의 말을 경청하고 있다는 것을 알게 해주며, 그래서 아이들이 보다 자세하게 말하도록 격려해 줄 수 있게 된다.

당신은 아이들의 감정에 명칭을 붙일 수 있다. 수길이 엄마는 아들이 새안경 때문에 반 아이들로부터 놀림을 당했다는 말을 듣고, "굉장히 당황했겠구나."라고 말했다. 또한 딸의 반 아이가 생일 파티에 자기 딸을 제외하고 모든 반 아이들을 초대했다는 말을 들었을 때, "넌 몹시 화가 나고 너만 빠진 것에 실망했겠구나."라고 말했다. 부모가 아이의 감정에 명칭을 붙이는 것은 아이의 감정을 명확히 해주며 또한 화나거나 당황하는 것은 정상적인 감정으로서 수용 될 수 있다는 것을 이해하고 알게 해준다.

자녀의 감정을 인정하는 기술을 실제로 행할 때 처음에는 아이들의 반응에 용기를 잃을지도 모른다.

수희 엄마가 아이의 감정을 인정하는 기술을 사용하기 시작했을 때 10살 된 딸은 다음과 같이 말했다. "엄마는 왜 그런식으로 말해요?" 왜냐하면 그것은 평상시 수희 엄마가 반응하는 방식과는 달랐기 때문이다. 특히 큰 아이들은 부모가 자신들의 감정을 인정하려고 할 때 의심할 것이다. 즉, 부모가 자신들을 다루기 위해 애쓰는 것으로 의심을 하거나 부모의 진심을 의심할 것이다. 즉, 부모가 자신들을 다루기 위해 애쓰는 것으로 의심을 하거나 부모의 진심을 의심할 것이다.

필자의 아들이 학교에서 곤란을 겪고 또 여러 가지 불평을 할 때 "네가 조금만 더 열심히 했더라면…" 혹은 "넌 선생님과 잘 지내는 법을 배우는 게 좋을거야. 왜냐하면 아직 선생님과 지내야 할 날이 많이 남아 있기 때문이야."라는 비판적 말로 반응하곤 했다.

그러나 아들의 감정을 인정할 필요를 깨달았을 때 아이에게 공감하기 위해 열심히 노력했다. 아들이 "학교가기 싫어요. 선생님이 불공평해요."라고 말했을 때 "어머나, 오늘 힘들었나 보구나."라고 말했다. 아들은 충격과 적의감을 가지고 쳐다 보았다. 그리고나선 화가난듯 "빈정대지 마세요."라고 말했다. 그때 필자는 아들이 자신의 감정을 인정해주는 엄마가 익숙하지 않아서 필자가 한 말을 빈정거림으로 잘못 해석했다는 것을 깨닫게 되었다. 아들의 오해는 필자의 돌변한 태도에 대한 자연스런 반응이었다.

당신의 이 접근법을 사용할 때 그것이 항상 기적적으로 작용하지는 않는다는 사실을 받아들일 필요가 있다. 그러나 만약 당신이 계속해서 아이들을 비판하지 않고 감정을 인정하면, 아이들은 빈정거림이나 속임수가 아닌 진실한 공감으로서 받아들이기 시작하고, 속임수가 아닌 진실한 공감으로서 받아들이기 시작할 것이며, 그리하여 아이들은 부모에게 긍정적으로 반응하게 될 것이다.

감정을 인정하는 것이 항상 가능한 것은 아니며 또 항상 적절한 것도 아니다. 수용적 경청자가 되기 위해서는 많은 시간과 노력이 필요하지만 당신은 그렇게 할 수 없는 경우가 더 많을 것이다.

만약 당신이 좌절을 겪은 후 집에 돌아 왔을 때 아이들이 몰려와 현관문 앞에서부터 에워싸고 불평을 한다면, 당신은 자신의 욕구를 먼저 돌봐야 할 것이다. 그래서 다음과 같이 "애들아, 너희들이 엄마한테 할 얘기가 많다는 것을 알지만 잠시동안 혼자 있어야겠다." "타이머를 맞추어 놓을테니, 그것이 울리면 엄마방에 들어와서 너희들이 원하는 것을 말해도 좋아."라고 말할 필요가 있다.

즉, 부모와 자녀 둘다 어려움에 빠졌을 때는 더 상태가 나쁜 사람의 욕구를 먼저 돌보아야 한다. 따라서 그 경우는 부모자신이 될 수도 있다. 진실한 공감을 하기 위한 시도는 만약 당신이 괴롭거나, 피로에 지쳐 있거나, 무언가 다른 것에 몰두해 있거나, 걱정거리가 있다면 좋은 결과를 가져올 수 없을 것이다.

아이를 인정하는 기술은 아이의 잘못된 행동이 아닌 감정에 적용하는 것이다. 만약 아이가 크레용으로 거실벽에다 그림을 그리고 있다면 공감을 할 때가 아니라 우선 명확한 제한을 해야 한다. 즉, "크레용으로 벽에 그림을 그리는 것을 좋아하는구나."라고 말할 때가 아니라, "크레용은 단지 스케치북에만 사용하는 거야."라고 단호하게 말해야 한다.

만일 아이가 매우 높고 불안정한 담 위를 걷는다면 행동을 취해야 한다. "확실히 넌 서커스단의 줄타기 곡예사가 될 소질이 있어."라고 말할 때가 아니다. "위험해. 엄마가 도와 줄테니 내려와. 그래야 다치지 않아."라고 할 때다.

위의 두 가지 상황에서 여러분은 아이의 감정을 무조건 인정할 것이 아니라 단호한 행동을 취해야 한다.

몇몇 상황에서 우리는 아이들의 행동에 엄격한 제한을 한 다음에 아이의 감정을 인정해 줄 수 있다. 만약 송희가 아기침대에 기대서서 아기의 뺨을 찰싹찰싹 때리고 있다면, 엄마는 "아기를 때리면 안돼."라고 말하면서 신속히 아기침대에서 송희를 떼어 놓아야 한다.

그런 다음 송희의 감정을 인정해 줄 수 있다. 즉 "네가 동생 때문에 화나는 건 알아. 하지만 아기를 때려선 안돼."라고 단호하게 말해야 한다.

아이들은 부모들에게 자신의 감정에 대해 말하고 싶지 않을 때가 있다. 즉, 혼자 있고 싶은 것이다. 이럴 때 부모는 아이들을 방해하지 않는 것이 좋다.

엄마 : 아빠와의 이혼문제 때문에 내일 법정에 갈거야. 넌 어떻게
      생각하니?

종수 : (만화책을 보다가) 괜찮아요.

엄마 : 속상하지 않니?

종수 : 별로예요. 제가 보고 싶을 때 아빠를 보러 가면 되니까요.

엄마 : 만일 불만이 있으면 엄마한테 말해 줬으면 좋겠다.

종수 : 엄마, 절 사랑해요?

엄마 : 사랑한다는 걸 너도 잘 알잖니?

종수 : 그럼. 제발 만화책 좀 읽게 해주시겠어요?

때때로 아이들은 마음에 상처를 입었을 때 조용히 있거나 혼자 있기를 원한다. 아이들은 부모의 이혼처럼 심각한 문제 뿐만 아니라 사소한 일에 대해서도 곰곰이 생각하고 싶어한다. 그것은 아이들의 사생활이라고 할 수 있다.

아이의 감정을 인정하는 기술을 발달시킬 그것이 만병통치약이 아니라는 것을 명심해야 한다. 우리는 아이들이 괴로울 때 그들과 동참하고 싶어하지만 항상 아이들을 대신해서 문제를 해결해 줄 수는 없다.

필수엄마는 자신의 8살 된 아들이 친한 친구가 없는 것 때문에 고민하고 있는 것을 알았다. 엄마는 아들을 도와주기 위해 필사적으로 노력했지만 친구를 초대하는 것 이외에는 어쩔 도리가 없었다.

그러나 친구들을 초대하는 것도 별로 효과를 보지 못했다.

어느날 밤 필수엄마는 외출하려고 준비하는 도중에 아들이 침대에서 흐느껴 우는 것을 목격했다.

엄마 : 뭔가 널 괴롭히는 게 있구나.

필수 : 후(얼굴을 벽 쪽으로 돌렸다.)

엄마 : 매우 기분이 안좋아 보이는구나. 작문숙제 때문에 힘드니?
　　　 (엄마는 침대옆바닥에서 끝내지 않은 숙제를 발견했다.)

필수 : 예. 그건 정말 힘들어요.

엄마 : 음.

필수 : 엄마에게 말하고 싶지만 어떻게 말해야 할지 모르겠어요.

엄마 : 어떤 일은 말하기가 매우 곤란하지.

필수 : 그건 단지 다섯 마디면 돼요.

엄마 : (시간에 쫓겨 탁아모가 정해진 시간에 도착하길 이제나 저
　　　 제나 기다리며) 다섯 마디로 된 것을 알아 맞추기는 매우
　　　 힘들어. 나도 말하기 힘든 몇 가지 경우가 있어.

필수 : 종이에 쓸 수는 있어요.

엄마 : 좋아, 연필과 종이를 가져올게.

　　필수는 종이에 다음과 같이 글을 썼다. "나에게 만약 친한
친구가 있다면"

엄마 : 엄마도 친한 친구를 사귀는 것이 얼마나 어려운 일인지 잘
　　　 알지.

　　그때 탁아모가 도착했다. 필수는 금새 명랑해졌으며 탁아모와 함께
밖으로 나갔다. 비록 엄마는 말과 행동을 적게 했지만 아들을 괴롭히
는 것이 무엇인지를 알아 냈고, 그것을 극복하도록 도와주었다. 엄마
가 집에 돌아 왔을 때 탁아모는 필수가 단 30분만에 숙제를 끝냈다고

말했다. 숙제는 "종수와 명희는 유치원에서부터 서로 알게 되었다. 그들이 3학년이 되어선 가끔 함께 놀았지만 어느 겨울날 아침에서야 비로소 좋은 친구가 되었다…"로 시작하는 글로 완성하는 것이었다.

필수엄마는 아들이 쓴 작문을 읽었다. 아들은 종수와 명희의 우정을 지속하게 한 여러 가지 모험을 썼다. 아들은 사실 글짓기를 통해서 친구에 대한 자신의 개인적 바람을 실현시킨 것이었다. 필수의 불행은 엄마에게도 몹시 고통스러웠지만 내색하지 않았다. 왜냐하면 이 문제가 너무 심각해서 극복할 수 없다는 암시를 주게 되면 아들이 더욱더 힘들어 질 것이라고 생각했기 때문이다. 엄마는 친구가 없는 것이 뭔가 아들에게 결함이 있기 때문이라고 느끼게 하는 비판이나 비난은 하지 않았다. ("넌 학교에서 아이들이 싫어하는 행동을 하는 것이 아니니?… 네가 무언가 잘못하고 있는 게 분명해…") 비록 엄마가 친구를 사귀지 못하는 아들의 문제를 해결할 수는 없었지만, 엄마의 완전한 공감으로 인해 처음에는 풀이 죽어서 할 생각도 못했던 숙제를 아들이 끝내도록 도와주게 되었다.

때때로 아이들은 매우 화가 나면 집을 나가고 싶어한다. 그 경우에 우리가 하는 가장 나쁜 일은 "네가 짐싸는 것을 도와주마."라고 말하는 것이다. 어떤 부모들은 이 "역설적 방법"이 효과적이라고 말하지만 그다지 신중한 반응은 아니다. 이 방법은 부모가 아이들이 집을 나가는 것에 냉담하다는 메시지를 보내게 된다. 왜냐하면 아이는 갈 곳이 없기 때문이다. 그리고 아이들은 그것을 최후통첩으로 받아들일 것이다. 동일이 엄마는 다음과 같은 사실을 알게 되었다. 즉, 동일이가 어느 정도 화가 나거나 괴로운 것에는 상관없이 단지 부모가 자신을 필요로 한다는 것을 확인 받고 싶어하는 것이다.

동일(8살) : 집을 나가고 싶어요! 다른 집에 입양됐으면 좋겠어요.

엄마 : 정말이니?

동일 : 예, 아이가 저 혼자뿐인 집에 입양됐으면 좋겠어요.

엄마 : 네가 집을 나가면 우린 불행할거야.

동일 : 아녜요! 전 동수와 수희가 미워요. 절 항상 놀리고 괴롭혀
　　　요. 그리고 엄마, 아빠도 동수와 수희한테는 야단치거나
　　　벌주지 않잖아요.

엄마 : 동일아. 엄마, 아빠 널 매우 사랑해.
　　　　만약 네가 우리곁을 떠나면 우린 굉장히 슬플거야. 그리
　　　고 네가 몹시 보고 싶을 거야.

동일 : 어쨌든 나가겠어요.

엄마 : 음. 엄만 허락못해! 다른 집에 입양되는 것도 허락할 수 없어.
　　　네가 정말 필요해. 네가 나가면 누가 엄마랑 친구하고 도
　　　와 주겠니? (동일이는 미소짓기 시작했다.) 그리고 또 누
　　　가 널 돌봐 주겠니?
　　　신문 광고에 "두 마리의 애완동물을 가진 지저분한 아이"
　　　라고 날거야. 난 몰라. 아마 데려가겠다는 사람이 아무도
　　　없을거야.

잠시 후 동일이는 엄마 무릎위에 누워서 미소짓고 있었다.

부모로서 자녀의 모든 어려움을 해결하고 괴로움을 덜어 줄 수 없
다는 것은 고통스런 일이다. 아이가 놀림을 받거나 팀에 꼴찌로 뽑히
거나 생일파티에 초대받지 못할 때 즉, 아이가 괴로워서 도망치고 싶
을 때 부모가 할 수 있는 일은 거의 없다. 단지 아이들이 자신에 대

해 부정적으로 느끼지 않도록 하는 것 외에는 할 일이 없다. 부모의 역할은 부모를 비참하게 만드는 자녀를 때리거나(비록 유혹당하더라도) 비난("너 처음에 뭐라고 했니?)하지 않는 것이다.

때때로 위험한 상황으로부터 자녀를 보호하기 위해 부모가 할 수 있는 일에 한계가 있다는 사실을 받아들일 필요가 있다. 종종 시간은 유일한 해결책이 된다. 아이를 위해 우리가 할 수 있는 매우 중요하고 즉각적인 일은 아이의 감정을 인정해 줌으로써 자녀에게 부모가 그들을 이해하고, 수용하며, 그들 편에 있다는 것을 보여 주는 것이다.

제 3 장

행복의 올가미 :
자녀의 행동을 제한하기 힘든 이유

모든 부모들은 아이들이 행복하기를 원하지만 그 바람은 때때로 부모가 자녀를 훈육하는 데 방해가 된다.

만약 아이들을 행복하게 해주고 아이들이 항상 부모에게 애정을 갖게 하고자 하는 우리의 욕구가 지나치게 강하면, 아이들에게 "안 돼"라고 말하기가 매우 어려울 것이다. 부모는 아이들에게 바람직한 행동을 가르치기 위해서는 어느 정도 아이에게 제한을 해야 한다는 것을 알고 있다. 부모가 제한을 할 때 아이들은 좋아하지 않는다. 아이들은 미소짓지도 않으며 "이를 닦게 하고, 인형을 정리하도록 하고, '감사합니다'란 말을 사용하게 하고, 동생과 나눠갖고, 9시에 잠자리에 들도록 하게 한 점에 대해서 엄마에게 고맙다"고 말하지도 않는다. 그러는 대신 아이들은 대체로 말대꾸하거나 화를 내거나 골을 내고 또한 우리를 무시하며 철저히 반항한다. 그 순간에 아이들은 행복하지 않을 것이다.

우리가 아이들을 엄격하게 훈육할 때 아이들은 부모가 정한 규칙과 요구뿐만 아니라 부모까지도 싫어한다. 왜냐하면 아이들은 부모가 시키는 일을 잘 구별하지 못하기 때문이다. 우리가 아이들이 하기 싫어하는 일을 하도록 단호하게 말할 때 혹은 아이들의 요구를 거절할 때 아이들은 "엄마는 내 친구가 아냐… 난 더이상 엄마를 좋아하지 않아… 엄마 싫어… 엄마 미워…"라는 말을 상당히 자주 한다.

만약 우리가 자녀의 인기를 전적으로 얻고자 한다면 고민에 빠지게 될 것이다. 우리가 제한을 할 때 아이들은 대체로 행복하지 않으며, 우리를 좋아하지도 않을 것이라는 사실을 인정하고 받아 들이는 것이 필요하다. 왜냐하면 제한을 하는 순간에 아이들은 우리를 싫어하지만 아이들의 노여움은 단지 일시적일 뿐이기 때문이다.

영주 : 엄마, 껌 사주세요.
엄마 : 안돼. 껌은 이에 좋지 않아.
영주 : 엄마 미워.
엄마 : 넌 몹시 화가 났구나.
영주 : 예. 전 더이상 엄마를 좋아하지 않아요. 다신 엄마랑 친구
    하지 않을 거예요.
엄마 : 엄말 좋아하지 않는다고 말할 정도로 매우 화가 났구나.
영주 : 예!
엄마 : 아마 화가 풀리면 엄마를 다시 좋아하게 될거야.

10분 후 :

영주 : 전 이제 화가 안 나요. 저랑 게임하시겠어요?
엄마 : 그럼.

영주엄마는 탁월한 기술로 딸의 요구를 처리했다. 엄마는 껌을 사주지 않으면 영주가 화를 낼 것이라고 예상하였고, "엄마 미워"라는

딸의 말이 영주가 엄마를 염두에 두고 했다고 생각하지 않았다.

대부분 부모들은 아이가 "전 엄마를 좋아하지 않아요."라고 하는 말에 의해 상처를 입는다. 하지만 영주엄마는 이것이 아이들의 일시적 감정이라는 것을 알고 있었다. 아이가 강한 혐오감 혹은 증오를 표현할 때조차 그것이 부모인 우리에 대해서는 진정으로 아무 의미도 없는 것이다. 그것은 단지 그 순간에 아이가 얼마나 강하게 느끼는지의 정도를 말해 주는 것이다. 엄마는 영주의 말 때문에 방어적이 되거나 "나쁜 엄마"가 된 것처럼 느끼지 않았다. 즉, 엄마는 행복의 올가미에 빠지지 않은 것이다. 그 대신 엄마는 제한(껌을 사주지 않는 것)을 충실히 지켰고 딸의 감정도 인정해 주었다.

엄마는 실제로 "엄말 좋아하지 않는다고 말할 정도로 화가 났구나. 아마 화가 풀리면 다시 좋아하게 될거야."라고 말함으로써 영주로 하여금 자신의 노여움을 분명히 알도록 하였고, 또한 그것을 극복하도록 도와주었다.

부모가 "안돼"라고 말함으로써 아이를 불행하게 하고 화나게 할 것이라고 걱정을 할 때 아이들은 그 기회를 포착하는 경향이 있다. 즉, 우리가 제한을 하기 힘들어 하는 것을 아이들이 눈치채면 부모의 제한을 받아 들이기가 훨씬 더 어려워진다.

달수엄마는 아들이 졸라대는 것에 지쳐서 마침내 행복의 올가미에 걸려 들었다.

달수 : 다음 프로를 봐야겠어요.

엄마 : 그렇지만 넌 오늘 학교에서 집에 온 후 줄곧 TV를 봤잖아.

달수 : 예. 그렇지만 오늘은 숙제가 없어요.

엄마 : 그래도.

달수 : 엄마, 제발 좀 보게 해 주세요. 굉장히 재미있는 쇼란 말이
     예요.

엄마 : 그렇지만 TV를 너무 오래 봐서 눈이 충혈된 것 같은데.

달수 : 그건 단지 30분짜리 쇼예요.

엄마 : 하지만 그건 성인쇼야. 네가 그걸 보는 건 좋지 않아.

달수 : 다른 애들도 모두 그 쇼를 봐요. 만약 엄마가 그걸 못 보게
     하면 저만 보지 못한 아이가 될거예요.

엄마 : 음… 내 생각엔… 좋아.

엄마는 아들을 불행하게 하거나 그 프로를 보지못한 유일한 아이
가 되는 것을 원하지 않았기 때문에 결국 아이에게 항복하고 말았다.
워크숍에서 부모들은 번번히 "그렇지만 나만 못했을 거예요."라는 아
이의 말 때문에 제한을 철회하는 함정에 빠지게 된다고 말한다. 그러
나 행복의 올가미를 인식하고, 아이로 하여금 불쾌감을 경험하게 하
는 부모의 좋은 예를 아래에서 보기로 하자.

봉식 : 친구들과 영화관에 가서 얼마전에 개봉한 새영화를 보고
     싶어요.

아버지 : 그건 국민학생을 위해 만든 영화가 아니야.

봉식 : 불공평해요. 다른 애들은 모두 그 영화를 봤어요. 아빤 절
     항상 애 취급하세요. 성수아빠는 보러가도 좋다고 허락했
     단 말예요.

아버지 : 그 영화는 너희들이 보는 영화가 아냐.

다른 부모들이 모두 보는 것을 허락한다고 해도 아빠 그럴
수 없어. 왜냐하면 아빠는 그걸 보는 게 좋지 않다고 생각
하기 때문이야. 네가 만일 보고 싶은 다른 영화가 있으면
말하렴.

어떤 부모는 "우리집에선 저런 프로는 못봐"라고 말하는 데 주저하
지 않음으로써 집에서 폭력적인 TV쇼를 금지하는 데 성공했다고 말
한다.

그 엄마는 "우린 절대적인 몇 가지 규칙이 있어요. 아이들은 제가
그 규칙에 조금도 의심을 갖지 않는다는 것을 알기 때문에 잘 따르
지요. 그 규칙들은 전혀 타협할 필요가 없는 것들이지요."라고 이유를
설명했다.

여러분이 만약 어떤 중요한 가치를 아이에게 가르치고자 할 때 아
이의 불쾌감을 기꺼이 무릅쓰고서라도 제한을 하는 편이 훨씬 낫다.
정직, 비폭력과 같은 중요한 가치를 아이에게 가르칠 때는 당신이 엄
격하게 제한을 해야만 할 것이다.

만약 당신이, 아이가 불행한 것을 원치 않기 때문에 항복한다면, 아
이에게 중요한 가치를 가르치기가 어려울 것이다.

부모는 아이와의 일상적 상호작용에서 가치를 포함시키지 않을 수
도 있다. 그러나 그럴 경우에 부모는 아이의 행동을 제한하기가 어려
울 것이다. 왜냐하면 부모가 문제에 대한 강력한 입장을 가지고 있지
못하기 때문이다.

우리는 이런 상황에 처하면 마음이 불편할 것이다. 왜냐하면 우리
가 어떤 문제에 대해 어떻게 생각하는지 확신을 갖고 있지 못하기

때문에 혹은 만약 우리가 "안돼"라고 말함으로써 아이가 불행에 처하는 것을 싫어하기 때문이다.

병호 엄마는 피아노학원에 아들을 데려다 주는 길에 아이가 노점상 앞에 멈춰서서 졸라대는 상황에 처하게 되었다.

병호 : 엄마, 핫도그 하나 사주세요.
엄마 : 그건 좋지 않은데.
병호 : 왜 안 돼요? 제발! 배고파 죽겠어요.
엄마 : 안돼. 썩 내키지 않아. 날씨도 춥고, 비가와서 멈춰서고 싶
　　　 지 않아.
병호 : 제발 하나만 사 주세요.
엄마 : 네가 원하는 것은 알지만 엄마 기분 좀 생각해 주렴.
병호 : 좋아요. 그러면 대신 다른 걸 사주시겠어요?
엄마 : 음… 좋아.

레슨이 끝난후 엄마는 병호에게 사탕을 사주었다. 엄마의 우유부단한 대답인 "그건 좋지 않은데."라는 말은 아들로 하여금 더 조르게 만들었다. 엄마는 병호에게 핫도그를 사주어야 할지 말아야 할지에 대해 확고한 견해를 가지고 있지 못했으며, 아들의 기분을 상하게 하고 싶지 않아서 엄격하게 "안돼"라고 하지 못하고 약간 애원하듯 대답했다.("썩 내키지 않아. 날씨도 춥고, 비가 와서…")

병호 엄마가 아들의 세번째 요청에 "네가 원하는 것은 알지만"으로 대답한 것은 잘한 것이다. 즉, 엄마는 아들의 바람을 인정해 준 것이다.

만약 엄마가 "네가 핫도그를 먹고 싶은 것은 잘 알지만"이란 말의

다음에 간단히 "지금은 안돼"나 "오늘은 안돼"라는 말을 첨가했더라면 훨씬 더 명확한 제한을 할 수 있었을 것이다. 그런데 엄마는 아들로부터 동정("내 기분 좀 생각해 주렴")을 얻기 위해 노력했다. 왜냐하면 엄마는 아들의 바람을 들어주지 않으면서 또한 아들의 애정을 잃고 싶지 않았기 때문이다.

엄마의 말은 아들에게 핫도그를 사주지 않은 것에 대한 사과의 뜻을 포함하고 있었다. 아들에게 사과함으로써 엄마는 아들을 거만하게 만들었다. 아들이 핫도그를 사달라고 요구할 권리를 가졌다면, 엄마는 아들의 요구를 거절할 수 있는 권리를 가지고 있었다. 그러나 엄마의 최종적인 사탕선물은 아들에게 핫도그를 사주지 못한 것의 보상으로 나타났다.

우리가 아이에게 "안돼"라는 뜻으로 말할 때 단호하게 할 필요가 있다. 만약 우리가 목소리의 어조에 "혹시"하는 가능성을 나타내면 아이들은 즉시 그 틈을 알아챌 것이다.

만약 당신이 아이의 요구에 어떻게 반응해야 할지 확신이 서지 않을 때는 항상 "잠깐 생각해 보자"라고 아이에게 말을 함으로써 약간의 시간을 벌 수 있다. 혹은 대답하기 전에 마음 속으로 열까지 셀 수도 있다. 그것은 긴 논쟁을 피할 수 있게 도와준다. 물론 "안돼"라는 말 때문에 싸우려고 흥분하는 아이들도 있으며 끝없는 논쟁으로 우리를 지치게 만드는 아이도 있다. "안돼"라는 말을 하기 전에 우리는 타협할 수 없는 문제가 무엇인지를 확실히 하고, 일단 결정한 것은 철저히 지켜야 한다.

아이들은 때때로 "엄마(또는 아빠)나빠"라는 말을 사용해서 부모를 행복의 올가미에 빠져들게 한다. 경수 엄마는 아들이 냉장고를 열어

보고나서, 엄마가 주부역할을 잘 못한다고 말했을 때, 아들의 자극적인 말에 상처를 입고 방어적이 될 수도 있었지만 그렇게 하지 않았다.

경수 : 냉장고 안에 먹을 게 하나도 없어요.

엄마 : 잘 찾아 봐.

경수 : 냉장고가 텅 비어서 우리집이 가난해 보여요.

　　　엄마는 아프리카의 기아에 관한 설교를 하고 싶었지만 꾹 참았다.

엄마 : 사과나 귤을 먹지 그러니?

경수 : 욱! 메스꺼워요.

엄마 : 넌 엄살이 심하구나. 잘 찾아보면 좋아하는 음식을 찾을 수 있을거야.

경수 : 우리집 형편에 알맞도록 음식을 잘 보관하는 것은 엄마의 책임이에요.

엄마는 간신히 참으며 아무 말도 하지 않고 부엌을 나왔다. 경수는 결국 크래커에 땅콩버터를 발라 먹었다.

만약 경수 엄마가 아들의 비난에 상처를 입었다면 자신의 행동을 정당화시키려고 했거나("너무 바빠서 오늘 시장에 가지 못했어.")설교("넌 몸에 좋은 것은 먹질 않는구나")를 했을 것이지만 엄마는 그런 말들이 단지 싸움을 확대시킬 뿐이라는 것을 알고 있었다. 그 순간 그 상황을 벗어나는 것이 아들의 적의감을 다루는 데 가장 효과적인 방법이었다.(우리 자신의 노여움을 다루고 없애는 방법에 관한 자세한 것은 5장에서 논의된다.)

엄마는 냉장고에 음식이 조금밖에 없는 것 때문에 죄책감을 느끼지 않았다. 그래서 아이가 먹을게 없다고 투정했을 때 아이가 좋아하는 과자나 감자칩을 사러 가게로 달려가지도 않았다. 엄마는 선택할 음식이 적은 데 대한 아들의 불만을 받아들이고, 아들의 말에 진심으로 부정적인 의미는 아무 것도 없다는 것을 잘 인식하고 있었다.

미정이는 동화책을 많이 읽어주길 기대하면서 아빠를 비난했지만 아버지는 속지 않았다.

미정 : 아빠, 이 동화책 좀 읽어 주세요.

아버지 : 동화책을 세 권이나 읽는 것은 너무 많아. 아빠 오늘 밤 몹시 피곤해.

미정 : 아빠 미워. 전 세 살이란 말예요. 그러니까 세권의 동화책을 읽어 주세요.
네 살이 되면 아빠 제게 네 권의 동화책을 읽어 주셔야 해요.

아버지 : 넌 동화를 참 좋아하는구나. 하지만 오늘밤은 안돼.

미정 : 엄마는 제게 세 권 모두 읽어 줘요.

아버지 : 네가 읽어 달라고 하는 책의 분량이 어느 정도인지 아빠 잘 알아. 만약 내가 열 권의 동화책을 읽어 준다면, 넌 더 좋아 할거야. 그렇지만 아빠는 오늘밤 한 권만 읽어 줄거야. 넌 "호기심 많은 영수"나 "잘자요, 달님" 중에서 한 권을 고를 수 있어.

미정 : 좋아요."잘자요, 달님"을 읽어 주세요.

아버지는 자신이 정한 한계를 지켰다.

4살인 태호에게 철도박물관은 천국이었다. 태호는 여러 차례 박물관을 방문했으나 조금도 기관차나 전차를 보는 것에 싫증을 내지 않았다.

태호 : 오늘 철도박물관에 가고 싶어요.

엄마 : 오늘은 안돼.

태호 : 오늘 가고 싶단 말예요.

엄마 : 며칠 전에 갔잖아. 엄마는 오늘 가고 싶지 않아.
아마 아빠가 널 수일 내 곧 데리고 갈거야.

태호 : 싫어요. 지금 갈래요.

엄마 : 지금 박물관에 못 간다고 하니까 실망하고 화났구나.

태호 : (가구를 발로 걸어차며)가고 싶단 말예요.

엄마 : 가구를 발로 차면 안돼. (그리고 엄마는 잠시 말을 멈추었다.) 넌 정말 화가 났구나. 화를 내도 괜찮아. 엄만 야단치지 않겠어.
엄마가 널 매일 박물관에 데려 갔으면 좋겠지만 그렇게할 수 없어.

태호 : (흐느껴 울며)오늘 가고 싶었단 말예요. 그럼 내일은 갈 수있어요?

엄마 : (팔로 아들을 감싸안으며) 생각해 보마. 우린 곧 갈 수있을거야.

태호 엄마는 변명으로 아들의 마음을 바꾸려고 했을 때 약한 어조로 말했다. "며칠 전에 갔잖아. 엄마는 오늘 가고 싶지 않아."라는 말은 태호와는 무관한 것이었다. 그래서 태호는 "지금 갈래요"라고 엄마의 말을 듣지 않았다.

변명은 왜 작용하지 않는가? 왜냐하면 우리는 아이들의 마음을 바꾸려고 하거나, 우리에게 동의하도록 하기 위해 아이들에게 너무 자주 변명을 해왔기 때문이다. 우리는 아이들이 부모의 변명을 듣고 화내지 않기를 바란다. 그러나 부모가 수백 번 변명해도 아이들은 여전히 마음을 바꾸지 않고 계속해서 원한다. 하지만 부모는 아이들이 원하는 대로 해주지 않으면서도 잘 다루어야 한다.

태호 엄마는 변명하는 것이 아무 소용없다는 것을 알게 되자 곧 다른 효과적인 방법을 시도했다. 엄마는 "지금 박물관에 못간다고 하니까 실망하고 화났구나."라고 아들의 감정을 인정해 주었다. 동시에 엄마는 단호한 태도("가구를 걷어차면 안돼")를 취했고, 아들의 감정을 인정해 줌으로써 화를 낼 수도 있다는 것을 알려 주었다.

엄마는 나름대로 확신을 가지고 아들의 행동을 제한했기 때문에 아들의 노여움에도 공감할 수 있었다. "엄마가 널 매일 박물관에 데려갔으면 좋겠지만 엄만 그렇게 할 수 없어."라고 한 엄마의 말은 상냥했지만 사과의 뜻은 전혀 없었다.

그 말은 태호가 아무리 열렬히 원해도 엄마는 아들이 원하는 감정은 전적으로 받아들일 수 있지만, 원하는 것을 항상 들어주는 것은 아니라는 것을 가르치는 신중하고 확실한 방법이었다.

엄마는 태호가 매일 박물관에 가기를 원한다는 것에 대해서 비난하거나 비판하지 않았고 또한 아들의 요구를 거절하고, 불행하게 만든 것으로 인해 스스로를 자책하지도 않았다. 왜냐하면 엄마는 제한의 가치를 잘 알고 있었기 때문이다.

부모의 제한이 싫어서 아이들이 "엄마 미워… 엄마는 날 사랑하지 않아… 엄마는 불공평해…"라고 말하거나 말대꾸할 때 몇몇 부모들은 "글쎄, 혹시 내가 너무 가혹한가… 만일 내가 조금만 더 참았더라면 … 만일 아이와 더 많은 시간을 보낼 수 있으면 아이가 그렇게 까다롭게 굴지는 않았을 텐데."라는 말에 동의하고 싶어질 것이다.

아이들이 행복하도록 그리고 부모에게 애정을 갖도록 부모의 욕구와 결부된 이러한 죄책감은 우리가 효과적으로 아이들을 훈육하고자 하는 노력을 누그러뜨릴 수 있다.

몇몇 부모들은 행복의 올가미에 빠져서 죄책감과 실패에 압도되었던 경험을 다음과 같이 얘기한다.

"아이가 화를 낼 때는 조금은 아이의 행동을 제한하는 것을 그만두고 싶었어요. 아이가 행복해하면 저는 좋은 부모라는 생각이 들고, 아이가 불행해하면 전 나쁜 부모처럼 생각해요…"

혜숙이 엄마는 결코 태만하지 않았다. 엄마는 자신의 작업에도 만족스러웠고 또한 돈도 필요했다. 그러나 비록 저녁에 혜숙이 아빠가 집에 일찍 들어와 있었지만 엄마는 자신의 직업 때문에 딸과 충분한 시간을 보내지 못하는 것에 관해 늘 걱정하고 있었다.

법정의 판사처럼 다섯살 된 혜숙이는 엄마의 죄책감을 들쳐내며 엄마자격이 없다고 말하곤 했다.

밤 여덟 시까지 집에 도착하지 못한 어느날 밤, 혜숙이 엄마는 "전, 늦은데 대해 죄책감을 벌써 느끼고 있었고 그래서 딸이 매우 화가 났을 거라고 예상했지요. 문을 열고 들어서자마자 딸은 '엄마를 더이

상 보고 싶지 않아요. 그리고 말도 하고 싶지 않아요.'라고 했는데 그
상황은 잔뜩 화가난 딸이 제게 양심의 가책을 느끼게 하는, 전에도
여러 번 있었던 일이지요."라고 워크숍에서 말했다.

워크숍에서 혜숙이 엄마는 자신이 직업을 가진 것에 불안해하고
있다는 것을 깨닫게 되었고, 딸의 비난적인 말에 새로운 방식으로 대
처하는 방법을 배웠다.

어느 일요일 밤 혜숙이와 엄마는 함께 빵을 구우며 다음과 같이 대
화를 나누고 있었다.

혜숙 : 영이 엄마는 정말 훌륭한 요리사예요. 직장에 다니지도 않
아요.

엄마 : 그래?

혜숙 : 영이 엄마는 요리를 많이 해요. 항상 방과후 우리를 위해
간식을 만들어 줘요.

엄마 : (딸의 계략에 넘어가지 않고) 나도 간식을 좋아해.

혜숙 : 음. 영이 엄마는 항상 우리에게 팝콘, 핫케익과 같은 것을
만들어 줘요.

엄마 : 그래?

혜숙 : 영이 엄마도 직장에 다니지만 영이가 학교에서 돌아오기
전에는 항상 집에 계세요.

여기에서 혜숙이 엄마는 약간의 현실적인 면을 말할 수밖에 없었다.

엄마 : 내 생각에 영이 엄마는 다른 집 일을 도와주시는 것 같구나.

혜숙 : 아녜요. 영이 엄마도 엄마처럼 회사원이에요. 단지 영이가

학교에서 돌아온 후 같이 지내기 위해 일찍 집으로 올 뿐
이에요.

엄마 : 엄마가 영이 엄마처럼 매일 오후에 집에 있었으면 좋겠지.
　　　나도 알고 있어. 그렇지만 애야, 넌 이처럼 맛있는 바나나
　　　빵을 먹어 본 적이 있니?

예숙 : 그건 아직 빵이 아니잖아요. 뭉그러졌는데요.
　　　엄마는 뭉그러진 것 중 하나를 손가락으로 찍어서 핥아

먹었다.

혜숙이도 엄마를 따라 했고 킥킥 웃으며 "맛있는데요"라
고 했다.

엄마 : (소리내어 웃으며)만약 우리가 뭉그러진 것을 전부 먹어버
리면 빵은 하나도 만들 수 없을 거야.

엄마가 직장을 다니는 이유와 영이 엄마처럼 집에 있을 수 없는 이
유를 아이에게 설명하기를 포기하자 곧 혜숙이 엄마는 더이상 "불우
한 취업모"처럼 행동하지 않았고, 딸도 엄마의 죄책감을 이용하지 않
았다.

우리가 아이들을 비난해선 안 되는 것처럼 아이들도 부모를 비난
하도록 내버려 두어서는 안 된다.

다음에 소개하는 엄마도 좋은 직장을 가지고 있지만 두 아이와 보
내는 시간은 적었다. 엄마는 아이들과 있을 때는 온정적으로 잘 대해
주었으며 아이들에게 전적으로 관심을 기울였다. 엄마가 4살 된 딸과
두 차례 게임을 했는데도 딸은 또 하자고 졸라댔다.

동숙 : 제발, 엄마, 한 번만 더해요.

엄마 : 안돼, 이 정도면 충분해. 저녁먹을 시간이야.

동숙 : (아랫입술을 떨며) 엄마는 절 슬프게 만들고 있어요.
절 울리려 하고 있단 말이예요.

동숙이 엄마가 행복의 올가미에 빠져들고 있음을 깨달았을 때는
아이에게 막 항복하려는 순간이었다. 엄마는 스스로 '잠깐만, 난 하루

종일 밖에서 일하고 지난주 며칠 동안 출장을 가서 아이를 돌볼 수 없었기 때문에 아이와 게임을 더해서 좋은 엄마라는 것을 입증할 필요는 없지.'라고 혼잣말을 했다.

> 엄마 : 동숙아, 두 번 정도면 됐어. 우린 내일 또 게임을 할 수 있잖아. 그리고 엄만 지금 부엌일을 해야해.

엄마가 단호한 자세를 취하자 동숙이는 카드를 정리하고 게임판을 접으며, "좋아요, 그렇지만 다음 번에는 제가 꼭 이길 거예요."라고 말했다.

동숙이 엄마는 자신의 죄책감에 대해 다음과 같이 장황하게 설명했다. "제자신이 아이들을 위해 충분히 해주었는지 의심스러워요. '그 정도면 충분해'라고 말할 때 그리고 단호하게 행동할 때마다 비슷한 고통을 느껴요. 그렇지만 아무도 초인간적인 엄마(supermom)가 될 수 없다는 것을 알게 되었어요. 저 역시 욕구를 가지고 있으며, 항상 제 욕구를 무시하고 아이들의 욕구만을 돌볼 수는 없잖아요."

이 자각은 몇 주 후 동숙이 엄마가 기분이 좋지 않을 때 분명하게 나타났다. 동숙이 부모는 입찰했던 아파트를 살 수 없게 된 것을 알게 되었던 것이다.

저녁식사 때 두 사람은 동숙이가 재잘대는 동안 그들의 침울함을 억누르기 위해 노력했다. 잠자는 시간까지 동숙이가 보온병에 주스를 넣어 달라고 고집을 피우고, 인형을 가지런히 놓아 달라고 하며, 또 그 후에는 밤샘을 하겠다고 계속적으로 요구를 하였다.

이 시점에서 대부분의 부모들처럼 동숙이 엄마도 "잘 들어, 여기 욕구를 가진 사람이 너 뿐이니."라고 소리침으로써 아이를 공격하고 분노를 폭발시키고 싶었다. 그러나 동숙이 엄마는 다음과 같이 딸에게 자신의 한계를 말했다. "동숙아, 넌 잘 모르겠지만 엄마는 지금 몹시 기분이 안 좋아. 너와는 아무 상관없지만 엄만 지금 혼자 있어야겠어. 자 뽀뽀해 줄게. 잘 자거라."

동숙이 엄마는 후에 자신이 그렇게 말했을 때 죄책감 비슷한 감정을 느꼈다고 다음과 같이 말했다.

"마음 한 구석에서는 '너도 알다시피 동숙이는 네 딸이잖아. 비록 네가 기운이 없어도 관심을 기울여야 해'라고 말하고 있었어요."

그러나 동숙이 엄마는 자신이 죄책감을 느끼는 것을 딸이 눈치채지 못하게 했다. 엄마는 일시적으로 자신이 딸에게 도움을 주지 못한 것 때문에 자신을 비난하지 않았고, 자신이 들어줄 수 없는 요구를 딸이 한 것에 대해서도 비난하지 않았다.

현호 엄마의 예는 우리가 일단 행복을 올가미로부터 벗어나기만 하면 애정을 갖고서 아이를 엄격하게 훈육할 수 있음을 보여준다.

현호의 엄마는 비디오 테이프 영화를 보느라고 늦게까지 자지 않고 있었다.

현호 : 엄마, 한 번 더 보면 안 될까요?

엄마 : 글쎄, 기대는 하지마… 시간이 너무 늦었어.

현호 : 엄마, 제발 그건 재미있잖아요. 길지도 않고요.

엄마 : 너무 늦었어. 잘 시간이야.

현호 : (흐느껴 울며)전, 한 번 더 보고 싶어요. 만일 보여주지 않
　　　으면 엄마를 위해서 앞으론 아무 일도 안 하겠어요. 엄마
　　　가 심부름시키면 안 할거예요. 또 엄마가 뽀뽀해 달라고

해도 하지 않을거예요.

엄마 : 현호야, 네가 마음이 상해서 할 일을 하지 않겠다고 하는
네 마음은 이해한단다. 그리고 매우 유감스럽게 생각해.
"안돼"라는 말을 듣고 그것을 받아들이는 것은 어렵지. 엄
마도 이해해.

현호 : 전 그 영화가 정말 재미있었어요. 또 보고 싶어요.

엄마 : 그래 현호야, 알고 있어. 우리가 좀 더 일찍 보았으면 좋았
을 텐데. 나도 재미있게 보았거든… 그렇지만 지금은 잘
시간이야.

처음에 엄마가 "기대는 하지마…"라고 우유부단하게 대답했기 때문
에 현호는 졸라댈 여지가 있음을 알았다. 엄마도 그 말을 하면서 자
신이 아들에게 졸라댈 여지를 주었음을 알게 되었다. 이것을 깨닫는
순간 엄마는 명확한 제한("잘 시간이야")을 할 수 있었고 그 다음에
아들의 실망감을 인정해 주었다("네가 마음을 상한 것을 이해한단
다."). "안돼"라는 말을 듣고 그것을 받아들이기는 어렵지"라는 말은
부모가 죄책감을 느끼고 있거나 방어적이 되었을 때는 말하기 힘든
공감적인 말이다.

만일 여러분이 사랑하는 자녀로부터 끊임없이 애정을 받고자 하는
욕구를 단념할 수 있다면, 당신은 자녀에게 제한을 하거나 "안돼"라
고 단호하게 말할 수 있을 것이다.

또한 당신은 아이들이 화나고 실망하고 기분이 좋지 않거나 적대
감을 가질 수 있다는 것도 허용할 수 있다.

일단 당신이 행복의 올가미로부터 벗어날 수만 있다면, 아이의 감

정을 인정하면서도 바람직한 행동을 가르칠 수 있다.

그러나 이것은 "엄마 '안돼'라고 말해줘서 고마워요. 전 정말 엄마의 제한을 존중해요."라고 말하는 행복한 아이를 둘 수 있다는 의미는 아니다.

제 4 장

자녀에게 벌주는 것이 비효과적인
이유와 그 대안

우리가 확고한 제한을 했음에도 불구하고 자녀들은 그 제한을 벗어나거나 규칙을 어기는 경우가 있다. 이런 경우에 어떻게 해야 할까? 대부분의 부모들은 유일하게 알고 있는 양육방법 즉, '벌'을 준다.

9살 된 동준이는 친구네집에서 하룻 밤만 자게 해달라고 오후내내 아버지를 졸랐다. 동준이는 아버지가 허락하지 않는 까닭을 이해하지 못했다.

아버지 : 평일에는 남의 집에서 자면 안 된다는 거 알잖니.

동준 : 예, 알아요. 하지만 일찍 잘께요. 약속해요.

아버지 : 동준아, 우리가 정한 규칙은 알고 있겠지? 그 문제는 그만 이야기하자.

동준 : 싫어요. 아빠 미워.

아버지 : (큰소리로) 아니 얘가! 너 벌 좀 받아야겠구나.
네방으로 가. 그리고 앞으로 2주동안 TV도 보지마.

동준이는 자기방으로 달려가 문을 쾅 닫았다. 그리고는 화가나서 벽에다 온통 낙서를 했다. -다행히도 분필로 했지만-아빠, 아빠는 나빠!

과연 아버지의 벌주는 방법은 효과적이었는가? 동준이가 화를 낸 것은 옳았는가? 분명히 그렇지 않다. 동준이는 다만 아버지가 벌주는 방법에 화가 나서 반응했을 뿐이다. 아버지는 아들의 방에 들어가지도 않았고 곰곰이 아들의 행동에 대해 생각해보지도 않았다. 동준이에게는 아버지에 대한 감정의 응어리는 없었다. 그렇지만 "아빠가 옳아, 내가 너무 심했어. 벌받아도 마땅해"라고 생각지도 않았다. 그 대신 동준이는 아버지에 대한 보복심만 생겼다. 그래서 벽에 낙서를 하여 눈에 잘 띄는 생생한 방법으로 보복을 한 것이다.

벌을 주는 데 있어서의 문제점은 우리가 벌을 줄 때 아이를 몹시 꾸짖어서 마음에 상처를 주는 것이다. 아이들이 우리를 화나고 속상하게 할 때, 자녀에게 벌주지 않기란 힘들다. 그리고 우리가 아이들에게 충동적으로 벌을 준다해도, 자녀의 행동을 변화시키기는 어렵다. 자녀들은 자신들이 잘못한 행동은 생각지 않고 보복하는 데에만 신경을 집중하기 때문이다.

벌이란 "신체와 마음을 상하게 하며, 벌칙을 부과하여 손실과 고통을 유발"하는 것이다. 어른이나 아이 할 것 없이 누구나 상처와 고통에 분노와 반항으로써 반응하게 된다. 즉 동준이처럼 반발하게 된다. 그리하여 벌을 준 사람에게 잔뜩 화를 내거나, 벌 준 사람을 피하게 된다.

엄마 : 잘 시간이다. 병수야, 불꺼.
병수 : 엄마, 책을 좀 더 읽고 싶은데요.
엄마 : 너무 늦었어.
병수 : 그래도, 엄마…

아버지 : 병수야, 책 그만 봐, 얼른 덮어. 입삐쭉거리지 말고…
　　　　더 이상 조르면 혼낼거야!

　　　　아버지가 방에서 나갔다.

병수 : 아빠 미워, 아빠 대장이 아니야, 싫어. 아빠 미워 미워, 내
　　　가 좀 더 크면 아빠에게 무엇을 할지 말할거야. 난 아빠가
　　　이혼했으면 좋겠어. 그럼 내가 아빠를 팔아 버릴 수 있을
　　　텐데. 하지만 나는 아빠가 이혼하도록 하지는 않을거야.
　　　다음 번에 아빠가 또 내게 명령하면 날 껴안지도 입 맞추
　　　지도 못하게 할거야. 그러면 아빠는 슬프겠지.

　아버지의 위협("더 이상 조르면 혼낼거야")은 병수가 불을 끄고 잠
자게 하지는 못했다. 오히려 아버지의 위협은 4살 된 병수를 무척 화
나게 해서 아버지를 혼내주고 싶어하도록 했다. 아버지가 어떻게 했
으면 좋았을까? "네가 책을 좋아하는 것은 알아, 아마 내일 밤에는
좀 더 일찍 읽기 시작하면 끝마칠 수 있을거야"라고 병수가 원하는
것을 인정할 수 있었을 텐데… 그리고 병수를 혼내겠다고 위협하는
대신 "하지만 지금은 불을 끄고 자자"라고 말하면서 여전히 한계를
정할 수도 있었을 것이다.

　10살 된 미희는 현관에 책과 놀이기구, 옷 등을 잔뜩 늘어놓았다.

엄마 : 이것 좀 치우럼.
미희 : 나중에 치울께요.
엄마 : 넌 항상 나중에 한다고 하더라. 지금 치웠으면 좋겠다.
미희 : 엄마, 난 지금 재미있는 쇼를 보고 있어요. 이 프로가 끝나

면 할께요.

쇼가 끝나고 다른 프로가 시작되었지만 미희는 치우지 않았다.

엄마 : 아휴, 정말 속상해. 미희야, 너 이것들 치운다고 했잖아. 이 너저분한 것들 당장 치우지 않으면 벌 줄거야.

미희 : 너무 피곤해요. 내일 할께요.

엄마 : 안돼! 내일까지 기다릴 수 없어.

미희 : 엄만 제게 억지로 치우도록 할 수는 없어요.

엄마 : 좋아, 만일 네가 이것들을 당장 치우지 않으면 용돈도 안 줄거야.

미희 : 괜찮아요. 주말에 아빠한테 용돈 타면 돼요.

미희 엄마는 궁지에 몰리자, 용돈을 주지 않겠다고 위협했다. 그러나 위협은 가끔 아동으로 하여금 부모의 말에 무관심하거나 반항하도록 한다("괜찮아요, 아빠한테 용돈 타면 돼요…"). 그래서 부모들은 더욱더 화가 나고 무기력한 느낌을 갖게 된다. 즉, 벌은 악순환을 되풀이하게 할 뿐이다. 당신이 "벌 줘야겠구나…"라고 말할 때 아이들은 화가 나게 된다. 미희처럼 아이들은 즉시 방어적인 자세를 취하게 된다. 그리고 우리 모두에게 너무나 친숙한 다음과 같은 말로 반박한다. "엄마가 날 억지로 하게 하지는 못할거예요… 괜찮아요… 그래서요?… 나도 TV는 보고 싶지 않아요…"

훈이의 부모가 훈이에게 TV나 영화구경 등을 못하도록 벌을 줄 때마다 훈이는 지연된 반응(delayed reaction)을 보였다. 아침 일찍 훈이는 말대꾸한다고 벌을 받았다. 그날 저녁 부모들은 막 외출하려는 중이였다.

> 엄마 : 엄마는 훈이가 오늘 저녁에는 말썽피우지 않는 착한 아들
> 이었으면 좋겠구나. 집에 돌아왔을 때 이모에게서 나쁜 애
> 기를 듣지 않기 바란다.
>
> 훈이 : 알았어요, 엄마.

부모들이 떠나자마자 7살 난 훈이는 화가 나서 집안을 온통 뛰어다
니며 모든 전기제품의 스위치를 누르고 다녔다는 말을 이모로부터
나중에 들었다. 훈이는 에어컨, TV, 전기난로, 전축, 라디오 등을 켰
으며 이모는 뒤쫓아다니며 모든 스위치를 끄기에 바빴다. 그런 다음
훈이는 창밖에다 장난감을 하나씩 던지기 시작했다. 훈이 엄마가 워
크숍에 처음 왔을 때 훈이의 이런 행동은 습관적이라고 말했다. 만일
훈이에게 아침에 벌을 주었다면, 다음날 저녁이 되어서야 전기제품의
스위치를 누르는 반복행동이 시작된다는 것이다.

"훈이 때문에 미칠 지경이예요"라고 엄마는 말했다. "그리고 다음
날 아침에는 나를 몹시 화나게 해요. 훈이는 우리가 싫어하는 행동을
함으로써 우리에게 보복하는 것 같아요." 벌을 주면 자녀들은 보복을
함으로써 결국 우리 모두에게 해로운 영향을 끼치게 된다.

아이에게 벌을 주면 아이들은 더욱더 죄를 짓게 되고 또한 그 죄를
숨기려고 한다. 자주 벌받는 아이들은 의심이 많아지고, 정직하지도
않으며, 책임감도 없게 된다. 영희는 "크리스마스 전날밤"에 사탕을
너무 많이 먹었기 때문에 엄마는 사탕봉지를 빼앗았다. 이틀 후 엄마
가 베갯잇을 바꿀 때 영희의 베갯잇 속에서 숨겨 놓은 사탕봉지를

발견했다.

워크숍에 참석한 부모들은 어린시절에 받았던 벌-즉, 부모로부터 맞았다든가, 소중한 물건을 빼앗긴 채 자기방으로 보내진 것 등-이 얼마나 비효과적이었나를 가끔 회상하곤 한다. 부모들은 어린시절 받았던 벌을 생생하게 기억하지만 왜 벌을 받아야 했는지는 거의 기억하지 못한다.

철수엄마는 어릴 적 아버지로부터 받은 벌을 결코 잊을 수 없었다. "아버지는 제 머리를 세게 쥐어박곤 했어요. 몇 주 전 아들을 데리고 아버지를 방문했을 때 내 아들 철수가 장난을 쳤어요. 그때 아버지는 "왜 철수 머리를 쥐어박지 않니?"라고 말했어요. 그 말을 듣고 소름이 끼쳤어요. 남에게 머리를 쥐어 박히는 것이 얼마나 수치감을 주는 것인지 나는 항상 기억하고 있거든요. 아버지가 말했을 때 창피스러웠던 옛날의 감정이 모두 되살아 났어요. 아버지! 어떻게 머리를 쥐어박으라고 말할 수 있어요!"라고 말하고 싶었어요. 그리고 아버지가 내 머리를 세게 쥐어박았던 사실을 기억조차 하고 싶지 않았어요!"

당신은 때때로 "자녀에게 무언가를 가르칠 때" 화가 나서 자녀를 때릴 수도 있다. 그러나 여기서 아이들이 무엇을 배울 수 있겠는가? 부모들은 화가 나면 때린다는 것이다. 우리가 아이를 때리고 나면 우리의 마음도 편치 못하고 죄책감을 느끼게 된다. 이와 같은 죄책감은 당연하다. 중요한 사실은 아이를 때리면 마음에 상처를 입히게 된다는 것이다. 때때로 우리는 너무 화가 나서 자신을 억제할 수 없는 경우가 있다. 그것은 인간이 가지고 있는 속성의 일부분이기 때문이다. 그러나 때리는 것을 긍정적인 훈육방법으로 정당화하는 것은 환상에 지나지 않는다. 만일 부모들이 화가 날 때 자녀를 때린다면, 반대로

자녀들이 화가 날 때 부모나 형제, 그리고 친구를 때리지 못하도록
하기는 매우 어려울 것이다.

한편 죄책감에서 벗어나기 위해 벌을 받기 원하는 아이들도 있다.
자녀들은 벌을 받음으로써 과거 잘못한 행동에 대한 대가를 치렀다
고 생각하여 또다시 잘못된 행동을 반복 할 수도 있다.
<The Magic Years>의 저자인 셀마 후레버그(Selma Fraiberg)는 이
와 같은 사실을 "잘못된 행동을 하게 하는 부기적 접근(book-keepin
g approach)"이라고 하며 다음과 같이 말했다:

아이들은 다음과 같은 주기(cycle)를 세움으로써 그들의 잘못된
행동에 대한 죄책감을 성공적으로 피할 수 있게 된다. 즉, 그 주기란
벌을 받으면 죄가 없어짐으로 잘못된 행동에 대한 대가를 치른 아이
는 아무 죄책감 없이 또 다른 때에 잘못된 행동을 반복하게 된다는
것이다. 몇몇 아이들은 어느 정도 죄를 짓다가 정기적으로 벌을 받음
으로써 대가를 치루는 치밀한 계산체계를 가지고 있다.

우리는 아이들이 죄와 처벌간의 균형을 맞추는 계산적인 사람이
되기를 바라는가? 죄책감을 느끼지 않는 아이는 양심이 없는 아이와
같다. 죄책감은 가끔 잘못된 행동에 대한 적절한 반응이지만 벌은 죄
책감을 느낄 기회를 빼앗아 버림으로써 양심의 발달을 저해하여 아
이는 내적 동기가 발달할 기회를 잃게 된다.

11살 된 병태는 아버지가 오랜 시간 정성들여 만든 조각품을 깨뜨
렸다. 그 순간 아버지는 몹시 화가 났다. 하지만 병태가 조각품을 다
시 원상태로 맞추려고 애쓰는 것을 알았다.

아빠 : 에이 속상해. 이 조각품은 무척 소중한 것인데… 깨져 버

렸구나.

병태 : 정말 미안해요. 아빠. 다른 조각품을 만들 수 있도록 제 용
돈을 드릴께요.

아빠 : 좋아, 병태야 그것 참 좋은 생각이야.

아버지는 화가 났지만 병태를 벌주지는 않았다. 왜냐하면 병태가
부서진 조각품을 맞추려고 애쓰는 것을 알았기 때문이다. 벌을 주지
않음으로서 아버지는 병태에게 자신의 행동에 대해 깊이 뉘우치고
책임을 지도록 했다. 후회한다고 해서 부서진 조각품을 고칠 수 없는
것처럼 자녀를 때린다고 해서 자녀의 행동을 바르게 고칠 수 있는
것은 아니다.

효과적인 대안

부모 워크숍의 목적은 자녀들에게 바람직한 행동과 바람직하지 못
한 행동이 무엇인지를 이해하도록 하고, 나아가 잘못된 행동을 수정
해서 다시는 반복하지 않도록 하는 데 있다. 자녀에게 벌주는 대신
다른 대안을 사용함으로써 바람직한 행동을 가르칠 수 있다.

★ 당신은 아이들이 스스로 해결책을 찾아, 자신이 문제를 해결
할 수 있도록 도와줄 수 있다.

★ 당신은 아이에게 자신이 행한 행동의 결과를 보여줌으로써
벌주는 것을 감소시킬 수 있다.

★ 아이들에게 당신 자신이 화가 나고 실망했다는 것을 알려줌으

로써 자녀들에게 수정할 기회를 줄 수 있다.

선생님은 영수가 통학버스 안에서 장난치고 소란스런 행동을 했다고 부모에게 알렸다. 아버지는 8살 된 아들에게 벌주는 것은 반감만을 불러일으킨다는 것을 잘 알고 있었다. 그래서 영수로 하여금 스스로 문제해결을 하도록 했다.

아빠 : 영수야, 네게 얘기할 중요한 문제가 있단다.

영수 : 뭔데요?

아빠 : 문제가 생겼어… 네가 통학버스에서 운전기사의 말을 듣지
　　　않고 소란스럽게 행동했다고 선생님한테 들었다. 아마 넌
　　　교장실로 불러 갈지도 모르고 당분간 버스를 못 타게 될
　　　지도 모른다고 하시더라.

영수 : (눈물을 글썽거리며) 나 혼자만 그런게 아니에요.

아빠 : 그래 아빠 널 믿어. 넌 내 아들이고 또 난 널 사랑해.
　　　　　그래서 네가 곤경에 처하는 것을 원치 않아. 난 네가
　　　버스 안에서 친구들과 재미있게 지내기 때문에 가만히 앉
　　　아 있기가 어렵다는 것도 알아. 그러나 이 문제는 네가
　　　해결해야 한다고 생각해. 네가 할 수 있는 좋은 방법이
　　　없니?

영수 : 음… 장난치는 아이들과 멀리 떨어져서 운전기사 아저씨
　　　옆 자리에 앉으면 어떨까요?

아빠 : 좋은 생각이야.

다음날 아버지는 영수와 함께 정류장까지 걸어가서 당분간만 영수를 운전기사 옆자리에 앉게 해달라고 부탁했다. 버스 안에서의 영수의 행동에 대해 학교로부터 더 이상 나쁜 소식은 없었다. 만일 영수가 스스로 해결책을 찾지 못했다면 아버지는 아들에게 "학교갈 때 차라리 자전거를 타고 가든지 혹은 버스에서 친구와 좀 떨어져 앉는 것이 어때?"라는 몇 가지 선택의 여지를 주었을 것이다.

처음 선생님이 전화했을 때 아빠의 최초의 반응은 영수에게 벌을 주려고 했지만 그대신 아들에게 무엇을 말할 것인지를 곰곰이 생각했다. 실제로 아버지는 영수로 하여금 스스로 문제를 해결하도록 함으로써 심한 벌(버스를 타지 못하게 됨)을 피할 수 있도록 도와 주었다. 아버지는 아들을 지지해 주었고("네가 할 수 있는 좋은 방법이 없니?"). 아버지는 영수로 하여금 반항심을 불러일으키지 않고 스스로 행동을 고칠 수 있도록 도와주었다.

아이들에게 충동적으로 벌을 주기보다는 아이들 스스로 문제해결을 하도록 함으로써 부모는 아이들을 괴롭히는 문제에 대한 정보를 얻을 수 있다.

다음의 방희와 엄마의 대화를 살펴보자.

엄마 : 방희야, 미장원에 갈 시간이야.

방희 : 가고 싶지 않아요. 기분이 안 좋아요.

엄마 : 머리 자르러 가는 것이 싫으니?

방희 : 아파요. 못 가겠어요.

엄마 : 방희야, 네가 가고 싶지 않은건 알지만 우리가 한 약속은 지켜야 하잖아. 어떻게 하면 엄마가 널 도와줄 수 있겠니?

방희 : 머리만 자를래요. 머리감는 것은 싫어요.

엄마 : 머리감는 게 싫으니?

방희 : 그래요. 지난번 머리 감을 때 미용사 언니가 내 머리를 잡
아 당겼어요.

엄마 : 미용사 언니가 머리를 심하게 잡아당겨서 많이 아팠겠구
나. 또 그럴까봐 겁나는 게지?

방희 : 예. 가서 머리만 자를래요.

엄마 : 그래, 가서 머리만 자르자. 머리 감는 문제에 대해서는 미
용사 언니에게 이야기 할게.

이 사건은 머리자르러 가지 않으려고 하는 방희와 강제로 미용사에
게 데리고 가려고 위협하는 엄마와의 힘싸움이 될 수도 있었을 것이
다. 그러나 "만일 지금 가지 않으면 토요일에 만화영화 보러가지 않을
거야"와 같은 위협을 하는 대신 방희 엄마는 딸에게 공감적으로 귀를
기울여서("어떻게 하면 엄마가 널 도와 줄 수 있겠니?") 딸이 머리 자
르러 가지 않으려는 진짜 이유를 알아냈다. 방희 엄마는 이유를 알아
냈기 때문에 문제를 해결하는 데 딸의 협조를 구할 수 있었다.

동진이 부모가 주말에 집을 비우게 되어서 할머니가 아이를 돌보
고 있었다. 부모가 집에 도착했을 때 할머니는 6살 된 동진이가 엄마
의 향수를 고양이 몸에 뿌렸다고 말했다. 할머니가 떠난 뒤 부모는
동진이와 함께 그 문제에 대해 이야기했다.

아빠 : 너 엄마 향수를 가지고 장난 쳤다는데 그게 정말이니?

동진 : 예

아빠 : 네가 솔직히 말해주니 기쁘구나. 그러나 매우 실망했어. 넌 다시는 향수를 가지고 놀지 않겠다고 약속 했었잖아. 나와 약속을 하고도 또 그랬다니 정말 화가나는구나.

동진 : 미안해요.

엄마 : 아빠와 엄마는 몹시 화났어. 우린 이 일을 어떻게 해야 할지 모르겠구나. 어떻게 했으면 좋겠니?

동진 : 벌 주시려고요?

아빠 : 벌 준다고 해결되는 것은 아니야.

엄마 : 음, 우린 어쩌면 네가 우리방에 들어 오지 못하도록 문을 잠궈야 할지 모르겠구나.

동진 : 예, 그렇게 하세요.

엄마 : 뭐라고?

동진 : 문을 잠그세요.

엄마 : 좋아, 문을 잠글게.

처음에 아빠는 사실대로 말해준 동진이를 칭찬했다. 벌 주려는 기색도 없이 동준이의 행동이 아빠를 얼마나 괴롭혔는지에 관해 분명하게 말했다. 동진이가 잘못을 사과하는 것을 보면 많은 아이들이 자신의 부모가 어떻게 느끼는 지에 대해 염려하고 있음을 알 수 있다. 만일 동진이 부모가 야단하고 고함치고 벌을 주었다면 동진이는 죄를 깊이 뉘우치고 "미안해요"라고 말할 기회를 갖지 못했을 것이다.

동진이는 엄마가 "어떻게 했으면 좋겠니?"라고 말했을 때 "벌 주시려고요?"라는 말로 반응했다. 왜냐하면 셀마 후레버그(Selma Fraiberg)가 말했듯이 아이들은 때때로 죄책감을 벗어나기 위한 한 방법으로 벌받기를 원하기 때문이다.

동진이는 자신의 충동적인 행동을 억제하기 위해 부모의 도움을 요청했다. 동진이가 문을 잠근다는 것에 동의했을 때 사실상 그는 자신에게 "향수를 가지고 고양이에게 뿌리고 싶은 유혹이 너무 커서 문을 잠그는 것이 오히려 나에게 도움이 돼요."라고 말하고 있었다.

벌에 대한 또 다른 대안은 아이에게 자신이 행한 행동의 결과를 알게 하는 것이다. 다음 두 실례를 비교해 보면 행동의 결과를 알게 하는 것이 벌을 주는 것보다 훨씬 더 효과적이라는 것을 알 수 있다. 5살 된 수철이는 집에 놀러온 세영이와 함께 엘리베이터 입구로 달려갔다. 수철이는 세영이를 밀어 제치고 그 앞에 섰다.

수철 : 내가 이겼어. 그러니까 내가 누를거야.

세영 : 아니야 불공평해. 내가 할거야.

수철 엄마 : 수철아, 세영이한테 양보해. 그앤 손님이잖아.

> 수철이는 엘리베이터 단추를 또 눌렀다.

세영 : 내 차례였는데 수철이가 눌렀어요.

수철 엄마 : (화가 나서) 수철아, 너 누르지 말라고 했잖아.
  세영이 차례잖아. 너 아주 나쁜 애로구나.

수철 : (단추위에 손을 없은 채) 난 세영이하고 번갈아 눌렀어요.

수철 엄마 : 수철아, 거짓말 하지마. 너 아주 이기적이구나.
  왜 엄마 말을 안 듣니? 맞을 줄 알아.

엄마는 세영이와 세영이 엄마가 보는 데서 수철이를 때려 주었고,

동시에 수철이의 잘못된 행동에 대해 사과했다. 그 후부터 수철이는 엄마를 볼 때마다 손으로 총을 쏘는 시늉을 했다. 수철이는 세영이를 없애버릴 방법에 대해 중얼거렸으며 또 "아무도 날 좋아하지 않아"라며 투덜거렸다.

수철이 엄마는 어떻게 행동했나? 엄마는 처벌적으로 반응했다. 엄마는 수철이가 세영이 엄마 앞에서 무례하게 굴었기 때문에 화가 났으며 당황했다. 엄마는 수철이를 거짓말쟁이, 나쁘고, 못된 이기적인 아이라고 명명했다. 엄마는 세영이 편을 두 번이나 들어줌으로써 수철이로 하여금 더욱 반항하도록 했으며, 친구가 보는 앞에서 때림으로써 수철이에게 창피를 주었다.

그러나 또 다른 엄마는 위와 비슷한 갈등상황을 매우 다르게 다루었다. 벌을 주면 4살 된 딸이 반감을 가진다는 것을 알고, 벌을 주는 대신 자신의 행동에 대한 결과를 알도록 했다.

혜숙이와 진희는 엄마들이 부엌에서 이야기를 나누고 있는 동안 거실에서 놀고 있었다. 혜숙이가 진희를 때렸다.

혜숙엄마 : 때리면 안돼. 한 번만 더 진희를 때리면 우린 집에
          갈거야.
혜숙 : 안 때릴께요.
       20분 후에 혜숙이는 진희를 또 때렸다.
혜숙엄마 : (침착하게) 지금 가야겠다.

       혜숙이는 울기 시작했다.

혜숙엄마 : 너 우리가 가는 게 싫지? 엄마도 잘 알아.

혜숙 : 여기서 더 놀고 싶어요.

혜숙엄마 : 알아, 그렇지만 지금 가야해. 다음 주에 또 오고싶니?

혜숙 : 예.

엄마는 다음주 목요일에 다시 오기로 약속을 했다. 혜숙이는 집에 오는 도중 내내 울었으나 엄마는 혜숙이에게 훈계하거나 꾸짖지 않았다. "네가 만일 진희를 때리지 않았더라면, 넌 진희와 계속 놀고 있었을거야"라고 말하고 싶었지만 혜숙이 엄마는 아이가 화가 났을 때 부모들이 논리적으로 말하는 것은 통하지 않는다는 것을 잘 알고 있었다. 엄마는 혜숙이가 우는 것을 가만히 지켜보면서, 진희를 때렸기 때문에 진희네 집을 떠나야만 했고 그로 인해 혜숙이가 슬픔을 경험한다는 것을 스스로 알게 했다.

혜숙이와 엄마가 집에 도착했을 때:

혜숙 : 왜 진희네 집에서 일찍 왔어요?

엄마 : 넌 왜 그랬다고 생각하니?

혜숙 : 내가 진희를 때렸으니까요.

엄마 : 그래 맞아.

자기 전에 혜숙이는 다시 그 이야기를 꺼냈다.

혜숙 : 내가 진희와 같이 있었을 때 무슨 일이 생겼는지 말해 주세요.

엄마 : 무슨 말을 하면 좋겠니?

혜숙 : 난 왜 슬펐지요?

엄마 : 우리가 진희네 집을 떠났기 때문이야.

혜숙 : 내가 진희를 때렸어요. 진희 엄마가 만들어 준 간식을 먹으
       며 놀고 싶었는데…

엄마 : 다음엔 아마 그렇게 할 수 있을거야.

혜숙이 엄마가 능숙하게 반응했기 때문에 혜숙이는 자신의 잘못된 행동과 그 행동의 결과를 분명하게 알 수 있었다("왜 그랬다고 생각 하니?" "내가 진희를 때렸으니까요"). 이 갈등은 혜숙이 엄마가 먼저 한계를 정하고 그런 다음 권위 있게 철저히 그 한계를 지켰기 때문 에 성공적으로 해결될 수 있었다("한 번만 더 진희를 때리면 집에 갈 거야"). 엄마는 혜숙이에게 또 한 번의 기회를 줌으로써 혜숙이에 대 한 신뢰를 나타냈다("다음엔 아마 그렇게 할 수 있을거야"). 행동의 결과를 사용할 때 "왜 그런지 알았지"혹은 "꼴 좋다"와 같은 처벌적 인 말을 덧붙이지 않는 것이 중요하다. 만일 혜숙이 엄마가 "너한테 경고했잖아. 벌받는 게 당연해"라고 말했다면, 혜숙이는 남을 때리는 것은 수용될 수 없으며 바람직하지 못한 결과를 가져온다는 사실을 배우지 못하고, 다만 벌을 받았다고 생각했을 것이다. 이것은 혜숙이 가 다시는 다른 아이를 결코 때리지 않을 것임을 의미하는 것은 아 니지만 만일 친구와 놀 때 단 몇 번이라도 때리는 행동이 줄어든다 면 혜숙이는 바람직한 행동을 배우기 시작한 것이다.

8살 된 달호는 생일날 할머니로부터 자전거를 선물로 받았다.그날 이후 달호는 자전거를 밖에 세워 두었다. 며칠동안 계속 비가 오자 엄마는 "자전거가 녹슬지 않도록" 안에 들여놓으라고 말했다. 달호는

들여놓겠다고 했지만 실제로는 하지 않았다. 이윽고 일주일 후 비가
멈추었을 때 자전거는 보이지 않았다. 달호는 집안팎을 샅샅이 찾아
보았으나 아무 데도 없었다. 아무도 안으로 들여놓지 않았었다. 도둑
을 맞은 것이다.

　달호는 무척 속이 상해서 "자전거는 내가 가장*좋아하는 선물이었
는데 이제 비가 멈추었는데도 탈수가 없다니!"라고 하며 울었다. 엄
마는 처음에 처벌적으로 말했다("네 책임이야. 안에다 들여놓으라고
말했잖아. 그 비싼 선물을 잃어버렸으니 벌받아야 돼"). 만일 엄마가
자전거를 잃어버린 데 대해 벌을 주었다면 의심할 여지없이 엄마에
대한 노여움이 더 커서 달호는 자전거를 잃어버린 데 대한 슬픔과
귀중한 것을 밖에다 놔두면 잃어버린다는 교훈을 얻지 못했을 것이
다. 만일 달호가 또 자전거를 사달라고 말했다면 엄마는 훈계하지 않
고 간단히 "안돼"라고 대답했을 것이다.

　경식이 아버지는 어려운 상황에서도 자신이 행한 행동의 결과를
알도록 했다.

아빠 : 경식아, 삼촌이 어제밤 늦게 전화했는데 집에 돌아가 보니
　　　　열쇠가 없다고 하더라. 그래서 들어가지도 못하고 옆집에
　　　　서 잤대. 어제 오후 우리집에 있었을 때만 해도 열쇠가 있
　　　　었대
경식(5세) : 으─응
아빠 : 내가 삼촌 열쇠를 오늘 아침 우산꽂이 밑에서 찾았어. 왜
　　　　열쇠가 그곳에 있는지 아니?
경식 : 아뇨, 내가 갖다 놓지 않았어요.

아빠 : 경식아, 아빠가 널 벌 줄까봐 무서워서 사실대로 말하기가
　　　　두려운 게로구나

경식 : 글쎄요.

아빠 : 아빠는 몹시 화가 나지만 네가 사실대로 말해주면 좋겠다.

경식 : 음, 내가 삼촌과 놀다가 그냥 열쇠를 감추었다고 생각했는
　　　　데… 그 다음은 잘 모르겠어요.

아빠 : 그래, 네가 열쇠를 감춘 것을 말해줘서 기쁘구나. 하지만
　　　　삼촌이 한밤중에 열쇠가 없어서 집에 들어갈 수 없다는
　　　　것을 알았을 때 기분이 어떠했겠니? 삼촌은 매우 화가 났
　　　　고, 또 옆집에 폐를 끼쳤단다. 한밤중에 옆집 사람들을
　　　　깨워야만 했거든.

　　경식이는 울기 시작했다. 삼촌은 그가 가장 좋아하는 사람이었는데,
삼촌을 괴롭혔다는 생각이 경식이로 하여금 진실로 잘못을 뉘우치게
하였다. 경식이는 삼촌에게 전화를 해서 용서를 빌었고, 열쇠를 곧바
로 가지고 가겠다고 말했다.
　　경식이를 비난하거나 벌주는 대신 아버지는 경식이가 열쇠를 감춘
이유를 설명하도록 하기 위해 우선 상황에 대해 묘사했다. 경식이가
그것에 관해 부인했을 때("아뇨, 내가 갖다 놓지 않았어요."), 아빠는
"… 아빠가 널 벌 줄까봐 무서워서 사실대로 말하기가 두려운 게로구
나"라고 질문함으로써 직선적으로 정직에 관한 문제를 다루었다. 아
빠가 아들을 의심하듯이 "네가 감췄지, 그렇지?"라고 단정하지 않았
다. 이같은 비난의 말은 너무 자주 자녀들로 하여금 거짓말을 하도록
한다. 특히 자녀들이 사실대로 말하면 무사하지 못하다고 느낄 때는

더욱 그렇다. 경식이 아버지는 "몹시 화가 나지만, 네가 사실대로 말해주면 좋겠다"라고 말함으로써 아들을 안심시키고 열쇠 감춘 것을 인정하도록 했다.

아빠는 아들로 하여금 장난스럽지만 무책임한 행동의 결과를 느끼게 함으로써 옳고 그른 것에 대해 생각하도록 했다.

자녀가 거짓말을 하게 하는 가장 쉬운 방법은 부모가 이미 알고 있으면서 묻는 것이다. 아이는 함정이 있다는 것을 눈치채고 함정에 빠지지 않기 위해 거짓말을 하게 된다. 아이들은 "비난받고 벌을 받는 것이 뻔한데 사실대로 말할 필요가 있을까?"라고 생각한다. 즉, 어느 누구도 자신이 죄가 있음을 드러내고 싶어하지 않기 때문이다.

선생님은 문영이가 일주일 내내 산수숙제를 전혀 하지 않았다고 전화를 했다.

엄마 : 산수숙제를 잘 하고 있니?
문영 : 예.

이같은 엄마의 질문은 함정이었다. 문영이는 궁지에 몰렸다고 느꼈기 때문에 애매한 거짓말을 했다. 왜냐하면 사실대로 말하게 되면 엄마가 고함을 치거나 벌을 주리라고 생각했기 때문이었다. 또 다른 부모는 같은 상황을 "선생님이 전화하셨어. 네 숙제에 문제가 있는 것 같은데. 우리 그 문제를 해결할 수 있도록 이야기 해보자."라고 사실대로 말함으로써 문제를 직접적으로 다루었다.

때로 부모들은 아이들에게 용돈을 주지 않거나 좋아하는 장난감 등을 빼앗음으로써 벌을 준다. 그러한 박탈(deprivations)은 아이들에

게 고통을 주기 쉽다. "오늘 밤에는 옛날 이야기 안 해줄거야… 일주
일동안 자전거를 내주지 않을거야… 주말에도 밤늦게까지 TV를 볼
수 없어…". 그러나 부모의 이러한 태도는 아이들의 잘못된 행동에
대한 적절한 결과가 아니다. 왜냐하면 아이들은 자신의 행동과 직접
관련된 결과만을 깨달을 수가 있고 그리하여 자신의 행동을 변화시
키기 때문이다.

예를 들면 3살 된 효숙이가 음식을 가지고 장난을 해서 엄마가 곰
인형을 빼앗았을 때 효숙이는 오로지 빼앗긴 곰만을 생각했다. 그러
나 효숙이는 자신의 행동과 그 결과인 벌을 연관시키지 못했기 때문
에 다음 식사때에도 또 음식을 가지고 놀았다. 여기서 부모의 보다
적절한 처사는 식탁에서 효숙이를 옮겨 놓는 것이다.

민수는 저녁먹으라고 부르는 엄마의 소리를 듣고서도 자전거를 계
속 탔다. 그러나 엄마는 "부르는 소리를 듣고도 자전거를 계속탔기
때문에 식사 후에는 자전거 탈 수 없어"라고 말했다. 그것은 순종하
지 않은 아들의 행동에 대한 논리적이고도 적절한 결과이다. 그러나
만일 부모가 누나에게 민수를 때려주라고 하면서 자전거를 빼앗았다
면 부적절한 처사일 것이다. 특히 아이들과 싸우는 도중에 적절한 행
동을 취하기란 더욱 어렵다. 그래서 우리는 아이에게 어떤 행동을 취
하기 전에 가능한 한 냉정해질 필요가 있다.

벌을 주는 대신 아이 스스로 문제를 해결하도록 하거나 결과를 알
게 하는 이러한 방법에 능숙하지 못한 부모들은 다음과 같이 말한다.
"하지만 아이가 이성을 잃고 화를 낼 때는 때리거나 좋아하는 장난감
을 빼앗을 수밖에 없어요". 그러나 아이가 몹시 화가 났을 때 벌을
주는 것은 아이를 더욱 화나게 할 뿐이다.

때로 아이가 화가 났을 때 가장 효과적인 방법은 다음과 같이 단호하게 말하는 것이다. "화가 가라앉은 다음 이야기하자. 잠시 떨어져 있자. 네가 말할 준비가 되면 알려다오". 물론 그것이 아이가 스스로를 통제할 수 없을 때 반응하는 유일한 "옳은" 방법은 아니다. 때때로 아이가 이성을 되찾을 때까지 기다려 주는 것은 아이의 화를 가라앉힐 수 있고, 또 우리 자신의 화도 가라앉힐 수 있다. 그러나 혼자 내버려 둠으로써 더욱 신경질적이 되는 아이들에게는 이런 방법은 적절하지 않음으로 부모가 옆에 있어 줄 필요가 있다. 즉, 아이와 함께 있으면서 화가 가라앉기를 기다려야 한다.

아이들이 장난칠 때 합리적으로 반응한다는 것은 매우 어렵다. 특히 아이들이 남이 보는 앞에서 막무가내로 떼를 쓸 때는 더욱 힘들다. 그러나 연습을 통해서 준호 엄마처럼 효과적이고 능숙하게 할 수 있다. 엄마가 병원에서 처방을 기다리고 있는 도중에 5살 된 준호는 진열대에서 장난감을 꺼냈다.

준호 : 엄마, 이것 갖고 싶어요.
엄마 : 지금은 안돼. 우린 약 타러 왔잖아.
준호 : 그렇지만 정말 갖고 싶어요. 내가 오랫동안 갖고 싶었던 거
　　　예요.
엄마 : 알아, 하지만 오늘은 안돼. 네 생일날 사줄께.
준호 : 지금 사줘요.
엄마 : 네가 얼마나 갖고 싶어하는지 알아. 하지만 지금은 사줄
　　　수 없어.
준호 : 안 사주면 엄말 때릴거예요.

준호는 엄마를 세게 쳤다.

엄마 : (단호하게) 엄마를 때리면 안돼. 엄만 곧 가야해. 장난감
제자리에 갖다놔.

엄마는 서둘러서 약값을 지불하고 문 쪽으로 걸어갔다. 준호는 그
장난감을 꼭 붙든 채 엄마를 뒤따라갔다.

준호 : 이 장난감 가질래요.
엄마 : 그 장난감은 돈을 내지 않았어. 제자리에 갖다놔.
준호 : 싫어요!
엄마 : 돈을 내지않고 물건을 가져 가는 것은 훔치는 거야.
훔치는 것은 나쁜 짓이야.
준호 : 엄마가 갖다 놓으세요.
엄마 : 엄마가 가져오지 않았잖아. 네가 갖다 놓고 올 동안 여기
서 기다릴께.

준호는 마지못해 그 장난감을 진열대에 갖다 놓았다. 준호가 돌아
왔을 때 엄마는 "네가 그렇게 갖고 싶어하는 것을 포기하기란 정말
힘든 일이지"라고 말했다.

워크숍에서 이 대화를 다른 부모들에게 말했을 때, 부모들은 준호
엄마의 능숙함에 감탄하고 부러워했다. 준호 엄마는 우리들 모두의
본보기지만, "저도 기분좋은 날만 이렇게 할 수 있을 뿐이예요"라고
말했다.

만약 준호 엄마가 능숙하지 못했다면 화가 나서 장난감을 빼앗고, 준호를 밖으로 끌고 가면서 훈계를 하거나 벌 줄 것이라고 위협했을 것이다. 대신 준호 엄마는 아들이 해야할 행동("제자리에 갖다 놔")을 단호하게 말했다. 또한 명확하게 제한을 했다("지금은 안돼. 엄마를 때리면 안돼. 그 장난감은 돈을 내지 않았어, 제자리에 갖다 놔"). 엄마는 아들을 비난하지 않고도 중요한 가치를 가르쳐 주었다("돈을 내지않고 물건을 가져가는 것은 훔치는거야. 훔치는 것은 나쁜 짓이야"). 어린 아이들은 "그것은 나쁜 짓이야 혹은 그것을 해야하는 것은 규칙이야."와 같은 말을 진지하게 받아 들인다.

마침내 준호가 장난감을 갖다 놓았을 때 엄마는 "네가 그렇게 갖고 싶어하는 것을 포기하기란 정말 힘든 일이지."라고 말함으로써 아들에게 공감을 나타냈다. 그렇게 말함으로써 더 이상의 싸움으로 번지지 않고 아들이 자신에 대해 긍정적으로 느낄 수 있도록 해주었다. 준호는 벌받지 않고서도 행동을 제한하는 법을 배웠다. 다양한 기술을 사용함으로써(문제를 이야기하고, 자녀의 감정을 이해하며 자녀를 때리지 않고서도 제한을 가르치는) 준호 엄마는 벌은 불필요하다고 생각했고, 또한 그 갈등상황을 효과적인 학습경험으로 만들었다.

몇몇 부모들은 사랑과 선의(good intentions)가 아이를 훈육하는 데 필요한 전부라고 믿는다. 그러나 필자는 아이를 훈육하는 데 사랑만으로는 충분하지 않다고 생각한다. 우리는 더 많은 것이 필요하다. 즉, 준호 엄마처럼 벌을 주는 대신 다른 방법을 찾는 기술이 필요한 것이다.

제 5 장

자녀가 우리를 화나게 할 때
대처하는 방법

"저는 아이를 가진 후에야 비로서 내가 성미가 급하다는 것을 알게 되었어요. 제가 사랑하는 아이에게 그렇게 몹시 화를 낼 수 있다는 사실을 아무도 말해주지 않았어요."

"아이가 동생을 때릴 때, 저는 그 아이를 때려서 동생이 아픈 것을 알게 해주고 싶었어요."

"물론, 저는 아이를 사랑하지만 항상 그런 것은 아니에요."

"제 딸은 아픈데도 약을 먹으려고 하지 않았어요. 나는 거의 미칠 지경이었지요. 그래서 강제로 딸에게 약을 먹일까봐 두려워서 저는 방을 나왔지요. 이 조그만 아이가 절 완전히 무력하게 만든 싸움이었 어요."

"아이가 제시간에 옷을 입지 않고 꾸물대며 시간은 계속 흘러 갈 때, 저는 아이를 죽이고 싶을 지경이었어요."

"아이가 칭얼댈 때, 저는 그칠 때까지 막 흔들어주고 싶어요."

"저희 어머니는 고함치며 때리는 사람이었어요. 그래서 난 내 아이 에게는 절대 고함치며 때리지 않겠다고 결심했지요. 그러나 아이가 반항할 때 제일 먼저 하게 되는 일이 바로 고함치며 때리는 일이었 지요."

자녀가 없는 사람들에게 위와 같은 말들은 장차 아동 학대자가 될 소지가 있는 사람들의 말이라고 생각할런지도 모른다. 그러나 위의 말들은 자녀를 사랑하며 책임감 있게 행동하는 부모들의 이야기이다. 자녀를 갖기 전까지 대부분의 부모들은 자녀들로 인해 생기는 노여움을 전혀 상상조차 하지 못한다. 그토록 무섭게 내는 노여움이 우리가 가장 많은 관심을 갖고 있는 바로 우리 아이를 향한 것이다.

우리는 아이들이 어떻게 해서 우리를 화나게 하는지에 대해서는 좀처럼 말하지 않는다. 아이가 우리를 짜증나게 하는 것처럼 부모도 아이를 화나게 할 수 있기 때문에 부모들은 죄책감을 느낄런지도 모른다.

우리는 아이에게 돌이킬 수 없는 극단적인 욕설을 한 데 대해 깊이 후회하며 감정을 폭발한 부모에게도 약간의 잘못은 있다고 느낀다. 그러나 보통의 부모들은 아이들로 인해 화가 나게 된다. 아이를 향한 격렬한 노여움은 우리가 아무리 아이들을 사랑한다 하더라도 불가피한 일이다.

싸움이 극에 달할 때 우리는 가끔 아이들에게 고통을 주고 보복을 하고 창피를 주며 벌을 주고 싶어한다. 왜냐하면 아이들은 부모들을 무력하게 느끼게 하기 때문이다. 그러나 부모가 바라는 본래의 목적은 아이에게 고통을 주고자 하는 것이 아니라 아이의 행동을 변화시키고자 하는 것이기 때문에 보복하고 싶은 충동을 억누를 필요가 있다. 우리가 아이들에게 정서적 혹은 신체적 고통을 줄 때면 우리는 편안하기는 커녕 오히려 기분이 더 언짢아지게 된다.

보다 바람직한 방법

"저는 평온하게 하루를 시작하지만 아이들의 요구가 계속됨에 따라 제 자신을 통제할 수 없게 돼요. 저는 흥분하고 화를 내지요. 그럴때면 전 더 좋은 방법으로 해야 한다는 것을 알지만, 어떤 것이 더 좋은 방법인지는 잘 모르겠어요."

아이들이 우리를 화나게 할 때, 우리의 노여움이 우리뿐만 아니라 아이들에게도 해를 끼치지 않도록 하기 위해 어떻게 할 수 있을까? 당신은 화가 났을 때 평온하고 이성적인체 할 수는 없다. 그러므로 화가 났음을 나타낼 필요가 있지만, 만일 아이의 마음에 상처를 주지 않기 위해서는 화를 표현하는 방법이 매우 중요하다.

아이를 때리거나, 모욕을 주는 것에 대한 대안은 무엇인가?

1. 아이를 공격하는 대신 당신의 감정을 표현하는 말을 사용한다. 간단하고 강한 어조로 말한다. "나는… 에 대해 몹시 화가나." 상황에 따라서, 당신이 기대하는 바를 짧게 덧붙여도 된다."나는 이 새 코트가 마루에 팽개쳐 있지 않고 옷걸이에 걸려 있었으면 좋겠구나." 그러나 아이의 자질이나 성격에 대해서는 언급하지 않는다("넌 얼간이야"). 우리는 아이들이 얼마나 잘못했는지를 말할 게 아니라 우리가 어떻게 느끼는 가를 말하는 것이 좋다.

2. 상황으로부터의 이탈한다.

화가 났을 때 가장 좋은 방법이다. 화난 상황에서 잠시 떠남으로써 냉정을 되찾을 시간을 갖게 되고 아이를 다시 대할 때 무슨 말을 해야 할지를 알게 된다.

3. 화가 몹시 났을 때 냉정을 되찾도록 노력한다.

당신은 아이를 사랑하는 감정을 되찾을 수 있고 아이로 하여금 당신의 노여움이 비록 매우 컸더라도 영원히 지속되지 않는다는 것을 알게 할 수 있다.

노여움을 간결하게 표현하는 방법

아빠 : 한나야, 지금 당장 엉덩이 좀 쳐들어, 방이 꼭 돼지 우리 같구나. 너는 점점 더 어질러 놓는구나. 왜 옷을 걸어 두지 않니? 네가 이렇게 방을 계속 어질러 놓으면 아빤 더 이상 옷을 사주지 않을거야.

한나 : 아빠는 왜 한수한테는 야단치지 않으세요? 한수 방도 어질러져 있는데. 아빠 미워.

아빠는 방문을 쾅 닫고 아래층으로 쿵쿵 내려가면서 한나에게 앞으로는 절대로 옷을 사주지 않겠다고 소리쳤다. 아빠의 분노는 이해할 수 있다. 왜냐하면 한나의 방이 어질러져 있었기 때문이다. 아빠는 방을 깨끗이 하라는 말을 딸이 듣지 않아 실망했다. 그러나 아빠가 화를 낸 것은 좋은 방법은 아니었다. 왜냐하면 아이의 행동을 변화시키지 못했기 때문이다. 또한 아빠는 한나를 공격하고("너는 점점 더 어질러 놓는구나") 모욕적인 명령을 했으며("지금 당장 엉덩이 좀 쳐들어") 위협했다("옷을 사주지 않을거야."). 아빠의 공격, 명령 그리고 위협은 딸로 하여금 반항하도록 했을 뿐만 아니라 아빠와 마찬가지로 딸도 화가 났다. 그래서 한나는 방을 깨끗이 하라는 아빠의 말을 전혀 들으려고 하지 않았다.

만약 한나아빠가 화가 난 것을 나타내기 위해 "네 방 곳곳에 널려진 옷을 보면 정말 미칠 것 같구나"와 같은 말을 했다면 이내 딸이 방을 치우리라는 보장은 못하지만, "아빠는 왜 한수한테는 야단치지 않으세요?"라고 반격하지는 않았을 것이다. 아빠가 딸에게 방을 깨끗이 하기 위한 계획을 세울 기회를 주었더라면, 두 사람 모두 화가 나는 상황을 피할 수 있었을 것이다.

워크숍의 목적은 화를 낼 때 생기는 거대한 에너지를 좀 더 건설적으로 사용하고자 하는 데에 있다. 우리는 "너"라는 말대신 "나"또는 "나의"("-할 때 내 피가 끓어 오른다")라는 말로 시작할 필요가 있다. "너"로 시작되는 화난 말은 틀림없이 아이의 성격에 대한 개인적인 인신공격이 될 것이다. 그렇게 되면 아이는 고통과 반항, 보복하는 마음으로 반응하게 되고 그것은 문제해결을 위해 아무런 도움이 되지 않을 것이다.

화가 났을 때 하는 말은 짧게 할수록 더욱 효과적이다. 간결한 말은 우리를 보다 권위 있게 해준다. 우리가 말을 많이 할수록 아이는 우리의 말에 신경을 쓰지 않는다.

대부분의 아이들은 감정을 나타내는 우리의 단호한 말에 귀를 기울이게 된다("저녁 먹으라고 세번씩이나 불렀는데, 들은 척도 안하면 나는 몹시 화가 난단다"). 왜냐하면 아이들은 부모들이 느끼는 감정에 예민하기 때문이다. 3살 된 준이는 엄마와 쇼핑을 갔을 때, 여러 가지 설탕무친 과자를 사달라고 졸랐으나 엄마는 거절했다. 준이가 계속해서 조를 때 엄마는 점점 더 화가 나고 있음을 느꼈다.

준이 : (큰소리로)이거 안 사주면, 엄만 바보야.

엄마 : 엄만 네가 욕할 때 몹시 화가 나.

준이 : 괜찮아요, 엄마는 멍청이야.

엄마 : 그건 말하면 안돼. 내가 그렇게 말할 땐 듣고 싶지도 않아.

준이 : 나도 엄마랑 다시 말 안 할래요.

엄마 : 엄만 네가 몹시 화가 났다는 걸 알아. 하지만 잠시 후엔 말하고 싶어질거야.

엄마는 카운터로 걸어갔으며 준이도 뒤쫓아갔다. 조금 후 차 안에서 "엄마한테 욕해서 미안해요. 아직도 화났어요?"라고 했다.

준이엄마는 바보, 멍청이라고 한 것에 화가 났지만 반격하는 말 대신 자신의 감정("네가 욕할 때 몹시 화가 나")을 간결하게 표현함으로써 반응했다. 엄마는 준이가 "멍청이"라고 했을 때, "넌 왜 입버릇이 그렇게 나쁘니! 엄마한테 또 한번 그런 소리 하기만 해봐!"라고 반격하고 싶은 충동을 느꼈다. 그러나 엄마는 자신의 감정을 간결하게 표현했을 뿐만 아니라 심지어는 또 다른 기술까지 사용했다. "엄만 네가 몹시 화가 났다는 걸 알아"라고 말함으로써 준이의 감정을 인정해 주었다. 그리고 엄마는 준이에게 욕을 한다고 해서 자신이 원하는 것을 얻을 수 없음을 깨닫게 해주었다.

준이와 엄마의 싸움은 엄마가 아들의 감정을 상하게 하지 않고 노여움을 나타냈기 때문에 잘 해결되었다. 만일 엄마가 화가 났음을 간결한 말로 나타내지 않거나 아들의 감정을 이해하지 않았다면 준이는 엄마에게 결코 용서를 빌지 않았을 것이다. "아직도 화났어요?"라고 한 질문은 많은 아이들이 부모들의 감정이 좋은 상태이기를 얼마나 바라는지 말해 주는 것이다.

4살 된 경수는 자주 때리고 걷어차는 습관이 있다. 엄마는 아들이 자신의 좌절을 누군가를 때리거나 걷어차는 대신 말로 표현하게 했다. 경수가 닥치는 대로 휘둘러 찰 때, 엄마는 아들의 허리를 붙잡고 "차면 안돼. 네가 어떻게 느끼는지 말로 해봐"라고 단호하게 말했다. 경수는 점점 때리는 행동보다는 말로 표현하기 시작했다. 엄마는 아이와의 관계가 많이 좋아졌다고 생각했다. 그러나 경수의 갑작스런 짜증이 엄마를 화나게 했다.

경수 : (울면서) 집에 가고 싶지 않아요. 여기 더 있고 싶어요.
엄마 : 지금 가야해.
　　　경수는 엄마를 발로 차기 시작했다.
엄마 : 차지마. 말로 해.
경수 : (큰소리로) 엄마는 애기야, 오줌싸게! 엄마 미워.

엄마는 화가 나서 경수를 집으로 끌고 왔으며 아들의 입을 비누로 씻어주었다. 엄마의 분노는 이해할만하다. 엄마는 몹시 당황했었다. 그러나 엄마의 반응은 공격적이고 아들에게 수치심을 주었다. 더욱 중요한 사실은 경수가 엄마를 더이상 신뢰하지 않게 되었다는 것이다. 엄마는 아들에게 감정을 말로 나타내라고 했으나, 실제로 그렇게 했을 때 아들에게 벌을 주었다. 여기서 아들이 받은 메시지는 "엄마를 믿을 수 없다"는 것이다.

일상의 싸움이 격해질 때 아이들은 가끔 "엄마 미워"또는 "엄만 날 좋아하지 않아."라고 비난을 한다. 정말 아이들에게 화가 났을 때 우리는 아이들에게 사랑을 느끼지 않는다. 만일 아이들이 "엄만 날 좋

아하지 않아."라고 말하면 우리는 "아니야, 난 널 좋아해"라고 대답한
다. 그러나 아이들은 우리의 목소리에서 화가 나 있음을 눈치챈다. 그
같은 사실은 아이들을 혼란스럽게 한다. 우리의 말과 억양이 상반될
때 아이들은 혼합된 메시지를 전달받기 때문에 자신들이 느낀 것을
믿을 수 없게 된다.

아이들은 자신의 직감과 부모의 말 중 어느 것을 믿어야 할지 모른다.

"엄만 날 좋아하지 않아"에 대한 좀 더 진실한 반응은 "지금 당장
은 기분이 좋지 않아서 그것에 관해 이야기하고 싶지 않아.
엄마는 치우지 않은 장난감… 닦아야 할 얼룩… 걷어차는 것을 멈춘
다든가… 개를 밖으로 데리고 나가야하는 것… 에 관해 이야기하고
싶어"일 것이다. 나중에 당신의 화가 가라앉으면 사랑하는 감정이 되
살아났음을 아이에게 재확인시켜줄 수 있다.

화난 상황으로부터의 이탈

엄마 : 인숙아, 고양이 밥 좀 주겠니?

인숙 : 난 엄마 하녀가 아니예요.

엄마 : (속으로 화가나서) 네가 한 말에 대해서는 이야기하지 않
        겠다.

엄마는 부엌을 나갔다. 감정이 가라앉았을 때 다시 돌아 왔다.

엄마 : 만일 네가 고양이에게 밥 주는 것 대신 다른 일을 하고 싶
        으면 이야기 해보렴.

인숙 : 무슨 일을요?

엄마 : 그 일을 대해 생각해 봐야겠다.

인숙 : 고양이에게 밥을 주고 싶어요. 그러면 고양이가 날 더욱 좋
아할거예요.

때때로 우리는 일상적인 일을 계속 반복해야 하기 때문에 화가나
기도 한다. "고양이밥을 주라고 상기시켜 주지 않아도 인숙이가 고양
이에게 밥을 줄 것인가?" 우리가 화났을 때 그 상황에서 잠시 벗어나
있음으로써 부모자녀 모두에게 해를 입히는 감정의 폭발을 막을 수
있게 된다.

즉, 상황을 잠시 떠나 있음으로써 우리는 나중에 후회하지 않고 분
노를 표시할 기회를 갖게 된다. 목욕탕에 가서 울거나 또는 샤워를
하는 부모들도 있다. 또 어떤 부모들은 라디오를 크게 틀어놓고 아이
를 욕하기도 한다. 베개를 탕탕치는 부모들도 있고, 화난 심정을 글로
적는 부모들도 있다. 인숙이 엄마의 경우에는 부엌을 나와 감정이 진
정될 만큼의 시간적 여유를 가짐으로써 싸움을 피할 수 있는 방법을
생각했다.

유치원으로 가기 5분 전에 남길이는 슈퍼맨 망토를 입었다. 남길이
와 엄마는 선생님이 교실에서는 망토나 다른 특수한 옷은 입지 못하
도록 하는 것을 잘 알고 있었다.

엄마 : 넌 유치원에 그 망토를 입고 갈 수 없다는 것을 잘 알텐데
...

남길 : 아니예요, 유치원 안에서만 안 돼요.

엄마 : (성급하게) 선생님께서 유아원 안에서는 슈퍼맨 옷차림을

하지 말라고 하신 걸 기억하지?

남길 : 그럼 안 갈래요.

엄마 : (화가나서) 그래, 가지마!

남길 : (명랑하게) 다른 일을 해야겠다.

엄마방에 있어야만 돼. TV도 보지말고, 밖에도 나가선 안돼.

엄마는 잠시 남길이와 떨어져 마음이 진정된 후 돌아왔다.

엄마 : 방금 있었던 일은 잊어버리자. 넌 정말 슈퍼맨이 되고 싶은 게지, 그렇지?

남길 : 그래요.

엄마 : 넌 그 망토를 입고 놀면 힘이 세고 강하다는 생각이 드나 보구나.

남길 : 예.

엄마 : 자, 이제 자켓을 입을 준비되었니?

남길 : 예.

남길이는 자켓을 입고 유치원에 망토를 가지고 갔으나 사물함에 잘 챙겨 두었다.

엄마는 아들에게 상처를 입힐 말이나 행동을 취할 정도로 화가 치밀었기 때문에 그 상황에서 잠시 떠나 있었다. 아들과 떨어져 있는 짧은 시간 동안 엄마는 아들에게 "강요"해서는 안 된다는 것을 알았다. 그 짧은 시간 동안 생각할 여유를 가짐으로써 망토문제는 선생님이 처리해야할 문제임이 명확해졌다. 그래서 그 문제는 선생님이 다루도록 했다.

몇 분 동안만이라도 혼자 시간을 가짐으로써 우리는 좀더 이성적으로 행동하게 되고, 보다 더 나은 문제해결방법에 관해서 생각하게 된다. 아울러 다시 아이를 대했을 때 우리가 하고자 하는 말을 미리 연습할 수 있게 된다.

아이들이 부모를 화나게 하는 것은 무엇인가? 대체로 부모를 화나게 하는 것은 아이를 통제할 수 없다는 무능력에서 오는 무력감 때문이다. 많은 부모들은 아이를 통제해야 된다는 착각 속에서 살고 있다.

만일 아이가 부정적이거나 받아들일 수 없는 방식으로 행동한다면 엄마는 아이에게 "그런 식으로 행동해선 안돼"라고 말한다. 만일 엄마가 아이의 "나쁜"행동을 통제할 수 없다면, 자신을 나쁜 엄마, 부적합한 엄마, 무능한 엄마라고 느끼게 된다. 아이의 행동은 엄마의 자아상을 위협하고, 엄마가 원하는대로 아이에게 하도록 하지 못하는 무능력 때문에 부모는 더욱 화가나고 이성을 잃게 된다.

아이들이 잘못된 행동을 할 때, 부모는 자신의 체면이 손상된다고 믿는다. 우리가 아이들을 통제할 수 없을 때 아이들은 우리를 당황하게 하고, 반항하며, 무시하고, 실망시키기 때문에 화가 난다.

화가 난 상황에서 잠시 떠나 있는 것은 공공 장소이거나 위험한 장소에 아이를 혼자 남겨 둬야 하는 경우에는 불가능하다. 만일 우리가 공공장소에서 감정을 폭발해서 낯선 사람들의 눈총을 받게 된다면 "다행히도 이 사람들은 모르는 사람들이고 다시는 볼 수 없을거야"라고 스스로에게 말할 수 있다. 그러나 더욱 중요한 것은 남에게 '좋은 부모'로 보이기보다는 아이나 우리의 즉각적인 요구에 초점을 맞추는 것이 더욱 중요하다.

매주 일요일 아침 수지아버지는 가족을 위해 멋진 아침식사를 준비했다.

수지 : 달걀후라이 싫어요. 우린 왜 항상 달걀을 먹어야 돼요?
아빠 : 수지야, 달걀 먹어. 일주일 동안 달걀을 먹지 않았다는 것을 너도 알지. 집엔 찬 음식이 다 떨어졌어, 네가 뜨거운 것을 싫어하는 것은 알지만…

수지는 불쾌한 표정을 지으면서 달걀을 집었다. 아빠는 화가 나서 수지의 접시를 치워버렸다.

아빠 : 좋아, 배고파도 할 수 없어. 다시는 너한테 아침 안 해줄거야.
수지 : 괜찮아요.
아빠 : 널 위해 요리를 할 때마다 넌 항상 날 화나게 하는구나.

수지아빠는 개인적으로는 딸이 달걀을 먹지 않겠다는 것을 이해했지만, 자신이 딸에게 달걀을 먹도록 할 수 없었기 때문에 화가 났다. "난 널 위해 일부러 음식을 준비했어. 그러니까 제발 먹고 날 애먹이지마"라고 말하고 싶은 생각이 들었다. 아버지는 "달걀 먹어"라고 명령을 했다. 또 아버지는 수지에게 달걀을 먹이려고 "집에 찬 음식이 다 떨어졌어. 네가 뜨거운 것을 싫어하는 것은 알지만…"라고 적절치 못한 설명을 했다. "좋아, 배고파도 할 수 없어."라는 아버지의 말은 거부적이고 처벌적이었다. 수지는 자존심을 지키기 위해 "괜찮아요"라고 반박했다. 여기서 수지아버지는 그 상황에서 잠시 벗어나 있음으로써 문제를 해결하는 데 도움을 받을 수 있었을 것이며 최악의 상태를 피할 수 있었을 것이다.

아이들 때문에 화가 날 때, 우리는 종종 아이들이 하는 행동의 동기를 "부모에게 무언가를 얻어내기 위해서", "부모를 조종하려 하거나" 또는 "고의로 행동하려"는 데 있다고 생각하며 그것을 개인적으로 받아들이기 때문에 더욱 화가 난다.

창호엄마는 2살 된 아들이 "단지 날 화나게 하려고" 포크를 마루 위에 계속해서 "일부러" 떨어뜨렸다고 말했다. "왜 아이가 내게 이렇게 할까?"라고 스스로 생각했다. 그같은 생각 때문에 엄마는 침착하게 말할 수가 없었다. "창호야, 포크는 먹는 데 사용하는 것이지, 떨어뜨리는 것이 아냐"라고 말했다. 엄마는 아이의 행동이 자신을 화나게 하려고 일부러 하는 것처럼 보였기 때문에 더욱 화가 났다. 걸음마를 배우는 아이에게는 물건을 반복해서 떨어뜨리는 일이 재미있고, 몹시 하고 싶은 놀이라는 것을 엄마는 알지 못했던 것이다.

사랑의 감정 회복

때때로 노여움은 우리를 더욱 좋은 상태로 이끌 수 있다. 우리의 의도가 아무리 좋다고해도 자신을 억제할 수 없을 때에는 노여움을 간결하게 표현하거나 그 상황을 벗어나기가 힘들다. 심지어 화를 몹시 낸 후에도 여전히 아이와 친밀감을 유지할 수 있다는 것을 아는 것은 중요하다. 때로는 용서를 구하는 것이 적절할 수도 있고, 또는 유머로 친밀한 관계를 회복할 수도 있다. 화가 풀린 후 화가 난 원인을 조사해서 보다 유용한 문제해결책을 찾을 수 있다.

밖에서 지쳐 집에 돌아온 강민이 엄마는 아이들에게 스파게티를
만들어 주었다. 그때 네 살된 아들이 의자에서 뛰어내리다가 식탁에
있는 접시를 떨어뜨렸다. 스파게티와 소스가 바닥에 온통 튀겼다.

엄마 : 어휴!

강민 : 엄마, 누구든 실수는 해요. 엄마도 전에 오렌지 주스병을
　　　 떨어뜨렸잖아요?

엄마 : (깨진 접시조각을 주워 쓰레기통에 집어 넣으면서)
　　　 그래, 좀 편안히 음식 좀 먹을 수 없겠니? 식사중 네 가
　　　 뛰어다니는 통에 골치가 아파 죽겠다. 엄마가 용서 할 때
　　　 까지는 식탁에서 먹지마. 알았지?

　　강민이는 조용히 앉아 기다렸다. 저녁식사는 엉망진창이 되어
버렸다. 한시간 후 엄마는 강민이에게 다가갔다.

엄마 : 네가 접시를 깼을 때 화가 났단다. 네가 일부러 그런 것이
　　　 아니라는 것을 알았을 때 너를 야단친 내가 정말 싫었단다.

강민 : 그런데 엄만 제게 왜 소리쳤어요?

엄마 : 네가 나와 가장 가깝기 때문이야. 너 아니면 누구한테 소
　　　 리칠 수 있겠니?

　　강민이는 웃었다.

　　엄마가 피곤하고 배고플 때 우연히 음식을 엎지른 것은 엄마의 신
경을 자극하기에 충분했다. 그러나 그후 엄마가 화가 났다는 말을 함
으로써 좋은 감정을 되찾을 수 있었고, 강민이도 엄마의 감정에 쉽게

동조하게 되었다. 엄마는 유머를 사용함으로써 화나고 짜증스런 분위기를 밝게 했으며("네가 나와 가장 가깝기 때문이야"), 죄책감에 빠지지 않고 좋은 감정을 회복할 수 있었다. 예를 들면 엄마는 "너에게 그런 말을 하다니 지독한 엄마지"라고는 말하지 않았다. 강민이처럼 모든 아이들은 부모가 화가 나고 이성을 잃었을 때라도 부모-자녀간의 친밀한 관계가 영원히 나빠지지 않는다는 것을 알 필요가 있다.

우리가 다시 좋은 감정으로 회복되면 아이들은 그 좋은 감정이 자신들에게 매우 필요하기 때문에 대개는 용서한다. 화난 상황이 지난 후 아버지와 조용히 이야기하는 5살 된 경희처럼 아이들은 부모를 잘 이해할 수 있다.

경희 : 아빠가 소리치면 난 아빠 말을 알아 들을 수가 없어요.

아빠 : 내가 소리치면 알아 들을 수가 없다고?

경희 : 예, 아빠가 화내고 큰소리칠 땐 나도 화가 나요.

아빠 : 그래, 내가 화날 땐 소리치지.

경희 : 하지만 소리치지 말고 아빠가 화났다고 저한테 말할 수 있잖아요.

아빠 : 좋은 생각이구나. 그러면 내말을 듣겠니?

경희 : 그럴께요. 그러나 아빠가 소리치면 나도 화가 나서 아빠한테 소리 치고 대들거예요. 그리고 아빠랑 친구하지 않을거예요.

다음의 두 대화에서 갑작스럽게 감정을 폭발한 후 자녀를 용서하지 않는 부모와 사랑의 감정을 회복한 다른 부모간의 차이를 보기로 하자.

엄마 : 문희야 지금 목욕 해야돼.

문희 : 싫어요.

엄마 : 좋아, 그럼 목욕을 하든지, 잠을 자든지 네 맘대로 해.

문희는 꼼짝않고 팔짱을 낀 채 반항적으로 서 있었다.

엄마 : (큰소리로) 당장 가서 자.

문희는 울면서 방으로 달려갔고 엄마는 문을 꽝 닫았다.

2분 후 문희는 목욕을 하기 위해 수건을 가지고 나왔다.

문희 : 엄마, 목욕할께요.

엄마 : 이젠 늦었어. 고집장이 같으니… 그냥 자.

문희가 말을 듣지 않자 엄마는 화가 났다. 엄마가 화를 내서 문희도 기분이 언짢았지만, 다시 좋은 상태가 되도록 노력했다. 그러나 엄마는 받아 들이지 않았다. 모든 아이들은 용서받을 기회가 필요하다.

심하게 싸운 후에도 좋은 감정을 회복할 수 있는 부모는 아이의 유대관계를 유지할 수 있다. 우리는 나중에 후회하게 될 말을 화가 났을 때는 피할 수 없게 된다. 격한 감정이 가라앉았을 때 "그런 말을 하지 말았어야 했는데"라고 생각한다.

3살반 된 필수는 전에 다른 아이를 물었던 적이 있었다. 그러나 최근 몇 달 동안 그런 일은 없었다. 필수와 엄마가 함께 놀이터에 있을 때 필수는 전에 물었던 한 아이를 알아보고 가까이 다가갔다. 그 아이 엄마는 필수를 알아보고, 딸을 보호하기 위해 딸에게 다가갔다. 갑자기 그 아이는 울기 시작했고, 그 엄마는 "네가 물었었지? 그렇지!"라고 소리쳤다.

엄마 : (화가 나고 창피해서) 필수야, 당장 이리와!

필수 : 난 단지 뽀뽀만 하려고 했어요.

엄마 : 거짓말 마!

엄마는 그 아이가 우는 사이에 필수를 끌고 놀이터를 나왔다. 필수 엄마는 화가 점점 치밀어 오름을 느꼈다. 집에 도착하자마자 필수는 계속해서 주장했다. "난 그 애를 물지 않았어요. 난 단지 뽀뽀하려고 했는데 그 애가 못하게 했어요."

엄마 : 만일 앞으로도 계속 그러면 다신 아무데도 데리고 가지 않을거야.

필수 : 난 정말 그앨 물지 않았어요.

엄마는 너무 흥분해서 아들의 어깨를 잡고 세게 흔들었다. 그런 다음 뺨을 때렸다.

엄마 : 필수야, 다른 애들 물면 안돼. 네가 자꾸 그러면 아무데도 데리고 다닐 수 없어. 널 믿을 수가 없어. 넌 도대체 동물이니? 사람이니? 네가 다른 애들 무는 것에 진저리가 난다. 당장 네 방으로 가.

엄마는 미칠 지경이었다. 엄마는 아들을 내보냈다. 왜냐하면 같이 있으면 아들에게 무슨 일을 저지를 것 같았기 때문이다. 엄마는 몇 분 동안 소파에 누워 있었다. 화난 감정은 서서히 진정되었고 아들을 때린 것 때문에 마음이 괴로웠다. 엄마는 마음이 가라앉았을 때 필수 .

방을 노크했다. 필수는 옷을 입은 채 침대위에 웅크리고 있었다. 엄마
는 침대옆으로 가서 아들의 손을 살며시 잡았다.

엄마 : 너한테 그렇게 화내지 말고 때리지도 말았어야 했는데…
필수 : 난 단지 그 애에게 뽀뽀해 주고 싶었는데. 그 애는 싫어했
　　　어요.
　　　(필수는 울기 시작했다) 엄마, 미안해요.
　　　난 그애를 물려고 한 게 아니었어요.

양볼에 눈물이 흘러내리는 필수를 엄마는 꼭 껴안았다.

엄마 : 필수야, 엄마가 어떻게 했으면 좋겠니?
필수 : 난 친구가 필요해요. 놀이터에서는 아무도 나하고 놀지 않
　　　아요. 큰 애들은 날 욕하고 끼워 주지 않아요.
엄마 : 새로 친구를 사귀는 것은 어렵지. 더욱이 네가 그 아이들
　　　의 마음을 상하게 하면 더욱 힘들어.
필수 : 알아요. 왜 그 아이가 울었죠? 난 단지 뽀뽀해 주고 싶었는
　　　데…
엄마 : 네가 새로 만나는 아이에게 뽀뽀해 주고 싶을 때면 내게
　　　말하고 대신 엄마한테 뽀뽀하렴! 어때?
필수 : 좋아요, 엄마. 사랑해요.

며칠 후 박물관에서 필수는 또 다른 꼬마 소녀를 보고 그 아이에게
말을 걸었다. 그런 다음 엄마에게 달려와서, "엄마한테 뽀뽀해 주고
싶어"라고 속삭였다.

엄마 : 필수야! 잊지 않고 기억하고 있었구나!

필수가 워크숍에서 이 대화를 읽어 주었을 때 다른 부모들은 필수 엄마의 마음을 이해할 수 있었기 때문에 안도의 긴 한숨을 내쉬었다. 이 대화는 부모가 아이들에게 나타내는 심한 노여움에 대해 이야기할 수 있는 기회를 마련해 주었다. 노여움은 우리가 직면하는 가장 고통스러운 문제중의 하나이다. 왜냐하면 아이들은 우리가 부모가 되기 전에는 상상조차 하지 못한 방식으로 우리를 화나게 하기 때문이다. 그러나 우리는 끊임없는 연습과 노력을 통해서 노여움을 긍정적으로 표현할 수 있게 될 것이다.

제 6 장

어떠한 비평도 자녀에게는 이롭지 않다 : 자아 – 존중감을 세워 주는 방법

엄마 : 물건 잃어버리지 말라고 내가 몇 번이나 이야기했니?
      넌 왜 그렇게 책임감이 없니. 어젠 도시락을 잊어버리고,
      수요일엔 학교에다 안경을 두고 오고, 화요일엔 버스표를
      잃어버리고, 월요일에는 산수 숙제를 잊어버리고 안 했잖
      아. 넌 항상 잃어버리는 것 투성이구나 어떻게 하면 좋겠
      니?
기훈 : (낙심해서) 그래요, 나는 잃어버리기만 하는 애예요.

많은 부모들은 아이의 잘못된 행동을 지적해 줌으로써 보다 나은
방향으로 변화시킬 수 있다고 낙관적으로 생각한다. 그러나 불행하게
도 부모들이 아이에게 하는 비평은 부모가 고쳐 주려고 하는 바로
그 잘못된 행동을 강화하는 셈이 된다.

아이들은 늘 부모로부터 지나치게 개인적인 비평을 듣게 된다. 즉,
아이들은 부모로부터 칭찬을 받고 싶은데 비평을 듣는 것이다. 앞의
예에서 9살 된 기훈이가 자신을 패배자로 간주한 것처럼 때로 비평
은 아이로 하여금 자신의 행동을 변화시킬 수 없다는 생각을 확고하
게 해준다. 또한 비판적인 말을 들으면 아이들은 방어적이 되어 적대

감과 반항심으로 부모에게 보복하게 된다. 또한 비평은 아이의 행동ˈ
을 변화시키는 자극제도 되지 못한다.

워크숍에 처음 온 많은 부모들은 "그렇지만 제가 어떻게 아이에게
비평하지 않고서 행동이나 예의, 나쁜습관을 고칠 수 있나요?"라고
질문한다. 자녀를 가르칠 수 있는 방법은 무수히 많다. 우선 비평의
특성과 그것이 아이에게 미치는 영향에 대해 좀 더 자세히 알아보자.

비평이 소위 "건설적인 비평"이라고 불릴 때는 아이를 가르치는 방
법으로 정당화된다. 그러나 비평이 정말로 건설적일 수 있는가? 비평
한다는 것은 남을 판단하고, 평가하고, 비난하고, 혹평하거나 힐난하
는 것을 뜻한다. 건설적이라는 것은 아이에게 무언가를 가르친다는
것을 의미한다. 당신은 아이를 비평하면서도 가르칠 수 있다고 생각
하는가? 당신은 판단하고 비난하고 힐난함으로써 아이들에게 책임감
이나 능력을 길러 주거나 새로운 것을 하고자 하는 동기를 부여할
수 있는가? 하지만 불가능하다. 우리가 아이의 결점을 지적해주는 것
이 건설적이라고 느낄 때조차도 비평은 여러 가지 좋지 않은 결과를
초래하게 된다.

★ 비평은 아이들을 스스로 패배자라고 생각하게 한다.
★ 비평은 아이들을 방어적이거나 반항적으로 만든다.
★ 비평은 새로운 것을 하고자 하는 동기나 바람을 박탈한다.

재민이 아버지는 어릴 적에 방과 후 가게 일을 도와야 했기 때문에
운동할 기회가 전혀 없었다. 성인이 되면서 아버지는 정열적으로 테
니스를 쳤다. 아버지는 재민이와도 열심히 테니스를 쳤다. 아이의 치
는 모습을 보며 매번 비평을 했다.

"공을 왜 똑바로 보지 않니?"

"웬일이야? 너 딴 생각하고 있니!"

"그렇게 쉬운 공을 연달아 세 번이나 놓치다니."

"공을 잘 쳐다봐."

"집중해서 공을 빨리 받아쳐…"

아버지는 재민이가 치는 공 하나하나를 마치 자신의 개인적인 승리나 패배처럼 받아들이는 것 같았다. 아버지는 아들의 테니스 실력을 향상시키기 위해 자신이 건설적인 비평을 하고 있다고 생각했다. 재민이가 테니스를 지도하는 교사로부터 그런 비평을 들었다면 받아드릴 수도 있었을 것이다. 그러나 아버지로부터 그런 비평을 들었을 때, 매번 "난 테니스를 잘 못해. 결코 아빠를 기쁘게 해드릴 수 없을 거야. 경기에 이기지도 못할거야."라고 중얼거렸다. 그리고 재민이는 얼마 후 테니스를 완전히 그만두었다. 기훈이처럼 재민이도 끊임없는 비평을 들은 뒤에 자신을 패배자로 간주하게 되었다.

자녀에게 비평을 하면 분노와 반항을 불러 일으킬 수 있다. 대부분의 가정에서 하는 비평은 부모-자녀관계를 악화시키는 독약과 같다. 만일 당신이 부모로부터 비평을 들었을 때 어떻게 느꼈는지를 회상해 본다면, 아이들이 당신이 하는 비평에서 무엇을 생각하는지를 이해할 수 있다. 워크숍에 온 한 아버지는 과거 자기 아버지의 신랄한 잔소리를 기억했다. "우리 아버지는 사소한 일로 항상 절 못살게 굴었어요. '넥타이를 똑바로 매라… 머리를 단정히 빗어라… 셔츠를 바지 속에 집어 넣어라… 넌 왜 풀이 죽었니' 아버지의 말은 제 자존심을 몹시 상하게 했어요. 전 아버지의 말에 귀를 기울이지 않았어요.

심지어 마흔이 된 지금까지도 만약 제가 낭떠러지에서 떨어질 때 아
버지가 제게 나뭇가지를 붙잡으라고 한다면 전 붙잡지 않을 거예요."

엄마 : 민지야, 학예회 때 할 대사를 한 번 해 볼래?
민지 : 예, 들어보세요.
엄마 : 자 어서 해봐.

10살 된 민지는 처음에는 잘 암송했지만 차츰 더듬거리기 시작했
다. 엄마는 민지가 암송하는 말 하나하나를 고쳐주었다.

엄마 : 말을 한꺼번에 하려고 하지말고, 천천히 똑똑히 말해.
　　　 이 대사는 매우 쉽잖아.
민지 : 잘 해볼께요.

그러나 민지는 계속 실수를 했다.

엄마 : 만일 대사를 처음부터 계획을 세워서 매일 열심히 연습했
　　　 더라면 그렇게 많이 잊어버리진 않았을거야.
민지 : 참견 마요.
엄마 : (걱정하며) 이 연극은 다음 주에 공연되지?
　　　 다음 주까지 네 역할 잘 할 수 있겠니?
　　　 네 친구 영숙이는 대사를 다 외웠다고 하더라.
민지 : 나가 주세요. 엄마가 도와주지 않아도 돼요.

엄마의 비평은 딸이 대사를 잘 외우도록 도와주기는 커녕 오히려
역효과를 가져왔다. 민지는 점점 더 화가 났다. 민지가 기억해야 할

대사를 엄마가 지적했을 때("만일 대사를 처음부터 계획을 세워서 매일 열심히 연습했더라면 그렇게 많이 잊어버리진 않았을거야"), 민지는 "참견 마세요!"라고 자연스럽게 말대꾸했다. 또 엄마가 민지를 다른 아이하고 비교한 것은("영숙이는 대사를 다 외웠다고 하더라.") 자신이 더 못하는 것처럼 느끼게 했다. 그리고 엄마는 대사 외우는 것을 쉬운 일로 생각했다("이 대사는 매우 쉽잖아").

자녀가 숙제나 피아노 연습, 운동하는 것 때문에 힘들어 할 때 자녀를 실망시키기 가장 쉬운 방법은 "그것은 쉬운건데"라고 말하는 것이다. 만일 당신이 아이가 하던 일을 계속하길 원한다면 반대로 말해야 한다. 즉 "매우 어렵지? 그러나 넌 해낼 수 있을거야"라고 말하는 것이다.

성수엄마는 아들이 움직이기 싫어하고 앉아만 있으려고 하는 것을 비평함으로써 행동을 변화시킬 수 있다고 생각했다.

엄마 : 성수야, 조깅하려고 하는데, 함께 갈래?

성수 : 싫어요.

엄마 : 왜? 너 아직도 잠옷 입은채로 TV 보고 있구나.

성수 : 나중에 할께요.

엄마 : 넌 항상 '나중에' 소리만 하는구나. 날씨가 좋으니 운동하면 좋을거야.

성수 : 날 좀 내버려둬요.

엄마 : 엄마 말좀 들어! 넌 몸이 약해졌어. 그런데도 운동은 전혀 하지 않는구나. 가만 놔두면 넌 하루종일 사탕 먹고 TV 보는 것 외에는 아무 것도 하지 않잖니.

성수 : (울음을 참으며) 아니에요. 그렇지 않아요.

비평은 특히 청소년들에게 치명적인 영향을 준다. 왜냐하면 그들은 자신의 신체적 변화와 미모에 대해 자의식이 강하기 때문이다.

우리가 아이들에게 체중이나 화장 그리고 머리길이, 단정치 못한 청바지 등에 대해 잔소리하면 아이 자신에 대한 부정적인 감정이 강화된다. 어린 아이들도 역시 스펀지처럼 비평을 빨리 받아 들인다. 왜냐하면 어린 아이들은 부모의 눈을 통해 자신을 바라보기 때문이다. 우리가 사랑하는 사람들로부터 듣는 비평은 우리의 자아상(self-image)에 영향을 주며, 무언가 하고자 하는 의지를 꺾어 놓는다. 그래서 많은 아이들은 실패의 위험에 직면하기보다는 오히려 아무 것도 하지 않는 것이 더 안전하다고 느낀다. 따라서 아이들은 부모의 비평에 동의한다.

부모의 비평	자녀의 해석
"넌 왜 그것을 이해하지 못하니? 아주 쉬워. 만일 네가 좀 더 주의 깊게 읽는다면 이해가 될거야."	"난 정말 바본가봐. 난 결코 배울 수 없을거야."
"만일 네가 더 열심히 노력하기만 하면 잘할 수 있을텐데. 너무 쉽게 포기하는구나."	"왜 내가 노력해야 하지? 아무리 해도 잘할 수 없는 데."

8살 된 정숙이는 생일파티 때문에 설레는 마음으로 그 준비를 하고 있었다.

정숙 : 생일파티 때 쓸 이름표를 만들고 있어요. 아빠, 펜 좀 빌려
      주시겠어요?

아빠 : 차라리 사인펜으로 쓰는 게 좋겠다.

정숙 : 그렇지만 가는 걸로 하고 싶어요.

아빠 : 번지기 쉬워서 이름표를 망치게 될거야.

정숙 : 아니예요.

아빠 : 그럼 다른 종이에 먼저 펜으로 연습해 봐. 아주 주의해야 해.

정숙 : 그만 두겠어요. 사인펜으로 할래요.

"나를 성가시게 했던 모든 어른들이여 안녕히!"

정숙이 아버지는 딸을 직접적으로 비평하지는 않았다. "넌 네 자신을 참 모르는구나"와 같은 말을 하지 않았다. 그렇지만 아버지는 "번지기 쉬워서 이름표를 망치게 될거야."라고 말함으로써 아버지의 의도를 확실하게, 간접적으로 나타냈다. 정숙이가 시작도 하기 전에 아버지는 "그럼 다른 종이에 먼저 펜으로 연습해 봐. 아주 주의해야 해."라고 말함으로써 펜을 사용하려 했던 정숙이의 욕구를 빼앗아 버렸다. 정숙이는 안전한 방법을 택했고 마침내 "그만 두겠어요. 사인펜으로 할래요"라고 말함으로써 자기의 욕구를 포기했다.

가끔 우리는 아이를 비평한다는 사실을 깨닫지 못한다. 우리는 성장하면서 부모로부터 들었던 말들을 회상할 수 있다("왜 앞을 똑바로 보고 다니지 않니? 저런 바보 같으니!… 친구 생일 파티에 다른 애들은 다 가는데 너는 왜 안 가니?… 의자에 바로 앉아있지 못하니?").

인수아버지가 아들의 축구 기술을 향상시키는 데 도움을 줄 수 있다고 생각하는 것처럼 부모들은 아이들에게 도움을 주고 있다고 생각한다.

아빠 : 어떻게 하다가 턱에 멍이 들었니?

인수 : 축구를 하다가요. 정말 너무 아팠어요.

아빠 : (빈정거리며) 너 태클하다 턱을 다쳤니? 저런 축구를 그렇게 하다니!

인수 : (화가나서) 아빠, 전 열심히 했어요.

아빠 : 제대로 태클을 하면 너보다 큰 아이도 넘어뜨릴 수 있어.

인수 : 아빠 제가 마치 고의로 한 것처럼 말씀하시네요.

인수아버지는 좋은 뜻으로 이야기를 했지만 "제대로 태클을 하면 너보다 큰 아이도 넘어뜨릴 수 있어"라고 한 아버지의 말씀은 11살 된 인수가 아버지에게 실망만을 안겨 주었을 뿐이라는 것을 암시했다.

아버지의 비평은 아들이 태클을 잘 하도록 하게는 못했다. 오히려 인수가 자신을 어리석고 서투른 아이라고 느끼게 했다. 어떤 부모도 의식적으로 아이에게 창피를 주지 않는다. 그러나 인수아버지는 의도하지 않았음에도 불구하고 아들에게 창피를 주었던 것이다.

미혜 엄마는 자신이 비평적이라고 생각해 본 적이 없다. 9살 된 미혜가 엄마의 말을 비평적으로 듣는다는 것을 알았을 때, 엄마는 아이의 자존심을 세워주었다.

> 엄마 : 네 친구 상숙이는 아주 예의가 바르더라. 그앤 우리 집에 올 때마다 항상 "안녕하세요"또는 "감사합니다" 라고 말하더라.
> 미혜 : 엄마는 제가 예의 바르지 않다고 말하는 거예요?
> 엄마 : 넌 친구 칭찬을 들어줄 수 없을 정도로 자신이 없니?
> 미혜 : 엄마가 말하는 것은 그런 뜻이 아니잖아요?
> 엄마 : 아니야, 사실은 엄만 지난 번 할머니가 오셨을 때 네가 공손하고 매우 예의 바르며 상냥하게 대했던 것을 기억했을 뿐이야. 또 너는 코트도 걸어 드리고 안경도 찾아 드렸잖아.

엄마는 비록 딸에게 부정적인 말을 하려고 하지 않았지만 딸의 반응을 알아채고 능숙하게 상황을 바꿈으로써 딸의 자존심을 세워 주었다.

우리는 때로 아이가 행동하기도 전에 미리 비평함으로써 자기충족적 예언(self-fulfilling prophecy)을 한다는 사실을 깨닫지 못한다. 지수 엄마가 저녁에 외출하기 전에 지수에게 "지수야, 넌 착한 아이이니까 어린동생을 괴롭히지 않을거야."라고 말했다. 지수엄마는 행동이 일어나기도 전에 미리 잘못된 행동을 예상하고 있었다. 아마 엄마는 지수의 이전 행동을 근거로 그렇게 예상했을 것이다. 그러나 지수는 "엄마는 내가 동생을 괴롭힐거라고 생각하는구나"라는 암시적인 메시지를 받은 것이다. 그러므로 지수는 동생을 때리고 괴롭힘으로써 그 예언을 충족시켰다.

워크숍에서 많은 부모들이 "어떻게 하면 아이들이 바르게 행동하도록 가르칠 수 있을까요"라는 질문을 한다. 우리는 아이의 잘못을 보고 비평하지 않는다는 것이 얼마나 힘든 일인지 토의하고 또 아이들을 비평하면 반감이 어떻게 일어나는 지를 탐색한다. 그리고 비평에 대한 대안으로 즉, 아이의 자존심을 상하게 하지 않고 행동을 변화시킬 수 있는 방법을 모색한다. 이런 방법들 중 몇 가지는 이미 앞장에서도 논의했지만 여기서는 좀 더 광범위하게 다룬 것이다. 어떤 방법은 새로운 것이다. 그러나 이런 모든 접근방법을 사용함으로써 자녀들이 자신에 대해 좋은 감정을 갖고 행동을 변화시킬 수 있도록 도와줄 수 있다. 그리고 자신을 긍정적으로 생각하는 아이들은 바르게 행동하기가 쉽다. 일이 불가피하게 잘못되어갈 때 아이를 지적하는 대신 행동이 일어난 상황을 지적할 수 있다. 즉, 아이의 잘못된 행동에 대해 말하기보다는 아이가 해야 할 일에 대해 말할 수 있다.

예를 들면 :

상황의 지적	자녀 지적
식탁위에 아이스크림을 놔두면 녹아 버릴거야".	"넌 항상 조심성이 없구나. 식탁에 아이스크림 놔둔 걸 잊어버렸니? 도대체 뭘 생각 하니?"
"먹고 난 그릇은 설거지통에 있어야지".	"엄마가 너한테 몇 번이나 말해야 되겠니? 넌 여기가 식당인줄 아니?".

만일 당신이 행위자인 아이보다는 행동 그 자체를 지적한다면 아이들은 그것을 개인적인 공격으로 생각하지 않을 것이다.

동철 네는 여덟 살 된 동철이가 식사 때마다 유리컵을 뒤집어 엎거나 음식을 흘리기 때문에 편안히 음식을 먹는 적이 없었다. 동철이 부모는 일상적으로 하는 비평을 하지 않기 위해 매우 노력했다. ("좀 더 조심할 수 없니?… 조용히 식사할 수 없겠니?"). 어느날 저녁 동철이가 케찹병 뚜껑이 열린 줄도 모르고 세게 흔들다가 케찹이 맞은 편에 있는 아버지의 셔츠에 튀겼다. 감정이 폭발하려는 것을 꾹참고 "얼른 수건 가져와"라고 말했다. 평소와 다른 아버지의 반응에 놀라고 고마워서 동철이는 아버지를 쳐다보며 수건을 가지러갔다. 어색한 침묵의 시간이 지난 후 동철이는 "아빠, 다음에는 병뚜껑을 잘 볼께요"라고 말했다.

만일 아버지가 평소와 같이 감정을 폭발했다면("빌어먹을! 도대체 넌 병뚜껑을 보지도 않니?") 동철이도 화가 나서 "…다음에는 병뚜껑을 잘 볼께요…"라고 말하지 않았을 것이다. 매우 힘들지만 감정을 억제함으로써 아버지는 아들에게 진실로 미안한 마음을 느끼게 했고 이 사건을 통해 많은 것을 배울 수 있게 해 주었다.

이 책의 4장에서 우리는 벌을 주는 대신 행동의 결과를 이용하는 것에 대해 말했었다. 우리는 또한 비평의 대안으로서 행동의 결과를 사용할 수 있다. 행동의 결과를 사용할 때 아이는 할 수 있다는 자신감과 자부심을 경험하게 된다.

따뜻한 봄날 아침, 다섯 살 된 소라는 일주일 내내 입었던 빨간 모직 스커트를 또 입으려고 했다.

엄마 : 애야! 오늘은 매우 더워. 모직 스커트를 입으면 더울거야.
소라 : 싫어요. 입을래요.
엄마 : 오늘같이 더운 날에 겨울 스커트를 입는 것은 우스꽝 스러워. 오늘은 면바지를 입으렴.
소라 : 싫어요, 빨간 스커트를 입을래요.

소라는 울기 시작했으며 빨간 스커트를 찾으려고 옷장으로 달려갔다.

엄마 : (옷장에서 딸을 끌어내며) 엄마가 알아듣도록 말했잖아. 당장 입어.
소라 : 난 빨간 스커트 입을래요.
엄마 : (반복해서 말하는 것에 화가 나서) 정말 미치겠구나. 어서 바지 입어. 안 그러면 엄마 혼자 갈거야.
소라 : 싫어. 안 입어! 유치원도 안 갈래요.

엄마는 소라로 하여금 방어적인 자세를 취하게 했다. "오늘 같이 더운 날에 겨울 스커트를 입는 것은 우스꽝스러워"라는 말은 딸을 반항하도록 만들었다. 소라는 자신의 모든 힘을 엄마에게 보복하는 데 쏟았다. "싫어, 안 입어! 유치원도 안 갈래요". 그러나 며칠 후 똑같은 상황에 직면했을 때 소라엄마는 다른 방법을 시도했다. 즉, 딸로 하여금 행동의 결과를 보고 스스로 배울 수 있게 했다.

엄마 : 오늘 뭐 입을래?

소라 : 빨간 모직 스커트요.

엄마 : 좋아, 네 마음대로 해.

소라 : (깜짝 놀라서) 오늘 추워요?

엄마 : 아니, 오늘 매우 덥대.

소라 : 그런데도 모직 스커트 입어도 돼요?

엄마 : 네가 입고 싶으면 입으렴.

소라 : 좋아요.

소라는 옷을 다 입은 다음 거울에 자신의 모습을 비춰 보았다.

소라 : 나 예뻐 보여요?

엄마 : 그래, 정말 예쁘구나.

소라엄마는 딸이 스스로에 대해 만족하는 것이 더욱 중요하다는 것을 알았다. 만일 딸이 모직 스커트를 입어서 더웠더라도 그것은 아이에게 해로운 영향을 미치지 않았을 것이며, 아마 아이 스스로 더운 날씨에 모직 스커트를 입는 것은 좋은 생각이 아니라는 것을 알게 되었을 것이다.

비평을 피하는 또 다른 방법은 아이 스스로 문제를 해결하도록 하는 것이다. 운동하다 다친 후, 한수는 의사로부터 규칙적으로 무릎운동을 하라는 말을 들었다. 그러나 11살 된 한수는 바쁘기도 하고 또 잊어버려서 무릎운동을 하지 않은 채 몇 일 지났다.

아빠 : 어젯밤 무릎운동 했니?

한수 : 무릎펴는 운동만 했어요.

아빠 : 잘 했다! 해야 할 일이 너무 많지?

한수 : 예.

아빠 : 잊지않고 운동할 수 있도록 아빠가 어떻게 도와줄 수 있을까?

한수 : 아빠가 제게 알려 주세요.

아빠 : 그건 좋지 않아. 무릎을 튼튼하게 하는 건 네게 필요한 거야. 아마 내가 알려주면 잔소리처럼 들릴거야.

한수 : 맞아요.

아빠 : 네가 쉽게 기억할 수 있는 다른 방법을 찾아보자.

한수 : 기록표를 만들어서 책상앞에 붙여 놓는게 어떨까요?

아빠 : 매일 쳐다 볼 수 있겠지?

한수 : 예, 그러면 잘 될거예요.

운동을 일부만 한 것을 비평하는 대신 아버지는 먼저 긍정적인 면을 지적했다("잘했다! 해야 할 일이 너무 많지?"). 그 다음에 아버지는 해결해야할 문제에 접근했다("잊지 않고 운동할 수 있도록 아빠가 어떻게 도와줄 수 있을까…?"). 즉, 아들 스스로 문제를 해결하도록 했기 때문에 한수가 자발적으로 해결하게 되었다("기록표를 만들어서 책상앞에 붙여 놓는 게 어떨까요?").

아이에게 잔소리하거나 공격하는 말을 하지 않고 행동을 변화시키거나 협력을 구할 수 있는 또 다른 방법은 짧게 편지를 쓰는 것이다. 만일 당신이 편지를 유머스럽게 쓸 수 있다면 더욱 좋다. 많은 부모들은 자신이 쓰는 짧은 편지는 때때로 아이들로 하여금 답장을 하거나 편지쓰는 것 그 자체를 즐길 수 있도록 격려해 준다고 말한다. 여기서 몇몇 부모가 쓴 짧은 편지의 예를 보기로 하자.

주인님께! 제발 날 밟지 말고 옷걸이에 걸어주세요.
　　　　　　　　　　　　　　- 당신의 옷으로부터 -
도와 주세요! 목욕탕을 깨끗이 하고, 샴푸병을 닫고, 치약뚜껑을 닫고, 젖은 수건을 걸어주세요.
　　　　　　　　　　　　　- 결과 : 엄마가 기뻐함 -
살려 주세요!!! 넘치기 전에 제발 나를 버려 주세요.
　　　　　　　　　　　　　　　- 쓰레기 올림 -

비평에 대처할 수 있는 또 다른 기술은 아이에게 격려의 말을 하는 것이다. 아이가 어려운 상황에 처했을 때 우리는 종종 아이에게 "만일 처음부터 내 말을 들었더라면… 문제가 없었을텐데"라고 공격하게 된다. 그러나 예를 들어 "그것은 쉬운 문제가 아니지?" … "그것은 어려운 일이야. 넌 어떻게 하면 좋겠니?" … "난 그게 힘들다는 것을 알아. 그리고 네가 얼마나 노력하고 있는지도 잘 알아."와 같이 문제를 극복하도록 격려하는 말은 아이에게 도움이 된다.

영수아버지는 아들이 장기게임에 져서 실망했을 때 처음엔 비평을 했으나 곧 아들을 도울 수 있는 방법을 찾아냈다. 아버지와의 장기에서 처음엔 아들이 우세했으나 결국은 졌다.

아빠 : 아빠가 어떻게 하면 좋겠니?
영수 : 괜찮아요, 그런데 아빤 절 정말 불쾌하게 하는군요.
아빠 : 음, 아까 네가 훨씬 앞섰을 때, 그때 실수한 거야.
      만일 네가 정신만 똑바로 차렸으면 이길 수 있었어.
영수 : 아빤, 제가 완벽하길 바라는군요.

이때 아버지는 아들의 고통을 눈치채고 아들의 감정을 이해해 주기 위해 말을 바꿨다.

아빠 : 내가 널 마음 상하게 했나 보구나?
영수 : 예.
아빠 : 누구든 게임에서 지면 기분이 나쁘지.
영수 : 예, 그래요. 게임에 지면 더 이상하고 싶지 않아요.
아빠 : 그래, 아빠도 알아. 장기는 어려운 게임이야. 장기를 잘 두려면 오랜 시간이 걸려.
영수 : 때때로 장기를 어디에다 두어야 할지 잘 모르겠어요.
아빠 : 그럴 땐 정말 난감하지?
영수 : 그래요! 아빠가 가끔 도와 주었으면 해요.
아빠 : 그런데 마지막에는 내 조언을 원하지 않는 것 같던데…
영수 : 그랬어요, 기억해요.
아빠 : 그랬어?

영수 : 도움을 청할 때만 절 도와주시면 돼요.

아빠 : 이젠 잘할 수 있을 것 같니?

영수 : 예, 그래요.

아빠 : 좋아, 한 판 더 둘까?

영수 : 예.

영수아버지는 아이에게 격려하는 말을 했다. "장기는 어려운 게임이야. 실제로 장기를 잘 두려면 오랜 시간이 걸려… 그럴 땐 정말 난감하지!" 아빠가 아들을 탓하는 대신 게임 자체가 어렵다고 말을 함으로써 영수는 더이상 공격할 마음이 없어졌고, 자신을 괴롭히는 것이 무엇인지를 아빠에게 말할 수 있었다. "때때로 장기를 어디에다 두어야 할지 잘 모르겠어요" 영수는 아빠에게 얼마만큼의 도움이 언제 필요한 지에 대한 해결책을 스스로 찾아낼 수 있었다. 그리하여 아들은 다시 장기를 둘 마음이 생겼다.

아이가 부모를 괴롭히는 일을 거듭할 때, 비평적인 말을 하지 않는다는 것은 매우 어렵다("넌 왜 항상 그렇게 하니?… 왜 할 수가 없어?…").

만일 아이가 부모를 화나게 하는 행동을 반복적으로 한다면, 당신은 그것들이 언제 일어날 것인지를 예상할 수 있다. 성수의 부모는 아들에게 아무리 비평을 해도, 차를 탄지 얼마 안 돼서 화장실을 가겠다는 아들의 습관을 결코 고칠 수 없음을 알았다. 이것에 대한 부모의 반응은 "왜 출발하기 전에 화장실을 갔다오지 않니? 넌 출발하자마자 항상 차를 멈추게 하는구나!"라고 말하는 것이었다.

이런 방법이 효과적이 아니라는 것을 알았을 때, 새로운 두 가지 대안을 사용하기로 했다. 즉, 출발하기 전에 "성수야, 출발하기 전에 지금 화장실에 갔다와"라고 하는 대신 "자! 모두 화장실에 다녀옵시다"라고 가볍게 말했다. 그래도 성수가 차를 세워 달라고 하면 아빠는 "성수야 네가 정말로 화장실에 가야 한다는 걸 알아. 잠시 후 기회를 봐서 내려 줄게. 기다릴 수 있겠니?"라고 말했다.

성수 아버지는 처음 새로운 방법을 시도했을 때 아들은 매우 놀라고 고맙게 여기더라고 워크숍에서 말했다. 그래서 가족여행은 더 즐거워졌고 성수의 요구도 점차 줄었다고 하였다.

비평으로 인한 해로운 결과를 피하는 또 다른 방법은 비판적인 말을 하지 않도록 억제하는 것이다. 때때로 아무 말도 하지 않는 것이 불가능하게 보일지라도 만일 당신이 말을 꾹 참을 수 있다면, 그 결과는 경미엄마의 경우처럼 놀랄 정도로 좋을 것이다.

경미엄마는,

"제 딸은 글씨가 엉망이고, 철자도 틀리고, 글짓기도 잘 못해요."라고 어머니가 워크숍에서 말했다. "딸도 자신이 문제가 있다는 것을 알아요. 하루는 아이가 숙제한 것을 봐달라고 하더군요."

"기가 막혔어요. 제가 본 중에서 가장 엉망인 글씨였어요. 하지만 철자는 온통 틀렸지만 내용은 꽤 좋았어요. 전에는 딸에게 그런 지저분한 것은 제출할 수 없으니 '다시 써'라고 말하곤 했지요."

"그러나 지금은 비평을 하면 아이는 화가 나서 '난 잘 할 수 없어요. 내가 어떻게 쓰든 엄만 만족하지 않을거예요'라고 반응한다는 것을 잘 알고 있어요. 그래서 크게 싸움을 하게 되죠. 지금은 철자가 틀린 것과 글씨가 엉망인 것에 대해 말하지 않아요. 단지 좋은 내용에 대해서만 언급하지요. 그런데 제 딸이 글짓기 대회에서 상을 탔어요.

믿을 수 있겠어요!"

몇 주 후 딸은 엄마에게 또 다른 작문 숙제를 가져왔다.

경미 : 제가 쓴 글 좀 읽어 볼래요, 엄마?

엄마 : (의식적으로 철자 틀린 것을 보지 않으려고 하며)
　　　네가 읽어줄래?

경미는 매우 자랑스럽게 자신이 쓴 글을 읽었다.

엄마 : 정말 참 잘 썼구나. 너도 기쁘지?

경미 : 예, 이걸 깨끗이 써서 보관할까요?

워크숍에서 경미엄마는 "이 애가 한달 전에는 아무 것도 쓰지 않으려고 했던 바로 그 아이예요!"라고 말했다.

경미엄마는 딸의 철자와 글씨에 대해 비평하는 것을 억제했다. 엄마는 담임선생님이 경미가 가지고 있는 문제를 도와줄 것이라는 것을 알았다. 경미는 엄마로부터 철자법이나 글씨체에 대한 훈련보다 더 좋은 격려를 받았다. 엄마는 글짓기에서 긍정적인 면만을 지적해 줌으로써 딸의 자부심을 강화시켜 주었다.

가끔 우리는 역사숙제에서, 잘못 쓴 단어에서, 곱셈문제의 틀린 답에서, 부적절한 구두점 위에서 "빨간색 표시"를 보게 된다. "잘한 것"보다는 "잘못한 것"을 보려고 하는 이런 경향은 학교 숙제뿐만 아니라 생활 전반에까지 적용되고 있다. 경미엄마처럼 긍정적인 것만을 지적해 줄 때 아이는 더욱 부모에게 협력하게 되고 더욱 잘하려는 동기를 갖게 되어 자신감이 넘치게 될 것이다.

칭찬과 감사:최상의 교수법

부모는 비평을 하지 말고 아이로 하여금 바람직하지 못한 행동에 대한 결과를 경험하게 하거나, 해야 할 행동을 말해 주거나, 스스로 문제를 해결하게 하거나, 유머 있는 간단한 편지를 쓰거나, 그리고 격려의 말을 하는 것과 같은 대안들을 중단하지 말고 계속 사용해야 한다.

그 외에 당신은 가장 중요한 두 가지 기술 즉 칭찬과 감사를 추가할 수 있다. 이 두 가지 기술을 배우고 실행하기는 그다지 어렵지 않으며 바람직한 행동을 하도록 하는 데 있어서 비평보다는 훨씬 더 효과적이다. 칭찬과 감사는 아이의 자기 존중감을 세워주기 때문에 매우 가치 있는 것이다.

정만 엄마는 아들이 레코드를 가져가서 제대로 갖다 놓지도 않고 또 레코드를 긁어 놓는다든가, 또는 커버를 씌우지 않고 주는 것에 대해 비평했다. 엄마는 계속 비평했지만 결코 아들의 습관을 고치지는 못했다. 극히 드물지만 아들이 레코드를 깨끗한 상태로 돌려주었을 때 엄마는 구체적으로 사실을 설명하면서 칭찬하는 것을 잊지 않았다.

"레코드를 긁지 않고 커버를 씌워 갖다 놓았구나. 너 이제 엄마가 레코드 긁힌 것을 얼마나 속상해하는지 아는구나. 엄마 것을 소중히 다루니 정말 고맙다"

아이에게 상기시켜주지 않았는데도 옷을 건다든지, 방충망을 닫는다든지, 자질구레한 일들을 할 때, 부모가 그 사실을 알고 있다는 것을 아이에게 말할 필요가 있다. 즉, 잘한 일에 대해 고마움을 표시함으로써, 부모는 아이들이 그 일을 또다시 할 수 있도록 격려할 수 있다. 엄마는 정만이를 칭찬해줌으로써 아들이 레코드를 매우 소중하게 다룰 수 있게 되었다는 사실을 알았다.

만일 부모들이 아이의 바람직한 행동에 대해 빠짐없이 칭찬해 준다면 부모를 기쁘게 하고자 하는 아이들의 바람과 자신에 대한 긍정적인 감정을 강화할 수 있다. 차 안에서 자주 싸우는 자녀를 둔 한 엄마는 아이들과 슈퍼를 가는 도중 아이들이 단 몇 분동안이라도 잠자코 있을 때 다음과 같이 말한다. "난 정말 너희들과 슈퍼를 가는 것이 즐거워, 너희가 사이좋게 지내니 말이다." 엄마가 칭찬했을 때 아이들이 덜 싸운다는 것을 알았다.

방호가 이를 대충 닦는 것을 보고 아버지는 화가 났다. 5살 된 방호에게 좀 더 깨끗하게 이를 닦게 하기 위해 아버지는 슈퍼맨 그림이 그려진 칫솔을 사왔다. 방호가 그 칫솔을 가지고 이를 열심히 닦았을 때 아버지는 다음과 같이 말했다. "이 안쪽까지 닦기가 매우 힘든데도 네가 구석구석 깨끗이 닦는 걸 보았어. 아마 의사 선생님도 놀라실거야".

이와 똑같은 문제를 가진 한 엄마는 3살 된 아들이 이를 닦기 시작했을 때 선글라스를 쓰고 말했다. "와! 네 이가 눈이 부실 정도로 빛나서 선글라스가 필요한데!" 아들은 엄마가 유머스런 방법으로 칭찬해주는 것을 좋아했고 매일 저녁 "엄마, 선글라스가 필요해요? 제 이가 그렇게 반짝거려요?"라고 물었다.

다예 엄마는 4살 된 딸의 의존적인 행동 때문에 걱정을 했다. 다예는 엄마와 아빠 외에는 어느 누구하고도 집밖을 나가려 하지 않았다. 엄마가 다예에게 "바보같다"든지 혹은 "애기처럼 구는구나"라고 비평을 하면 할수록 아이는 엄마의 치마에 더욱 매달리는 것을 알았다. 다예가 처음으로 삼촌과 함께 외출을 했을 때 엄마는 다예를 칭찬해 줌으로써 용기를 북돋아 주었다.

> 엄마 : 삼촌과 함께 장난감 가게에 갔었구나. 둘이서만 말야. 이제 다 컸구나. 너도 기분이 좋지?
> 다예 : 삼촌도 재미있어 했어요.

우리가 아이들에게 고마움을 표시하는 것은 아이들은 부모가 진정으로 기뻐하는 것을 원하기 때문에 바람직한 행동을 반복하도록 격려하는 셈이 된다. 만약 우리가 아이들에게 말하기만 한다면 아이들은 우리를 기쁘게 하는 것이 무엇인지를 알게 될 것이다.

11살 된 재호가 대보름날 저녁 정각 8시에 집에 돌아왔을 때 엄마는 다음과 같이 말했다. "넌 정확하게 집에 왔구나. 엄마가 말한 시간에 집에 들어오니 정말로 고맙구나!" 엄마는 아들을 껴안아 주었으며 재호는 밝게 웃었다. 아들이 시간을 정확하게 지킨 행동에 대해 아무 말도 하지 않는 것보다는 고마움을 표시하는 것은 아들이 다시 시간을 잘 지키도록 하는 데 더욱 효과적이다. 우리가 요구했던 행동을 아이들이 행할 때 우리는 그것을 지극히 당연한 것으로 여긴다. 우리는 "내가 아이에게 8시까지 집에 돌아오라고 하면 제시간에 오는 것이 당연한데, 그것에 대해 언급할 필요가 있을까?"라고 생각할런지도 모른다. 그러나 아이들이 필요로 하는 것은 부모의 무관심과 비평이 아니라, 칭찬이기 때문에 고마움을 표시하는 것은 중요하다.

만일 부모가 아이들이 올바르게 행동한 것을 알아채지 못한다면 아이들은 바람직한 행동을 반복할 마음이 줄어들게 된다. 아이가 과거에 잘못했던 행동을 잘 하거나 혹은 바람직한 행동을 했을 때 아이에게 고마움이나 칭찬을 해주기는 쉽다. 그러나 일이 잘못되어갈 때는 고마움이나 칭찬을 하는 것은 매우 어렵다. 그러나 실제로 칭찬이나 고마움을 표시함으로써 몇몇 매우 어려운 상황을 부정적인 것에서 긍정적인 것으로 변화시킬 수 있다.

다음의 대화는 예외적인 것으로 생각될 수도 있다. 당신은 "오, 전결코 그렇게 할 수 없어요!"라고 말할런지도 모른다. 그러나 성범이 엄마는 이러한 기술을 습득했기 때문에 실제로 행할 수 있었다.

성범 : (창백한 모습으로) 엄마, 큰일 났어요.

엄마 : 무슨 일인데?

성범 : 말하기가 겁나요.

엄마 : 엄마가 두렵니?

성범 : 네. 엄마가 몹시 화낼 것 같아요.

엄마 : 애야, 우리가 이 문제를 해결할 수 있는 유일한 방법은 네가 말을 하는거야.

성범 : 이 문제는 해결할 수 없어요.

엄마 : 문제는 네가 말하지 않는 것 뿐이야.

성범 : 좋아요. 말할께요. 제가 아주 비싼 접시 하나를 깼어요.

엄마 : 정말 그 접시는 아끼는 것이었는데. 다른 접시로 대신해야지.

성범 : 엄마, 정말 화나지 않아요?

엄마 : 성범아! 엄만 화가 나지만 이미 깨진거야 어쩌겠니!
　　　 중요한 것은 네가 솔직하게 엄마에게 말해준거야.

난 그게 고맙구나.
성범 : 제가 접시를 안깨뜨렸으면 좋았을 텐데…

비평과 비난은 아들의 자존심을 높혀 주는 것이 아니라 깎아 내릴 뿐이라는 것을 알기 때문에 성범이 엄마는 그것을 능숙하게 피할 수 있었다. 엄마는 성범이의 솔직함을 칭찬했다. 성범이는 엄마가 화낼 것을 예상했는데도 오히려 엄마는 침착하게 반응했다. 가장 중요한 것은 성범이가 일어난 일을 솔직히 말한 데 대해 엄마가 고마움을 표시한 것이다.

대부분 부모들은 성범이 엄마가 한 것처럼 행동하기가 매우 어렵다. 만일 아이가 값비싼 물건을 깨뜨렸다면 우리는 몹시 화가 날 것이다. 그러나 만일 우리가 초대한 손님의 아이가 값비싼 접시를 깼다면 우리는 어떻게 반응했겠는가? 아마도 우리는 "괜찮아요. 다른 걸로 하면 돼요."라고 정중하게 말했을 것이다. 우리는 소중한 우리 아이들의 감정보다 다른 사람들의 감정에 더 신경을 쓰게 되기가 쉬운데 이 얼마나 우스운 일인가!

어떤 칭찬은 아이들이 스스로에 대해 좋은 감정을 느끼도록 도와준다. 그러나 또 다른 칭찬은 반격을 하게 할 수도 있다.

5살 된 철수는 학교에서 어버이날을 위해 손수 만든 바구니를 엄마에게 내밀며 말했다.

"엄마, 엄마를 위해 제가 만든 거예요." "멋있구나, 참 착하구나" 엄마는 바구니를 힐끗 쳐다보면서 말했다. 철수의 얼굴에서 미소가 사라졌다. 철수는 자기가 만든 선물에 대한 엄마의 반응을 살펴보았다. 엄마는 아들을 칭찬했는데… 왜?

우리는 종종 아이들에게 칭찬을 아끼지 않음으로써 아이들의 자존심을 높여줄 수 있다고 생각한다. 또한 우리는 아이들에게 매우 멋지고 훌륭하다고 말하면서 아이들이 자신감으로 넘치지를 기대한다.

그러나 우리들이 하는 말이 철수엄마의 말처럼 애매모호 할 때(멋있구나, 참 착하구나) 아이들은 그 말이나 우리자신을 믿지 않을 수 있다("엄마는 내가 만든 바구니를 정말 좋아하는가? 엄마는 줄곧 나보고 솜씨가 좋다고 말하지만 내 바구니를 거의 쳐다보지 않았어"). 철수엄마는 "그것은 만들기가 매우 힘들었겠구나. 어떻게 이것을 맞추어 짰니? 이제 이 바구니를 빵을 담을 때 사용할 수 있겠구나" 라고 말할 수 있었을 것이다. 만일 엄마가 이런 식으로 세심하게 말을 했더라면 철수는 "엄마는 내가 이 바구니를 짜느라고 얼마나 힘들었는지 아는구나. 엄마가 정말 이 바구니를 좋아하는 것 같애. 내가 엄마를 기쁘게 해드렸어"라고 생각했을 것이다.

아이를 칭찬할 때, 가능한 한 상세하게 아이가 행한 것에 대해 말한다.

"아침에 날 깨우지 말고, 너 혼자서 아침 식사를 준비해. 내가 좀 늦게까지 잘 수 있도록 말이다. 그렇게 하는 것이 내겐 큰 도움이 된다. 그리고 주스와 우유는 흘리지 말고 따르렴!"

"네가 받아쓰기 시험에서 '순록'이라는 단어를 정확하게 쓴 걸 알아. 그건 꽤 어려운 단어지"

"단 15분만에 그렇게 많은 영어 단어를 외웠구나. 그 동사들이 다 불규칙 동사라서 쉽지 않은데 말야"

부모가 아이를 칭찬할 때 정확하고 상세히 말한다면 이이들은 우

리가 정말로 자신들의 한 일에 대해 주목하고 있다는 것을 안다. 그
러나 만약 칭찬하는 말이 너무 일반적이라면 아이들은 우리의 진심
을 의심할 것이다.

때때로 당신이 아이를 칭찬할 때 막연한 형용사들 -좋은, 매우, 놀
라운, 대단한-을 아주 사용하지 않을 수는 없겠지만 만약 자녀가 한
일에 대해 구체적인 설명을 덧붙인다면 좀더 설득력이 있을 것이다.
어린 아이들이 자기들이 그린 그림을 가져오거나 또는 국민학교에
다니는 아이들이 성적표를 가져왔을 때 영남이 아버지처럼하면 도움
이 된다. 영남이 아버지의 말은 일반적이기 보다는 묘사적이었다.

영남 : 아빠를 위해 그림을 그렸어요. 마음에 드세요?
아빠 : 와! 난 이 밝은 색들이 좋구나. 저 나무들 위에 있는 노란
　　　잎과 붉은 잎들을 보렴. 가을을 느끼게 해주는구나. 이 그
　　　림을 사무실에 가져가서 걸어 두어야겠다.
영남 : 아빠, 정말 이 그림을 사무실에 걸어 놓으실거예요?
아빠 : 물론이지.

그날 저녁 영남이 아버지가 집에 돌아왔을 때 "그림을 사무실에 걸
어 놓았는데 오는 사람마다 낙엽을 유심히 쳐다보더구나"라고 영남이
에게 말했다. 영남이는 자랑스럽게 웃었다.

영남이 아빠가 그림에 대한 비평이나 영남이의 그림 솜씨에 대해
평가할 필요는 없었다. 아버지는 그림의 일부분을 상세하게 지적함으
로써 아들의 노력을 효과적으로 칭찬했다. 즉, 아버지는 그림을 보고
좋아한다는 것을 아들에게 나타내 준 것이다.

우리는 가끔 "네가 자랑스럽구나"라는 말로 아이를 칭찬한다. 우리는 그러한 말을 좋은 의미로 하지만 이것은 "너" 보다는 "나"를 강조하는 것이다. 만일 우리가 아이를 진정으로 칭찬하고자 한다면, 우리는 자녀가 한 일에 대해 신뢰한다는 것을 나타내기 위해 그러한 대명사를 반대로 사용할 수 있다.

아이가 100점을 받았을 때 우리의 "네가 무척 자랑스러워"라는 말의 의미는 약간은 우리부모도 아이가 100점을 맞은 데에 대한 책임이 있다는 것을 뜻한다. 그래서 자랑스러움은 우리 부모들의 것이 되는 것이다. 그러나 만일 아이가 60점을 받았다면 우리는 그 사실을 믿으려고 하지 않을 것이다. 오히려 우리는 "너 웬일이니?"라고 하기가 쉽다.

만약 우리가 "100점 맞은 것이 무척 기분이 좋지. 공부를 열심히 했구나. 틀림없이 네 자신이 자랑스럽게 생각될거야"라고 말한다면, 우리는 아이들의 성취에 대한 자부심을 격려해줄 수 있다.

12살 된 강희는 학예회에서 맡은 배역을 잘 하기 위해 열심히 연습했다. 연극이 끝난 뒤 강희의 부모는 무대 뒤로 갔다. 아빠는 "넌 네 역할을 참 잘했어, 난 네가 하는 대사를 이층 좌석의 뒤쪽에서도 잘 들을 수가 있었단다. 오늘밤 네 자신이 무척 자랑스러울거야"라고 말했다. 강희아빠는 위와 같이 구체적인 묘사를 함으로써 딸의 자존심을 강화해 주었다. 후에 강희 엄마는 "당신이 그렇게 말했을 때, 강희가 좀 더 의젓해 보였어요, 강희는 씽긋 웃으며 매우 기뻐했어요, 전 그 장면을 필름에 담아서 오래 보존하고 싶었어요, 당신 말은 강희에게 그만큼 중요한 의미를 주었어요."라고 말했다.

아마 강희 엄마는 자신도 모르게 남편이 강희에게 한 것처럼 마찬

가지로 남편을 격려했다. "당신 말은 강희에게 그만큼 중요한 의미를
주었어요"라고 말함으로써 강희엄마는 남편의 자존심을 세워 주었다.
성인도 역시 구체적으로 누군가가 고마움을 표시해주면 유익하다.

우리는 자녀들의 바람직한 행동을 강화해줌으로써 그 행동을 반복
하도록 할 수 있으며 또한 다른 사람 앞에서 아이들을 칭찬함으로써
아이들의 자존심을 높혀줄 수 있다.

수미는 엄마가 친구와 전화를 하고 있을 때 우연히 부엌에서 그것
을 듣게 되었다. "얘, 수미가 오늘 날 위해 한 일을 넌 상상도 못할거
야. 친정아버지가 돌아가신 후 내가 얼마나 상심했는지 너도 잘 알
지? 글쎄, 오늘 수미가 집안 일을 도와주고, 꽃까지 사가지고 와서 날
위로하더구나. 너무도 감동했어."

동진이 가족이 엘리베이터를 타자마자 엄마는 아빠에게 다음과 같
이 말했다.

"동진이가 사람들이 엘리베이터문에 끼지 않도록 열림단추 누르는
것을 당신 아세요?"

"상철이가 오늘 날 도와주었어요. 식탁을 얼마나 깨끗이 닦았는지
보셨어요?" 상철이 엄마는 아들이 들을 수 있도록 할아버지에게 말했
다.

한 가지 주의점을 들자면 다른 사람들 앞에서 아이를 칭찬하는 것
은 어린 아이에게 더욱 효과적이지만 10대의 청소년들은 다른 사람
앞에서 자신에 관해 말하는 것을 좋아하지 않는다. 왜냐하면 이 시기
는 자의식이 강하기 때문에 다른 사람 앞에서 자기를 드러내고 싶어
하지 않기 때문이다.

때때로 부모들은 워크숍에서 "아이를 칭찬하라고요? 어떻게 그럴

수 있어요? 아이가 잘하는 일이 하나도 없는데… 칭찬할만한 일이라
곤 하나도 없어요." 그런 경우 필자는 가끔 '하루에 한 번 칭찬하기'
의 기법을 제안한다. 매일 아이가 하는 행동 -사소하거나 중요하지
않을지라도- 에서 잘 한 일을 한 가지씩 찾아서 칭찬해주는 것이다.

성훈이 엄마는 아들의 "밉살스러운" 행동 때문에 무척 속상했고 아
침부터 저녁까지 아이와 입씨름하는 것처럼 느꼈다. 10살 된 성훈이
는 엄마를 너무 자주 화나게 했기 때문에 엄마는 아이에 관해 칭찬
하기가 몹시 어려웠다. 필자는 성훈이 엄마에게 매일 성훈이가 잘한
일 한 가지씩을 적고 그것에 대해 칭찬하는 '하루에 한 번 칭찬하기'
기법을 실행하도록 기록한 목록을 가져왔다.

★ 성훈아, 네가 깨진 조각들을 치웠구나. 그건 힘든 일인데…
★ 진호가 비행기 모형을 만들지 못해 쩔쩔맬 때 네가 그것을 완성
하도록 도와 주었구나. 진호는 너 같은 친구를 두어 참 좋겠구나.
★ 동생이 꺼내기 힘든 장난감을 네가 내려주었을 때 무척 고
마워하더라, 넌 정말 동생이 필요로 하는 것을 잘 알고 있구나.
★ 오늘 시장에 같이 가줘서 고맙다. 난 일을 그렇게 빨리 끝낼 수
있으리라고는 지난번에는 상상도 할 수 없었단다.

일주일 동안 아주 사소하고 평범한 행동에 칭찬을 한 뒤 성훈이의
행동은 현저하게 나아졌다. 성훈이 아버지는 이것에 대해 "만일 내가
보지 않았다면 믿지 않았을거야. 여태까지 난 성훈이가 예의 바른 행
동을 하리라고는 생각지 못했는데"라고 말했다.

'하루에 한 번 칭찬하기' 기법은 또 다른 장점이 있다. 아이를 칭찬
하기 위한 행동을 찾고 있을 때 당신은 아이의 바람직하지 못한 행

동에는 그다지 많은 관심을 두지 않는다. 따라서 아이를 비평하지도 않게 되며, 당신과 자녀사이에는 격렬한 논쟁도 없을 것이다.

칭찬과 감사는 우리가 기대하는 행동을 아이들에게 가르치기 위한 소중한 도구이나, 아이에게는 자신에 대해 좋은 감정을 증진시킬 수 있는 반면에, 칭찬을 할 때 반격당할 수 있는 두 가지 방법에 주의해야만 한다. 즉, 아이는 자신이 해낼 수 없다는 두려움 때문에 칭찬은 위협이 되거나 짐이 되기도 한다.

칭찬이 지나치면 위협이 될 수도 있다. 아이로 하여금 "난 그렇게 굉장한 사람이 아닌데"라고 생각하게 할지도 모른다. 만약 당신이 아이들에게 "넌 항상 정직하구나" 혹은 "네가 결코 거짓말을 하지 않아서 자랑스러워"라고 말한다면 대부분의 아이들은 자신들이 항상 그렇게 정직하지도 않으며, 정직할 수도 없기 때문에 부모들이 하는 칭찬에 위협을 느끼게 될 것이다. "내가 가끔은 사실대로 말하지 않는다는 것을 아버지는 알아야만 해요" 또는 "내가 봉수에 대해 한 거짓말을 아버지가 알아챌 수 있을까?" 만일 우리가 "넌 항상" 또는 "넌 결코"와 같은 말로 칭찬하면 아이들은 우리를 믿지 않거나, 난처한 입장에 빠뜨릴거라고 위협을 느낄런지 모른다. 만일 누군가가 "당신은 항상 옷을 너무 멋있게 입어요."라고 말했다면 "참! 그 사람이 세 시간 전의 내 모습을 보았어야만 했는데"라고 생각하지는 않을 것이다. 아이들은 그런 맹목적인 칭찬에도 역시 의심을 한다.

13살 된 태숙이 경우처럼 아이들은 기대가 너무 크면 그것을 충족시킬 수 없다는 것을 잘 안다. 태숙이는 학교공부가 결코 쉽지 않다는 것을 알았다. 태숙이 아버지와의 전형적인 대화는 다음과 같다.

아빠 : 이번 학기 성적은 어떠니?

태숙 : 괜찮아요.

아빠 : 내가 넌 머리가 좋다고 했잖아.

태숙 : 그렇지 않아요. 굉장히 열심히 공부해야만 반에서 중간 정
도 들어요.

아빠 : 만약 열심히 공부하면 시험엔 합격할거라고 내가 말했잖
아. 또 너도 잘 하고 있다고 했지.

태숙 : (흥분하며) 그래서요? 선생님들도 제가 공부를 열심히 할거
라고 기대할 거예요. 선생님들도 없어져버렸으면 좋겠다.

아빠 : (빈정거리며) 성공하기란 그만큼 힘들어.

태숙이는 책을 탁 덮고 방을 나갔다. 아버지는 딸에게 머리가 좋다
고 말함으로써 격려해주었다고 생각했지만 태숙이는 실제로 선생님
들이 자신에게 거는 기대감 때문에 두려움을 갖고 있었다.
태숙이는 선생님들에게 실망을 줄까봐 두려워서 "내가 어떻게 선생님
들의 기대를 충족시킬 수 있단 말인가?"라고 혼잣말을 했다.
  태숙이 아버지는 딸에게 한 칭찬이 너무 지나쳤다는 것을 알았을
때 딸의 능력을 과대평가하지 않고 딸의 말을 있는 그대로 받아들이
기 시작했다. 성적에 대한 딸의 말을 들음으로써, 아버지는 정보를 얻
기 위해 시간을 들였다. 아버지는 딸에게 머리가 좋다고 말함으로써
딸이 열심히 공부한 사실을 인정하지 않고, 마치 머리가 좋기 때문에
성적이 좋은 것은 당연한 결과인 것처럼 딸이 열심히 공부한 것에
대한 노력을 인정치 않았다는 것을 깨달았다. 그 후 태숙이와 아버지
의 대화는 상당히 달라졌다.

택식 : 모든 과목이 잘 되어가고 있어요.
아빠 : 꽤 기분이 좋은 것 같은데.
택식 : 예, 전과목 다 합격이예요.
아빠 : 전과목 모두 다!
택식 : 선생님들은 항상 합격하리라고 기대해요.
아빠 : 때로 일이 잘 되면 겁이 날 수도 있지. 만일 네가 공부를
      잘 하면, 넌 사람들이 또다시 네가 공부를 잘 할거라고 기
      대하는 것이 걱정될 거야.
택식 : 예, 그래요.

비평하는 대신 감사와 칭찬하는 것을 배울 때, 우리는 가장 어려운
상황에서도 이 새로운 대안을 아이들에게 책임감 있는 행동을 가르
치는 데 사용할 수 있다. 이것은 또한 아이들의 자아 존중감을 향상
시킨다. 형래 엄마가 아들을 데리러 학교에 갔을 때 아들이 울고 있
는 것을 발견했다.

엄마 : 무슨 일이니?
형래 : 수저통을 잃어버렸어요.
엄마 : 오, 저런.
형래 : 점심시간에 꺼내서 가방 속에 두었어요. 그런데 깜박 잊고
      가방 속의 너저분한 것과 함께 쓰레기통에 버렸나봐요.
엄마 : 쓰레기통을 찾아 보았니?
형래 : 예, 애들이 찾는 걸 같이 도와 주었어요. 그렇지만 찾지 못
      했어요. 엄마, 너무 속상해요.

엄마 : 그래, 속상하지. 새 수저통을 사면 잃어버리지 않을 방법을
    생각하자.

형래 : 엄마, 화 안나세요?

엄마 : 아냐, 그렇지 않아. 새 수저통을 살 것이 신경쓰이지만 네
    게 화는 나지 않아. 수저통을 잃어버린 것은 우연한 사고
    지. 네가 일부러 한 것은 아니잖아. 우연한 사고는 누구에
    게나 일어날 수 있어

잠시후,

형래 : 왜 난 항상 물건을 잃어버릴까?

엄마 : 엄만 그렇다고 생각안해. 넌 네 물건에 대해 매우 관심을
    갖고 있다고 생각해. 네가 수저통을 찾기 위해 그 쓰레기
    속을 샅샅이 뒤졌다는 걸 봐도 알 수 있어.
    그건 책임 있는 행동이야.

엄마는 형래에게 훈계를 하지도 않았고 속상해하지 않도록 했으며,
더욱 책임감을 갖도록 간접적으로 격려했다. 그러나 일반적인 부모들
의 반응은 "그 수저통을 잃어버리지 말라고 말했잖아, 만일 네가 도
시락을 그렇게 소홀히 다루지 않았다면…"일것이다.

그러나 형래엄마는 칭찬할만한 것을 찾음으로써 이렇게 불행한 상
황까지도 긍정적인 상황으로 바꿀 수 있는 기술을 습득했다("넌 네
물건에 대해 매우 관심을 갖고 있다고 생각해. 네가 수저통을 찾기
위해 그 쓰레기 속을 샅샅이 뒤졌다는걸 봐도 알 수 있어. 그것은 책
임 있는 행동이야"). 형래엄마는 여러 가지 기술을 배웠으며, 그 기술

들을 잘 결합시켰다. 즉, 아들의 고통을 인정했으며("그래, 속상하지"), 비난과 비평도 하지 않았고, 아들 스스로 문제를 해결하도록 했다("새 수저통을 사면 잃어버리지 않을 방법을 생각하자").

아이들이 물건을 잃어버리거나, 깨뜨리거나, 깜빡 잊고 왔을 때 비평을 하지 않는다는 것은 매우 어렵다. 그러나 우리가 아이들을 비난하는 대신 친구처럼 행동할 때, 아이들은 그러한 불행한 일을 다시는 하지 않도록 자극을 받을 것이다.

어떠한 아이도 지나치게 자아 존중감을 갖는 법은 결코 없다. 만약 우리가 아이들의 바람직한 행동을 빠짐없이 찾아서 구체적으로 그리고 상세히 칭찬해 주고 고마움을 표시하면, 아이들은 더욱 협력하게 되고 유능해지며 자신감을 갖게 될 것이다.

제 1 장

자녀의 자율성을 길러주는 방법

"저는 아들의 생활 전부가 제 책임이라고 느껴왔어요. 그러나 지금은 아이를 위해서 결정을 내리고 보호해 주는 것이 제가 할 일은 아니라는 것을 알게 되었어요. 제 책임은 아이가 스스로 자신을 개발함으로써 행복하고 보다 나은 생활을 할 수 있도록 도와주는 것이에요. 제가 아이의 실수나 감정에 책임을 져야 한다고 생각지는 않아요. 제가 할 일은 아이가 저에게 의존하지 않고 혼자 할 수 있도록 도와주는 것이에요."

민철이 엄마는 아들이 하나의 독립된 인간이라는 것을 깨닫기전에는 우리와 마찬가지로 아이가 스스로 할 수 있는 것도 대신 해주었다. 탯줄이 잘라지는 순간부터 아이는 독립된 한 인간이다. 그러나 우리는 아이와의 신체적 분리는 쉽게 받아들이지만, 아이가 우리 자신의 심리적인 延長物도, 소유물도, 반영물도 아니라는 사실은 종종 잊어버린다. 아이를 보호하고 영향을 주려는 것은 지극히 당연하다. 그러나 만약 우리가 통제를 계속한다면, 아이는 스스로 기능할 수 있는 즉, 자율적인 "자기통제적인(selfgoverned)" 사람이 될 수 없다. 옷을 입고, 밥 먹고, 숙제하고, 노는 등의 일상적인 관심사에 있어서 우리는 고삐를 늦출 필요가 있다. 아이는 무엇을 먹고, 무엇을 입을 것이며, 무엇을 하고 놀 것인지, 수업시간에 어떻게 대답할 것인지를 결정할 권리를 가져야 한다.

우리는 부모로서 자녀를 통제하길 원한다. 통제력을 행사하는 방법 중의 하나는 가능한 한 많은 것을 아이를 위해서 부모가 대신 해주는 것이다. 그러나, 우리가 아이들을 위해서 많은 것을 해주면 해줄수록 아이들 스스로 하는 일은 적어지고, 자신이 결정할 일에 대해서도 부모에게 더욱 의존하게 된다. 우리는 아이들이 건강하게 자라기를 원하기 때문에 아이들이 무엇을 먹어야 하는지를 정한다. 또한 다른 사람에게 예쁘게 보이도록 아이들의 옷을 골라 주고, 어떤 것을 입어야 할지 말해준다. 또 모든 과목에서 만점을 받도록 하기 위해 아이들의 숙제를 봐준다. 또한, 다방면에 뛰어나도록 하기 위해 태권도나 수영, 미술, 피아노 등을 배우게 한다.

부모들은 아이들 스스로 정체감을 형성하는 것을 꺼리기 때문에 아이들이 그들의 방식이 아닌 우리의 방식대로 행동하게 한다. 만약 우리가 아이들이 스스로 행동하도록 내버려 둔다면, 아이들이 실수를 했을 때 우리는 당황하거나 아이에게 아무 도움을 줄 수 없다는 무력감에 빠지게 된다.

한편, 부모 자신이 결정한 결과에 아이들이 직면하게 될 때에도 두려움을 느낄 수 있다. 그러나 결국 아이는 우리의 간섭, 중재 혹은 조력보다는 자신의 선택대로 행동함으로써 더 많은 것을 배울 수 있다.

병철이 엄마는 10살 된 병철이에게 일주일 내내 토요일이 생일인 친구의 선물을 사야한다는 것을 말해주었다. 엄마는 목요일날 아들에게 이제 너에게 더이상 선물사야 할 것을 상기시켜 주지도 않을 것이며, 시간이 임박해서 선물을 사러 대신 백화점에 가지도 않을 것이

라고 말했다. 엄마는 자신의 주장을 굽히지 않았으며, 병철이는 마침
내 아무 선물도 준비하지 못한채 생일파티에 가게 되었다. 결국 병철
이는 선물을 사지 못하는 상황에 처하게 되었다. 그러나 아들을 아무
선물도 준비하지 못한 채 친구의 집에 가도록 내버려 둔 것이 어머
니에게는 힘든 일이었다. 즉, 아들을 위해 어머니가 선물을 사주는 것
이 쉬운 데도 불구하고, 엄마는 병철이의 친구가 아무 선물없이 온
병철이에 대해 화를 내거나 또 친구엄마가 병철이 엄마를 무관심하
고 부주의한 어머니로 생각할까봐 염려스러웠다. 그러나, 병철이 엄마
는 선물을 준비하는 것은 엄마의 책임이라기 보다는 병철이 책임이
라고 생각했기 때문에 그대로 내버려 둘 수 있었던 것이다. 또한 병
철이 엄마는 선물을 가져 가지 못한 아들이 당황했을 것이라는 것은
알지만 그것은 경험할 필요가 있고, 그것으로부터 무엇인가를 배우게
될 것을 알았다.

이제 막 걷기 시작한 아이가 매우 분명하게 "싫어"라고 자신의 주
장을 말하는 순간부터, 부모 자녀관계는 붙잡느냐 내버려 두느냐의
줄다리기를 하게 되는 것이다. 아이가 자신의 주장을 하도록 허용하
는 시기가 빠를수록, 아이와의 관계는 더 원활해지고 애정이 깊어질
것이다. 이렇게 되면 아이와의 분리과정이 필연적이면서도 불가피하
고, 종종 고통스러운 갈등의 원인이 되는 청소년기를 보다 잘 준비할
수 있게 된다.

일찍부터 부모들은 사소하지만 그러나 의미있는 방법으로 아이들
스스로 행동하게끔 할 수 있다. 즉, 아이가 무엇을 입을 것인지부터
스스로 선택하도록 하는 것이 시작하기에 가장 좋은 방법이다.

병수엄마는 추석에 입을 옷으로 파란색 상의와 회색 바지를 아들

에게 사주었다. 엄마는 새 옷을 입은 5살난 아들을 자랑하고 싶어서
그날을 학수고대 하였다. 어머니가 새 옷을 입는 아들을 거들어 줄
때, 병수는 다음과 같이 말했다.

병수 : 다른 사람들 눈에 띄는 게 싫어요.
엄마 : 정말이니?
병수 : 예, 모두가 절 쳐다 보며 귀엽다고 하겠지요. 그리고 외숙
　　　 모는 제 뺨에 뽀뽀를 할거예요.
엄마 : 그래서 …
병수 : 왜 늘 입는 옷을 입으면 안 돼요?

병수엄마는 난처하였다. 병수엄마는 새 옷을 입은 아들의 멋진 모
습만 생각하고 아들의 불편한 마음은 미처 깨닫지 못했다. 그래서 대
답을 하는 데 시간이 필요했다.

엄마 : 그래, 늘 입는 옷 어떤 걸 말하니?
병수 : 학교갈 때 입는 골덴 바지와 줄무늬 셔츠 말이예요.
엄마 : (잠시 멈춘 뒤) 병수야, 만약 그 옷이 너한테 그렇게 중요
　　　 한 것이라면, 너 좋을대로 하렴.

병수엄마는 아들의 감정이 새 옷을 입은 아들을 자랑하고 싶은 엄
마의 욕구보다 더 중요하다는 것을 깨닫게 되었다. 만약 엄마가 계속
자기 방식대로 하고자 했더라면, 아들에게 "엄마의 욕구가 네 욕구보
다 더 중요해"라고 말했을 것이다. 그러나 엄마 자신의 욕구를 희생

하고 아이가 하고 싶은 대로 내버려두었다.

5살 된 인희가 화려하게 치장된 무대에 올라서게 되었을 때, 인희는 자기가 좋아하는 파티복에 반짝거리는 에나멜 구두를 신고 싶어했다. 그때 엄마는 너무 화려해 보이지 않느냐고 말했다. 워크숍에서 엄마는 "그러나, 저는 아이의 선택이 나쁘거나 해로운 것은 아니기 때문에 그대로 내버려 두었어요. 사실 전 큰 단추가 달린 옷을 입었으면 했어요. 하지만 그건 저보다는 아이가 선택해야 할 문제이거든요."라고 말했다.

'Sesame Street'의 봅 맥그래드(Bob McGrath)가 한 번은 워크숍에 참여해서 부모들이 아이가 학교갈 때 옷입는 문제로 겪게 되는 갈등에 관한 토론을 하게 되었다. 그는 자신의 딸이 다섯 살이었을 때 스커트를 층층이 껴입기를 좋아했다고 말했다. 그 때, 그의 부인은 딸아이의 유치원 선생님에게 다음과 같은 짧은 편지를 보냈다.

> 존경하는 선생님께
>
> 애러의 옷입는 취향은 반드시 통제해야 할 필요는 없다고 생각합니다.
>
> 선생님의 이해를 구하면서
>
> 애러엄마 올림.

많은 부모들은 아이들에게 있어서 가장 좋은 것이 무엇인가를 알고 있다고 생각한다. 그러나, 부모들이 아이를 위해 영원히 결정을 내려줄 수는 없으므로, 아이들이 스스로 선택을 잘 하도록 어떻게 격려해 주는가가 중요하다. 즉 아이들 스스로 결정을 내리게 하는 자율감을 기르도록 하는 것이 필수적이다. 때때로 우리는 아이의 욕구나 바람을 고려하지 않고 무엇인가를 하도록 강요함으로써 우리의 방식대로 하도록 할 수 있다. 운동부에 들어라! 그 경기에서 주장이 되어라! 박물관에 가거라! 우리가 아이의 생활을 관리하는 데 보다 적극적이게 되면 아이들은 보다 수동적이 될 것이다. 그리고 우리 주장이 강할수록 아이는 우리의 간섭에 보다 화를 내게 될 것이다.

엄마 : 애들아, 너희에게 굉장한 소식이 있어. 지금 영동에 있는 유명한 미술학원에 등록하고 오는 길이다. 그 학원선생님은 훌륭한 분이셔. 너희들은 매주 일요일 아침에 그곳에 가야 한단다.

가희 : 미술학원에 가기 싫어요. 일요일은 늦잠자고 TV볼 수 있는 단 하루란 말이예요.

엄마 : 11시 반이면 집에 돌아올 수 있는데, 그 후에 쉬거나 TV를 볼 수 있잖니.

가인 : 나도 가고 싶지 않아요. 손도 더러워지고 힘들게 하는 것도 싫어요.

엄마 : 점토는 더러운 게 아니야. 그리고 그렇게 힘들지 않아.

가인 : 학교말고 다른 데에 가는 것 싫어요. 일주일 내내 열심히 공부하잖아요.

엄마 : 일단 한 번 가 봐. 만약, 싫으면 그만 둘 수도 있어.

가희 : (빈정거리면서) 정말요?

엄마 : 그래, 두 번만 가보렴.

가희 : 분명히 전 그만둘거예요.

엄마 : 넌 결코 새로운 것을 배우려고 하지 않는구나.

일요일 아침, 엄마는 두 딸을 달랬다. 아이들은 미술학원에 가기는 했지만 전혀 의욕이 없었다. 여기서 문제는 무엇인가? 아이들 스스로 선택하고자 하는 욕구와 바람을 무시함으로써 엄마는 아이들의 저항을 불러 일으켰다. 아이들은 자신의 생활에 대해 말할 권리를 갖고 싶어한다. 학교에 출석하는 것이 의무이지만, 그들은 여가시간에 대해서는 자신의 의지대로 하고 싶어한다.

엄마는 처음에 일요일에 쉬고 싶어 하는 딸들의 바람을 무시했다. 그때, 엄마는 "점토는 더러운 게 아니야. 그리고 그렇게 힘들지 않아"라고 반박했다. 마침내 엄마는 강제로 학원에 가도록 했으나 엄마의 열망이 아이들에게 동기를 부여하지는 못했다. 아마 엄마의 열망은 자신이 직접 미술학원에 다니면 더 잘 충족되었을 것이다.

필자는 아들이 스스로 하도록 하기 위해 여러 해 동안 많은 싸움을 했다. 아이들의 사소한 일에 대해 통제를 하지 않는 것은 결코 쉬운 일이 아니다. 큰 아들이 숙제를 마치 거미가 기어가는 듯한 글씨로 썼을 때, 간섭을 하지 않을 수 없었다. 아이에게 알아보기 쉽게 쓰라고 간섭하는 것이 실패로 그쳤을 때, 나는 아이에게 타자를 배우도록 강요하였다. 아이는 마지못해 타자강습을 받았다. 그러나 아들은 타자강습을 끝마치자마자, 거의 2년동안 타자기에 손도 대지 않았다.

안젤라 바론 맥브라이드(Angela Barron McBride)가 그의 저서 「The Growth and Development of Mothers」에서 표현한 것처럼 우리 자신의 잘못된 모습을 상기시켜주는 아이의 모습을 본다는 것은 괴로운 일이다.

필자인 나는 아이가 이 세상에서 나를 가장 좋아하길 바란다. 또 아이들이 일상생활에서 꾸준히 훈육되기를 원한다. 나는 마음의 상처를 받았을 때, 눈물을 흘리거나 불평하는 경향이 있지만, 우리 아이들은 친구들에게 잡담을 늘어 놓거나 푸념하지 않기를 바란다. 나는 모든 사물에 대해 편견을 가지고 있지만 내 딸들은 아무 편견없이 자라주기를 바란다. 나는 칵테일과 근사한 저녁식사로 친구의 관심을 사려고 하지만, 내 아이가 사과주스와 과자로 친구의 관심을 사려고 할 때는 화가 난다.

아이에게 자율성을 부여하기란 어느 부모에게나 힘든 일 중의 하나이다. 어린 아들이 5학년이 되었을 때, 성적도 나쁘고 친구도 사귀지 못해 무척 괴로워했다. 아들은 친구들이 자기를 놀린다고 불평하고, 책이 너무 무겁다고 집에 가져오지 않았다. 그때 나는 몹시 화가 났다. 나는 아들을 나 자신의 연장(extension)으로 생각했기 때문에, 내 자신까지 형편없어 보였다. 즉, 우리 둘다 실패자로 간주했다.

내가 나의 아들의 패배적인 태도에 대해 불평했을 때, 앨리스 기너트(Alice Ginott)가 내게 한 말을 결코 잊을 수가 없다. "만약 당신이 아들을 당신의 생활을 비참하게 만드는 사람으로 보기보다는 부단히 애쓰는 한 소년으로 볼 수만 있다면, 또한 교실에 앉아 있기가 얼마나 힘들겠는가를 생각할 수 있다면, 만약 당신이 스스로 '내가 사랑하고 있는 이 아이가 무엇을 겪고 있는지를 보라'라고 말할 수 있다면, 학교에서 그가 의자에 앉아 있는 것이 얼마나 힘들고, 또한 그 아이는 학교에 새로 전학해 왔기 때문에 아무도 그와 함께 점심을 먹으려 하지 않는다는 것을 상상해 볼 수 있을 것이다."

그 말은 나에게 하나의 전환점이 되었다. 그 후, 난 아들의 행동에 덜 관여했다. 아들의 끊임없는 비판자가 아니라 친구가 되려고 노력함으로써 나의 분노는 공감으로 바뀌기 시작했다. 실제적인 해결로서,

나는 아들에게 보다 나은 학습태도를 길러주기 위해 가정교사를 구했다. 그 가정교사는 내가 잔소리한 것보다 더 성공적으로 아이의 능력을 발달시키게끔 도와주었다. 몇 년 뒤, 아들은 나에게 고마워했고, 학교생활을 좋아하기 시작했다. 그러나, 그렇게 되기까지 우리들은 힘든 나날을 보내야만 했다.

민호네 가족은 오후에 막 외출하려는 중이었다.

엄마 : 이 닦았니?

민호 : 예.

엄마 : 화장실에는 갔다 왔어?

민호 : 아니요.

엄마 : 지금 갔다 와.

민호 : 예.

엄마 : 스웨터 입어. 그리고 내복도 입어. 그래야 춥지 않아.

민호 : 싫어요. 스웨터는 안 입을래요. 벨트를 밖으로 내놓고 싶어요.

엄마 : 그러면 추워.

민호 : 아니예요.

엄마 : 그래, 하지만 넌 춥다고 불평할텐데.

민호 : 안 그럴거예요.

이것은 늘 대하는 일상적인 대화가 아닌가? 대부분의 우리는 자신이 아이를 위한다고 생각하면서 매번 이런 식으로 말한다. 아이들은 우리의 배려에 고마워하기는 커녕, 부모의 말과 충고를 간섭이라고 느낀다. 이때 어떤 아이들은 "날 내버려 둬요. 내가 알아서 할께요"라고 반항한다. 또 다른 아이들은 "엄마는 내가 춥게 입었다고 생각하나봐. 엄마가 옳아"라고 말하면서 자신이 부적절하다고 느낀다.

우리가 아이들을 위해서 필요 이상의 일을 해주면 결국 아이들의 능력을 박탈하게 된다. 아이들에게 책임감과 자기 신뢰감을 키워주기 위해 어느 정도는 해줄 필요가 있다. 심지어 우리가 아이들을 위해 얼마나 많은 일을 행하는지 깨닫지 못하며, 그들에게 기회를 주면 아이들 스스로 얼마나 많은 것을 할 수 있는지도 깨닫지 못한다. 이것을 해결할 하나의 방법으로는 하루 중에 아이를 위해 여러분이 하는 일의 목록을 작성하는 것이다. 그리고 나서 여러분이 해주지 않아도 되는 항목을 살펴본다. 한 엄마는 7살 난 아들을 위해 해야할 일의 목록을 다음과 같이 작성하였다.

> 아침에 깨워주기.
> 학교에 입고 갈 옷 내주기.
> 아침 차려주기.
> 도시락을 싸서 책가방에 넣어 주기.
> 양치질 했는지 확인 하기.
> 머리 빗겨주기.
> 옷장에서 외투 꺼내 주기.
> 잊어버리고 간 숙제 학교에 갖다 주기.
> 집에 왔을 때 옷 걸어주기.
> 간식 주기.
> 체육복 찾아주기.
> 목욕 시키기.

숙제 도와주기.
장난감과 책 정리정돈 해주기.
학교에 가져갈 준비물과 숙제 챙겨주기.
더러워진 옷 세탁기에 넣기.

필자가 워크숍에서 이 목록을 읽어 주었을 때, 몇몇 부모들은 이 엄마가 아들이 혼자 충분히 할 수 있는 일을 너무 많이 해주고 있다고 논평하였다. 어떤 부모는 이 어머니에게 "당신은 아들을 위해 너무 많은 일들을 하고 있어서 아들은 계속해서 그러한 서비스를 기대하게 될 것입니다. 그러나, 당신 아들은 결코 그러한 모든 일을 해줄 부인을 만나지는 못할 것입니다."
그러자 그 엄마는 "그것이 바로 제가 바라는 일이에요!"라고 농담을 했다.
명희엄마는 12살 된 딸과의 끊임없는 싸움에 지쳐서 워크숍에 왔다. 명희엄마는 상점에서 흔히 일어날 수 있는 다음과 같은 전형적인 대화를 꺼냈다. 명희는 세 벌의 바지를 골랐다.

명희 : 이 가게에는 없나봐요?
엄마 : 이것을 입어 보렴.
명희 : 싫어요. 이것이 더 좋아요.
엄마 : 정말이니? 그것은 별로 안 좋아. 단정해 보이지 않아. 도로
      갖다 놔.
명희 : 아니, 그걸로 가지고 오세요.

엄마는 다른 것을 집어들고 탈의실로 명희를 쫓아 들어 갔다.

엄마 : 이게 멋진데 이걸 입어 봐.

명희 : 별로예요.

엄마 : 아니, "별로"라니? 그 검정색 바지는 치워라. 싸구려처럼
　　　보이는구나.

명희 : 아까 제가 골라둔 것은 어디 있어요. 엄마보고 갖다 달라고
　　　했던 것 말예요.

엄마 : 도로 갖다 놓았어.

명희 : 뭐라구요? 왜요?

엄마 : 그건 너무 보기 흉해. 너한테 맞지 않아.

명희 : 난 다른 것은 입지 않겠어요. 집에 가요.

엄마 : 저런, 버르장머리하고… 넌 아무 것도 입지 않겠다는것이
　　　로구나. 넌 네가 어떻게 보이든 상관없지? 내 딸이라면 아
　　　무도 저런 옷은 입을 수 없어. 엄마는 너한테 가장 멋진
　　　옷을 사주려고 하는데, 넌 왜 그런 옷을 고르니?

명희 : 몰라요! 다 싫어요.

명희엄마는 그 후에 자신이 한 말을 곰곰히 생각해 본 뒤, 딸의 취
향을 무시했다는 것을 깨달았다. 딸의 인격을 무시한 엄마의 비평은
"넌 엄마 말을 따라야만 인정받을 수 있어"라는 메시지를 보낸 것과
같았다. 명희가 청소년이 되었을 때, 엄마는 한걸음 뒤로 물러서서 딸
의 독립성을 인정할 필요가 있었다. 10대들의 주요 과제는 부모로부
터 독립해 나가는 것이다.

하임 기너트(Haim Ginott)는 필자에게 양복을 처음으로 사러가게 된 한 젊은 청년의 이야기를 해 주었다. 그 청년은 점원에게 "만약, 우리 아버지가 그 옷을 좋아한다면, 난 교환할 거예요. 그래도 돼요?" 라고 물었다. 이것은 자녀가 부모로부터 얼마나 독립하고 싶어하는 지를 잘 나타내주는 예이다.

다음은 진아의 이야기이다. 진아엄마는 딸을 위해 두 벌의 옷을 집으로 가져왔다. 왜냐하면, 졸업식날 입을 옷으로 진아가 어떤 것을 좋아할지 몰랐기 때문이다. 진아는 그 중 하나를 좋아했지만, 부모들은 다른 것을 더 좋아했다.

엄마 : 이 줄무늬 옷이 좋구나, 참 잘 어울리는데.
진아 : 전 꽃무늬 옷이 좋은데요.
아빠 : 엄마 말들어. 엄마 말이 맞아.
진아 : 이런 구식 옷을 입어야 한다면, 난 졸업식에 안 갈래요.

진아는 울면서 자기 방으로 뛰어 갔고 잠시후, 엄마는 딸의 방 문을 두들겼다.

엄마 : 진아야, 엄마가 생각해 보았는데, 네가 원하는 것을 입으렴.
진아 : 정말이예요?
엄마 : 그래, 옷을 입을 사람은 엄마가 아니라 너잖아. 그러니까 엄마가 결정하지는 않겠어.
진아 : 엄마, 고마워요. 전 이 꽃무늬 원피스가 좋아요.

진구엄마는 9살 된 진구를 데리고 옷을 사는 데 하루를 보냈다. 엄마가 파란색 겨울 잠바를 골라 주었을 때, 아들은 싫어하지 않았다. 그러나, 다음날 아침 엄마는 아들에게 선택할 기회를 주지 않았다는 것을 깨달았다.

엄마 : 날씨가 아주 따뜻하구나.

진구 : 빨간색 잠바를 입겠어요. 엄마가 날씨가 좋으면 입을 수 있다고 했잖아요.

엄마 : 하지만 그건 여름잠바야. 지금은 11월이잖아.

진구 : 엄마가 오늘같이 따뜻한 날에는 입어도 된다고 했잖아요.

엄마 : 하지만 그건 너무 얇아.

진구 : 그래도 전 빨간 잠바가 좋아요. 제 취향에 맞아요.
　　　주머니도 많구요. 춥지도 않을거예요.

엄마 : 어제 산 파란색 잠바를 입으면 아주 멋질텐데. 그건 네 또래의 아이들이 입는 잠바야.

진구 : 싫어요. 그건 너무 뚱뚱해 보여요. 전 그렇게 부한 게 싫어요

여기서 진구엄마는 한바탕 싸움을 벌일 판이었다. 즉, "하지만, 넌 엄마가 그것을 사도록 내버려 두었잖아. 그걸 사기 위해 줄을 서서 얼마나 기다렸니? 너랑 시장을 다니느라고 엄만 쉬지도 못했잖아. 그게 싫으면, 왜 내가 살 땐 가만히 있었니?…"라고 말하고 싶었지만 꾹 참았다.

엄마 : 만약 정말로 빨간 잠바를 입고 싶으면 그렇게 해.

진구 : (그것을 입으면서)추워 보여요, 엄마! 하지만, 이 잠바를 입
　　　 으면 날씬해 보여요.

··아들이 기뻐하는 모습을 보면서, 엄마는 아들이 자신의 몸무게에
대해 얼마나 신경을 쓰고 있는지를 처음으로 알았다. 그 후 엄마는
아들이 스스로 옷을 선택하도록 했다.

　워크숍에서 많은 부모들은 아이의 옷 고르는 일을 예민하게 받아
들이지만 그러나 어떤 부모들은 자녀가 스스로 선택하도록 한다. 필
자는 이 문제에 있어서 아이에게 더 많은 자유를 허용해 주고 싶다.
왜냐하면 아이가 무엇을 입어야 하는가에 대해 지시하는 것은 아이
의 자아상(self-image)과 자율성을 방해하기 때문이다.

　대부분 부모들은 심지어 음식문제에 있어서도 아이에게 자율성을
주기란 매우 힘들다. 왜냐하면 우리들 대부분, 아이가 무엇을 얼마만
큼 먹어야 하는지에 대해 확고한 생각을 가지고 있기 때문이다. 그러
나, 음식문제에 있어서도 아이에게 더 많은 자율성을 주는 것이 아이
로 하여금 자신에 대해 좋게 느끼게 하며, 부모와의 불필요한 싸움을
피할 수 있게 해준다.

병철 : 저녁 반찬이 뭐예요?
엄마 : 쇠고기, 시금치와 감자야.
병철 : 별로군요. 엄만 제가 시금치를 싫어하는 것을 잘 알잖아요.
엄마 : 그것을 다 먹어야 하는 것은 아니야. 하지만, 조금은 먹어
　　　 야 돼.
병철 : 시금치는 정말 싫어요.

엄마 : 야채는 매일 먹어야 해.

병철 : 내일 먹을께요.

엄마 : 안돼. 오늘 먹어야 해. 많이는 안 먹더라도, 조금은 먹어야 돼.

우리는 이 대화가 어디에서 일어나고 있는 것인지 잘 안다. 그러나 7살 된 병철이가 시금치를 먹어야 한다는 것이 그렇게 중요한 일인가? 이것은 병철이 자신이 무엇을 먹을 것인지에 대해 말할 권리를 갖는다는 것은 중요하지 않다는 말인가? 만약 병철이가 야채를 먹는 것이 중요하다면, 당신은 아이에게 시금치나 당근 중 무엇을 먹을래, 날 것을 먹을래? 익혀서 먹을래? 라고 선택하도록 할 수 있다.

5살의 깡마른 말희는 식성이 꽤 까다로왔다. 말희와 엄마는 먹는 양의 문제 즉, 엄마는 더 먹으라고 재촉하고, 말희는 배불리 먹었다고 대꾸하는 식으로 늘 싸웠다.

말희엄마는 다른 방법을 쓰기로 했다.

엄마 : 말희야, 우리가 음식 때문에 싸우는 것 너도 알지?
　　　　엄마가 아마 너한테 너무 많이 먹으라고 하나 보다. 좋은
　　　　수가 없을까? 이제부터 네가 먹고 싶은 만큼 먹어. 그리
　　　　고, 엄마도 잔소리하지 않을거야.

말희 : (의심스러운 듯이) 좋아요.

다음날 아침에 엄마는 말희에게 토스트 한 조각을 주었다. 말희는 반만 먹고는 이내 엄마의 눈치를 보았다.

엄마 : 다 먹었니?(이러한 질문은 결코 이전에는 없었다).

말희 : 네.

엄마 : 충분히 먹었다는 것을 나보다는 네가 더 잘 안다고 생각해.

말희는 엄마의 말을 믿는 것 같았고, 싱크대에 자기 접시를 갖다 놓았다. 말희에게 스스로 음식양을 조절하도록 하자, 식사시간 중에 일어나는 싸움도 줄어들었다. 그러나 그것이 음식에 대해 그들의 의견이 일치했음을 뜻하는 것은 아니다. 말희엄마는 딸이 말랐음에도 불구하고 건강하고 활동적이라는 것을 깨닫게 되었다. 엄마는 딸이 스스로 필요한 음식을 결정할 수 있다는 것을 알자 뒤로 물러선 것이다.

9살 된 대철이 엄마는 "내 도시락 반찬은 항상 맛없어"라는 아들의 불평에 지쳤다. 엄마는 도시락 반찬 메뉴를 아들이 스스로 짜도록 해야겠다고 생각했다. "자, 여기 종이와 연필이 있다. 도시락을 싸갖고 가는 날이 일주일에 다섯 번이지? 네가 매일 원하는 반찬을 적어 주면, 엄마가 음식을 만들어 줄께. 그러나, 한 가지 규칙은 반찬이 영양가가 있어야 된다는 거야." 일단 아들에게 선택이 주어지자 대철이는 불만을 표시하지 않았으며, 아이가 선택한 그 반찬도 충분히 건강을 유지할 만한 것이었다.

아이에게 부모와 떨어져 독립할 기회를 많이 줄 때, 우리는 아이들로부터 약간의 혼동된 신호를 받을지도 모른다. 아이들은 스스로 결정하기를 원하면서도 부모의 개입을 원한다. 이러한 모순은 당연한 것이다. 즉, 아이는 한 번에 완전히 독립할 만큼의 준비가 되어 있지 않다. 아이가 충고를 구할 때, 그것을 거절할 경우에는 보다 융통성 있게 유머를 가지고 행하는 것이 좋다.

종수 : 엄마, 숙제 좀 봐 주실래요?

엄마 : 그래… 여기 곱셈문제에서 세 개 틀렸구나.

　　　종수는 문제를 다시 풀기 시작했다.

종수 : 이것은 선생님께서 가르쳐 주신 것과 달라요.

엄마 : 그럼 선생님이 가르쳐 주신대로 해.

종수 : 어쨌든 답이 틀리면, 그땐 엄마 잘못이에요.

종수와 엄마는 한참동안 그 문제로 논쟁을 벌였다. 몹시 화가난 종수는 "엄마가 만약 우리 학교 선생님이라면, 당장 해고당할 거예요."라고 소리쳤다.

이 말에 화를 내거나 방어하는 대신, 종수엄마는 자신의 '도움'이 아이에게 아무 소용이 없다는 것을 알았다. 이것은 종수와 선생님의 경우도 마찬가지였다. 엄마는 유머를 사용하기로 마음먹었다. 그래서, 두팔을 머리위로 올린 채, "오 하나님! 제가 다시는 종수의 숙제를 간섭하지 않도록 힘을 주소서."라고 외쳤다. 그러자 둘 다 웃었다. 종수는 산수 문제를 다 풀지 못한 채 다음날 학교에 가서 선생님께 물어 보았다. 이 사건에 관해 종수 엄마는 다음과 같이 말했다. "제가 걱정을 많이 하면 할수록 아이는 하지 않기 때문에 아이의 숙제에 대해 간섭하지 않으려고 해요."

당신이 아이로부터 모순된 신호를 받게 되면, "아이가 도움을 요청하고서도 왜 받아들이지 않는가?"라고 자문할지도 모른다. 아이는 정말로 부모의 도움을 원할지도 모른다. 그러나, 당신이 요청을 들어줄 때, 아이는 자신을 무능한 사람으로서, 부모를 '전문가'로서 생각할 것이다. 또한, "아빠는 많이 아는데, 난 잘 몰라", "난 왜 그렇게 생각하지 못하지? 난 아마 바보임에 틀림없어"라고 말할 것이다. 부모의 선의의 대답은 아이들 자신보다는 부모에 대한 신뢰를 증가시킬 것이다. 특히, 10대의 경우에 있어서는 더욱 그렇다. 아이가 부모에게 충고를 구하는 것에 아직도 예민하게 반응한다면, 당신은 어떻게 할 수 있는가? 이때에 아이 스스로 최선의 결정을 내릴 능력이 있음을 믿는다고 아이에게 말해 줄 수 있다. 11살 된 수지에게 더 많은 자율감을 주기 위해서 엄마는 다음과 같이 시도했다.

수지 : 엄마, 샤워를 할까, 목욕을 할까, 아니면 둘 다 하지 말까?
　　　숙제도 많고 또 9시에는 꼭 보고싶은 TV프로가 있거든요.
엄마 : 네가 알아서 해.
수지 : 엄마가 정해주면 안돼? 난 아직 어리잖아요.
엄마 : 네가 얼마나 시간이 필요한 지는 네가 더 잘 알아.
　　　잘 생각해 봐. 혼자서 좋은 해결책을 찾을 수 있어.
수지 : 그래요. 빨리 샤워를 해야겠어요.

샤워냐 목욕이냐의 결정이 사소한 것처럼 들리지만 선택을 함으로써 자신이 유능하다고 느낄 기회를 갖게 되었다.

모든 부모는 아이들이 자신감 있고 유능하며 책임감 있는 성인이 되기를 바란다. 대체로 우리는 아이들이 쓰레기를 밖에 내다놓고, 이불을 개고, 식탁을 정리할 책임이 있다고 생각한다. 그러나, 진정으로 책임감 있는 아이는 일상의 자질구레한 일을 초월하는 책임감을 가지고 있다. 즉, 책임감 있는 아이는 일이 잘못되었을 때 무엇을 해야

할 지를 안다. 또 문제가 생겼을 때 여러 대안을 찾아보고 최선의 해결책을 선택하는 데 유능하다. 어떻게 아이들이 이 단계까지 도달할 수 있을까? 우리는 아이들 스스로 결정할 기회를 줌으로써 내적 책임감을 발달시킬 수 있다.

동숙이가 막 걷기 시작하면서부터 엄마는 동숙이에게 스스로 선택할 기회를 주었다. 동숙이가 여섯 살이었을 때 혼잡한 백화점에서 엄마를 잃어 버렸다. 그때, 동숙이는 무서웠지만 백화점 안의 여기 저기 헤매지 않고 곧바로 자신을 도와줄 안내원에게 갔다. 동숙이가 항상 이불을 개거나 방청소를 한 것은 아니지만 어려운 상황에 처했을 때 책임감 있게 행동하는 법을 잘 알고 있었다.

민지는 냉장고에 우유가 없다는 것을 알고 있었다. 엄마가 옆집에서 우유를 빌려올 것을 바라지 않고 다음과 같이 말했다.

민지 : 엄마, 제가 우유 사러갈까요?
엄마 : 그래, 민지야, 고맙다. 네가 그렇게 해주면 엄마한테 많은 도움이 될거야.

자율감을 행할 기회를 주면, 아이들은 종종 우리를 깜짝 놀라게 한다. 7살 된 주희는 시무룩해져서 집으로 돌아와 엄마에게 불평하기 시작했다.

주희 : 바보, 멍청이, 영철이가 내머리에 풍선껌을 붙였어요.
    그래서 그것을 떼느라고 얼마나 힘들었는지 몰라요.
    심지어 선생님이 내 머리카락을 조금 잘라야만 했어요. 엄마가 영철이 엄마한테 전화해서 일러주세요?

엄마 : (한참뒤, 곤란하다는듯이) 글쎄, 엄마는 거기에 있지도 않
 았고, 또 영철이 엄마를 잘 몰라.

주희 : 영철이가 한 짓을 그애 엄마가 알아야 해요. 영철이 네집
 전화 번호를 학교에 물어보면 되잖아요. 안그러면 제가 걸
 겠어요.

엄마는 주희가 스스로 하겠다는 데에 놀랐다. 주희가 전화하겠다고
하자, 영철이 엄마 눈에 주희가 고자질장이라 보일까봐 두려웠다. 그
러나, 주희에게 있어 영철이네 전화번호를 알아야 한다는 것이 중요
하다는 사실을 알았기 때문에 선생님께 전화번호를 여쭈어보는 짧은
편지를 보냈다. 다음날, 주희는 전화번호를 알아왔고 드디어 전화를
걸었다. 주희엄마는 전화를 엿듣지 않을 수 없었다.

주희 : 여보세요. 영철이네죠? 영철이 엄마 좀 바꿔주세요.
 안녕하세요? 저 영철이 반 친구 주희예요. 영철이가요… 어제
 제 머리에 풍선껌을 붙였어요… 네, 지금은 괜찮아요… 선생
 님이 제 머리카락을 조금 잘라 주셨어요… 예, 좋아요… 고맙
 습니다. 안녕히 계세요.

전화를 건 후, 주희는 기분이 좋아 보였고, 엄마는 딸의 자기 신뢰
감을 강화해 주기로 마음먹었다.

엄마 : 주희야, 그 일은 쉬운 일이 아닌데! 용케 혼자서 해냈구나.

주희 : 고마워요. 엄마.

우리가 아이 스스로 하도록 둘 때, 이것은 아이에게 "나는 네 판단을 믿어"와 같은 메시지를 보내는 것과 같다. 그러나, 우리는 아이가 실수하거나 실패할 것에 대해 너무 걱정을 하기 때문에 아이들이 최선을 다해 결정을 내려도 그것을 믿지 못한다. 그러나 아이들은 때때로 우리가 그들을 믿는 것 이상으로 많은 능력을 가지고 있다. 아이들이 어떤 일을 잘해낼 때 우리는 놀란다. 즉, "내 딸이 일등을 하다니 믿을 수 없어."라고 말하거나 "네가 그 일을 해냈다니 도무지 상상이 안돼", "선생님이 그러시는데, 철수가 학급회의를 주관했대. 그앤 집에서 손하나 까닥하지 않는데 말이야?" 등과 같이 말한다.

아람이 부모는 학교에 늦지 않도록 아람이를 깨우는 문제로 아람이와 늘 실갱이를 벌였다. 어느날 자명종 시계를 맞추어 놓지 않았을 때 아람이 아버지는 지금까지의 방법을 바꾸기 위해 아들이 늦게 일어나는 문제를 다시 거론했다.

아빠 : 아람아, 널 깨우는 문제에 대해 이야기하자. 기분좋은 소리는 아니지. 넌 우리가 어떻게 했으면 좋겠니?

아람 : 전 너무 일찍 일어나야 해요. 졸려 죽겠는데 아빠 방에 들어와서 절 못살게 굴어요. 일찍 일어나야 한다는 것은 저도 알아요.

아빠 : 그럼 우리가 싸우지 않고 이 문제를 어떻게 해결할 수 있을까?

아람 : 7시 15분에 일어나겠어요. 옷은 밤에 미리 꺼내놓구요. 음… 그러니 아빠가 2분 간격으로 절 깨우러 오지는 마세요.

아빠 : 그거 괜찮구나. 그럼 넌 밤에 옷을 미리 꺼내놓고, 난 잔소

리하지 않는거다, 알았지?

아람이는 자기 방으로 돌아가서 다음날 입고 갈 옷을 꺼내서 의자에 걸쳐 놓았다. 다음날 아침, 형과 누나는 일어나서 아침을 먹고 있는 중이었다. 그러나, 아람이가 보이지 않자 아빠는 아람이 방으로 달려가고 싶었지만 기다렸다. 5분 뒤, 형과 누나가 집을 나서려고 할 때 아람이방에서 소리가 들려왔다. 아빠는 "서둘러"라고 소리치고 싶은 것을 자제했다. 4분 뒤에 아람이는 방에서 옷을 입고 나와, 아침을 허겁지겁 먹었다. 학교를 향해 달려가면서 아람이가 한 말은 "다녀오겠습니다" 뿐이었다. 오랜만에 싸움을 하지 않고 보낸 평화로운 아침이었다.

그러나, 만약 아람이가 학교 버스를 놓쳤다면 어떻게 되었겠는가? 아람이가 걸어가기에는 학교는 너무 멀어서 데려다 주어야만 하는데, 이렇게 되면 아람이 부모 역시 회사에 늦을 수밖에 없을 것이다.

우리는 아이가 가능한 자신이 한 행동과 결과를 통해서 무엇인가를 배우기 바란다. 그러나, 아이의 행동결과가 우리에게 되돌아오기 쉽다. 정말로 선택의 여지가 없을 때에만 아이의 행동에 개입해야만 한다. 선택의 여지가 있을 때는 그것을 이용하고, 아이 스스로 책임을 지도록 할 필요가 있다.

필자 역시 아들(10살)이 버스 회수권을 잃어버렸을 때 똑같은 경험을 했다. 집에서 학교까지는 7개의 정거장을 지나야 했다. 아들이 회수권이 없다는 것을 알았을 때는 수중에 단돈 20원뿐이었다. 그래서 아들은 집으로 전화를 했고, 처음에 나는 모든 일을 제쳐두고 아들을 데리러 가야한다는 것이 화가 났다. 갑자기 나는 그렇게 해서는 안 된다는 것을 깨달았다. 그러므로 아들을 데리러 가지 않았다. 왜냐하면 아들이 해결해야 한다고 생각했기 때문이다.

토드 : 엄마, 버스 회수권을 잃어 버렸어요.

엄마 : 저런!

토드 : 어떻게 해요?

엄마 : 모르겠구나. 넌 어떻게 했으면 좋겠니?

토드 : (잠시 머뭇거리며)걸어 가야지요.

엄마 : 그러렴.

곤경에 처한 아들을 구해주지 않는다는 것은 힘든 일이다. 필자가 가지고 있는 "좋은 엄마"로서의 본능은 아들을 도와주지 않으면 학교에 늦기 때문에 아들을 데리러 가야 한다고 말했다. 그러나 아들 스스로 생각해 볼 기회가 필요했다. 그것이 심지어 7개의 정거장을 걸어가야 한다고해도… 그 결과는 어떠했는가? 결국 아들은 7개의 정거장을 걸어갔고, 다시는 회수권을 잃어버리지 않았다.

회수권 사건은 획기적인 돌파구가 되었다. 또 다른 전환점은 그 후 몇 년 뒤 우리 식구가 해변가로 겨울휴가를 떠났을 때 일어났다. 해가 쨍쨍나기를 기다릴 수 없었던 나는 일찍부터 테니스와 수영을 했다. 아침에 아이들 방에 들어갔을 때, 아이들은 카드놀이를 하고 있었다. 커튼을 열어 제치며 나는 다음과 같이 말했다.

엄마 : 날씨 한번 참 좋다! 애들아, 밖에 나가서 놀자.

아이들 : 어휴, 엄마, 제발 커튼 좀 닫아 주세요. 눈이 너무 부셔요.

필자는 아이들에게 우리가 여기 오기 위해서 얼마나 많은 돈이 들었는지… 카드놀이나 하려고 온 것이 아니다… 그런 것은 집에서도 할 수 있지 않느냐는 등의 설교를 할 뻔 했다. 그러나 나는 이것이 아이들에게도 휴가라는 것을 깨달았다. 만일 아이들이 어두운 호텔방에서 지내기를 원한다면, 그것 역시 아이들의 선택이다. 나는 밖에서 일광욕을 하며 지냈고, 아이들은 내내 방에서 카드놀이를 계속 하였으며, 단지 밥 먹을 때만 밖으로 나왔다. 이틀 동안 그렇게 보낸 뒤 아이들은 마침내 태양과 바다를 즐기러 밖으로 나왔다. 아이들 스스로 준비가 되어서야 비로소 즐길 수 있었다.

동준 : 오늘 아침은 제가 계란후라이를 하고 싶어요.
아빠 : 좋아.

동준은 후라이팬에 계란을 깨뜨려 놓았는데 금새 타버렸다.

동준 : 아빠, 타버렸어요.
아빠 : 그래, 아빠도 알아.

동준은 계란을 접시에 담아서 먹기 시작했다.

동준 : 이거 지독한데. 내가 불에 너무 오래 두웠나봐요.
아빠 : 아마 그랬었는지 모르지. 아니면 불이 너무 세었던지.
동준 : 우유나 먹어야겠어요. 하지만, 내일 다시 해볼거예요.
아빠 : 그래, 내일은 아빠 것도 해주렴.

아빠는 7살 된 아들이 이전에는 해보겠다고 하지 않았던, 그리고 실패할지도 모르는 일을 하도록 놔두었다. 마침내 아들은 실패했다. 아들이 계란후라이를 태웠을 때, 잘못된 점을(왜, 불을 약하게 하지 않았니? 좀 조심성 있게 해라) 지적하면서 꾸짖기보다는 "그래, 아빠도 알아"라고 짤막하게 말했다. 동준이는 계란을 불에 너무 오래 두었다는 사실과 '지독하게 타 버린' 계란을 연결시킬 수 있었다. 만약 아빠가 야단을 쳤더라면 동준이는 화가 났을 것이다. 그러나 그렇게 하지 않음으로써 동준이는 다음날 다시 해보겠다는 동기를 갖게 되었다.

진희엄마는 심지어 딸이 자기에게 무엇인가를 요청했을 때조차도 관여하지 않음으로써 딸아이에 대한 신뢰감을 표현했다.

> 진희 : 엄마가 피아노 선생님께 전화를 해서 레슨시간을 목요일로 옮길 수 있는지 물어봐 주실래요? 수요일엔 과학관 구경을 가야 하거든요.
>
> 엄마 : 너도 전화할 수 있잖아. 선생님댁 전화번호는 전화번호부에 있어.
>
> 진희 : 제발, 엄마가 해주세요. 별로 힘든 일도 아니잖아요. 전화 좀 해주세요.
>
> 엄마 : 저런. 그건 네 일이야. 엄마가 레슨을 받는 게 아니잖아. 네가 해.

워크숍에서 진희엄마는 이 대화의 결과를 다음과 같이 말했다.
"진희는 전화를 걸어 주지 않는 저에게 매우 화를 냈어요. 그러나, 마침내 진희 스스로 전화를 걸었어요. 이것은 진희에게는 하나의 큰 전환점이었어요. 그때 이후로, 진희는 혼자서 많은 일을 했어요. 전화를 걸고 난 며칠 뒤, 담임선생님께 여쭈어 보더래요. 실험을 혼자서 할 수 있는지에 관해서 말이에요. 그것이 진희 스스로 한 첫번째 일이었어요."

동수 : 엄마, 제가 도서관에서 빌려온 책 보셨어요? 월요일에 낼 숙제를 하는 데 필요한 것인데…

엄마 : 학교에 놔두고 온 모양이구나. 여기에는 없어. 오늘 아침 학교에 갈 때 가지고 가지 않았니?

동수 : 아니예요. 안 가지고 갔어요. 틀림없이 여기 있었는데, 엄마가 치웠지요!

엄마 : 여기엔 정말 없어. 오늘 청소를 하면서도 보지 못했거든.

동수 : 꼭 있어야 하는데. 엄마가 학교에 가서 가져올 수 없어요?

엄마 : 철수와 자전거 타고 갔다 오는 게 어떻니?

동수 : 싫어요. 엄마가 가져다 주세요. 예? 제발요. 부탁이에요. 주말에 꼭 필요한 것이에요.

엄마 : (머뭇거리며) 좀 생각해 보자.

잠시후,

엄마 : 동수야, 아무래도 엄마는 가져올 수 없어.

동수 : 음… 그래요.

동수는 책을 가지러 학교에 가지 않았지만, 백과사전을 가지고 일요일날 숙제를 끝냈다. 엄마는 동수가 엄마에게 적대적이거나 엄마에게 의존하지 않고서도 숙제를 해냈다는 사실에 대해 놀랐다. 그러나 아이들은 부모가 개입하지 않을 때마다 항상 혼자서 해낼 수 있는 것은 아니다.

동수엄마는 아무런 도움을 주지 않고서도 아이를 도울 수 있었다. 만약, 동수엄마가 책을 가지러 학교에 갔었더라면 다음과 같이 말했을 것이다. "이것은 너보다는 내게 더 중요한 일이야" 그렇게 되면 아이의 숙제라기보다는 엄마의 숙제가 되었을 것이다. 동수엄마처럼, 부모가 아이의 숙제에 대해 걱정하는 것은 지극히 당연하다. 그러나 동수엄마는 아이가 학교에 책을 놔두고 와서 생긴 문제의 해결책을 아이 스스로 찾도록 하였고, 화도 내지 않았다.

때때로, 아이를 위해서 무엇인가를 해주지 않는다는 것은 굉장히 힘들다. 우리는 상실감을 느낄지도 모른다… 아이의 옷을 골라주지 않고, 숙제를 봐주지 않고, 아이 스스로 결정을 하도록 하는 경우에는 부모 자신의 필요성이 그만큼 줄어들었다고 생각한다. 그러나 궁극적으로 아이가 자신을 신뢰하기 위해 내적 자원을 개발시키기를 원한다. 그래서 어려운 상황에서도 "전 해결책을 찾을 수 있어요. 여러 가지 방법을 써볼거예요. 제가 어떻게 해야 하는가를 엄마에게 물어볼 필요는 없어요"라고 말할 수 있게 될 것이다.

워크숍에서 한 어머니는 자녀가 부모로부터 독립하는 과정을 다음과 같이 말했다.

"최근에 저는 아이의 문제를 일일이 조사해서 해결해 주려는 대신 아이의 말에 귀를 기울였어요. 결국에는 아이 스스로 해결책을 찾아야 한다는 것을 아이가 알도록 했어요. 마침내 저는 '좋은 부모'란 아이가 스스로 하도록 두어서 실수도 하고, 결과도 겪어보고 잘못을 고치기 위해 어떻게 해야 한다는 것을 깨닫도록 해주는 것임을 알게 되었어요.

좋은 엄마란 아이가 실수할 때 모르는 척 해주는 것이에요. 그것은 훌륭한 요술장이가 되는 것과 같아요… 그러나 노력할만한 가치가 풍부한 것에 비해 실천하기는 매우 힘들어요."

제 **8** 장

형제자매간의 싸움

형제자매간의 싸움은 불가피하다. 그것을 피할 수 있는 가장 확실하고 유일한 방법은 아이를 하나만 갖는 것이다.

우리들은 대부분 아이들이 형제간에 서로 사랑하고 같이 놀며 평생 친구처럼 지내는 평화롭고 화목한 가정을 꿈꾸어 왔다. 어쩌면 우리는 첫아이에게 친구를 만들어주기 위해 아이를 더 낳는지도 모른다. 그러나 큰 아이가 동생을 처음으로 때리거나 "너 미워, 이 바보야 … 네가 죽어 버렸으면 좋겠어"라고 소리칠 때, 우리는 아이의 적개심에 충격을 받는다. 만약 아이들이 항상 서로 잘 지낼 것이라는 기대를 포기하지 않으면, 우리는 곤란에 처하게 될 것이다. 때로 우리가 아이들의 싸움을 중재하려 할 때, 우리 자신도 모르는 사이에 형제자매에 대한 아이들의 감정을 부인하게 된다. 즉, "네 동생이니까 사랑해야 해, 동생이 그렇게 잘 하는데, 넌 왜 자꾸만 못살게 구니?"와 같은 식으로 말한다. 우리가 중재자, 중립자, 심판관, 분쟁해결자의 역할에 처할 때, 자신도 모르는 사이에 싸움을 가중시킨다. 그래서 한 아이의 편을 들게 되고, "네가 먼저 시작해서 그렇잖아"라고 다른 아이를 야단치게 된다.

9살 된 필수가 엄마에게 달려왔다.

필수 : 엄마, 동수가 내 배를 때렸어요.
엄마 : 너희들은 싸우지 않고서는 잠시도 가만있질 않는구나. 이
　　　 번엔 누가 먼저 시작했니?
필수 : 형이 내방에 들어 왔어요.
엄마 : 동수야, 필수와 좀 떨어져 있어라. 그러면, 아무 일도 없잖아.

동수 : 이 울보야. 너 미워, 임마.
필수 : 형이 먼저 그랬잖아.
엄마 : 사이좋게 지낼 수 없으면 서로 떨어져 지내라.
동수 : 전 아무 짓도 안 했어요. 엄만 항상 왜 나만 야단쳐요.
엄마 : 그래, 나도 알아. 하지만 좀 더 잘할 수 있잖아!

　엄마가 "누나 먼저 그랬니?"라고 묻는 것은, 마치 한 아이가 옳고
다른 아이가 틀리기라도 한 듯이 승자와 패자를 가려내게 된다. 그러
나 아이들을 승자와 패자로 구분하는 것은 싸움을 지속시킬 뿐이다.
이번에 패배한 아이는 다음번에는 이기고자 한다.
동수에게 "넌 좀더 잘 할 수 없니"라고 야단치는 것은 엄마와 필수에
대한 동수의 적개심을 부채질할 뿐이다. 잘못한 쪽을 가려내는 과정
에서 우리의 개입이 아이들의 싸움을 오히려 더 가중시키며, 또한 다
음번 싸움을 위한 계기를 만들어 줄 뿐이라는 사실을 깨닫지 못한다.
　아이들이 드러내놓고 싸우지 않거나 서로 별명을 부르며 놀리지
않을 경우에도 아이들은 부모의 사랑과 주의를 끌기 위해 서로 경쟁
을 하고 있는 것이다. 즉, 아이들은 부모로부터 "가장 사랑받는 아이"
가 되고 싶어한다.

기숙 : 엄마, 나 먼저 재워줄거지?
엄마 : 그럼.
기수 : 아냐, 오늘은 나부터 재워줘야 해요.
기숙 : 내가 먼저 재워달라고 했잖아.
엄마 : 그래, 네가 먼저 그랬지.
기수 : 순 엉터리, 엄만 맨날 기숙이부터 재웠어요. 불공평해.
엄마 : 그렇지 않아. 오늘 밤만 기숙이부터 재우는거야.
기수 : 불공평해요.

기수는 시무룩해졌고, 기숙이는 의기양양해졌다. 그리고 엄마는 속
이 상해서 방을 나와버렸다. 다음날도 똑같은 식의 문제가 발생했다.
이번에는 기수와 기숙이 중간에서 아빠가 괴로웠다. 아빠와 기수는
식품점에 가서 초콜릿 재료를 사가지고 와서 함께 만들 준비를 하고
있었다.

기숙 : 왜 나만 빼 놓았어요? 나도 초콜릿을 만들고 싶어요.
아빠 : 그래, 우리 다 같이 만들자.
기수 : 달걀은 내가 깰거야.
기숙 : 아냐, 내가 할거야. 내가 먼저 집었잖아.
아빠 : 너희들이 누가 달걀을 깨야 할 지 정하지 못하면, 아빠가
       깨야겠는 걸!

두 아이는 모두 반대했다.

아빠 : 자 그러면 우리가 그 밖에 또 무엇을 해야하는지 생각해

보자.

누가 초콜릿 가루를 재서 넣을래?

기숙 : 내가요.

기수 : 그럼 달걀은 내가 깰거야.

두 아이는 동의했지만 가루를 섞을 때가 되자, 기수는 기숙이가 더 오래 젖는 것에 이의를 제기했다.

워크숍에서 기수의 부모가 이런 식의 싸움을 말할 때, 다른 부모들도 수긍하면서 모두 고개를 끄덕였다. 우리 모두는 이러한 대화를 통해 아이들이 우리를 얼마나 실망시키며 지치게 하고 또 이것이 얼마나 자주 되풀이 되는가에 동의한다.

그러나 쉬운 해결책은 없다. 형제자매간의 다툼이 필연적이라는 것을 받아들이고, 형제간의 평화스럽고 화목한 관계를 당연한 것으로 기대하지 않는다면, 부모들은 그 싸움을 주도할 수 있게 된다. 자녀들의 다툼은 부모로서의 무능력을 나타내는 것이 아니라, 다만 형제자매들간의 자연스러운 경쟁을 보여줄 뿐이다.

미숙이는 여동생에 대한 질투심을 공공연하게 드러내지는 않았다. 그래서 미숙이 엄마는 미숙이의 선생님이 자신에게 보여준 딸의 일기를 보고 나서야 비로소 딸의 감정을 알게 되었다. 미숙이는 일기에 다음과 같이 썼다. "엄마는 나더러 아기에게 내 딸랑이를 주라고 했다." 그 일기에 대한 미숙이 엄마의 본능적인 반응은 "넌 일곱살이야. 그 딸랑이가 너한테 도대체 무슨 소용이 있니? 넌 어쩜 그렇게 이기적이니?"라는 것이었다. 그러나 집으로 돌아오면서, 엄마는 아기에게 쏟은 그 모든 관심들에 대해 미숙이가 원망하는 것은 당연할지도 모른다고 생각했다. 그날밤 미숙이 엄마는 장난감과 함께 봉투 속에 다음과 같이 쓴 쪽지를 넣어 그것을 딸의 베개 옆에 두었다.

　사랑하는 딸에게,

　너한테 묻지도 않고 네 장난감을 아이에게 준 일이 옳지 못했다는 것을 이제야 깨달았다. 엄마는 그 장난감이 네게 그렇게 소중한 줄은 미처 몰랐구나. 동생에게는 산타할아버지가 다른 장난감을 주실 거야. 넌 어떻게 생각하니?

　　　　　　　　　　너를 무지무지하게 사랑하는 엄마가.

　아침에 일어나 미숙이는 그 쪽지를 읽고는 엄마에게로 달려갔다. 그리고 이렇게 말했다. "사랑해요, 엄마. 딸랑이를 돌려줘서 고마워요."

　형제자매들이 서로 질투하고 부모의 관심을 얻기 위해 경쟁하며 말싸움이나 혹은 주먹다짐을 한다는 것을 일단 인정한다면, 당신은 과연 무엇을 할 수 있겠는가? 첫번째는 싸움의 유형을 파악하는 일이고, 다음 단계는 가능한 한 아이들의 싸움에 개입하지 않으며, 세번째는 꼭 중재가 필요할 때 효과적으로 개입하는 방법을 배우는 것이다.

　아이들의 싸움 양상을 알 수 있는 한 가지 방법은 아이들이 싸우는 것을 일일이 기록하는 "싸움 일기"를 쓰는 것이다. 그렇다고 해서 하루종일 연필과 메모철을 가지고 아이들을 뒤쫓아 다녀야만 한다는 것은 아니다. 그러나 당신이 불과 며칠 동안만이라도, 아이들이 언제 싸우고, 왜 싸우는지, 또 싸우지 않는 경우는 언제인지를 기록한다면, 몇 가지 놀랄만한 사실을 발견할 수 있을 것이다.

한 어머니는 불과 이틀 동안 아이들이 싸우는 것을 기록하고 나서 다음과 같은 사실을 알게 되었는데, 여섯살과 여덟살 난 두 아이들은 주로 엄마가 함께 있을 때 싸우며, 가끔 부모와 떨어져 아이들만 있을 때는 훨씬 덜 싸운다는 것이었다. 아이들이 싸우는 동기는 의식적이든 무의식적이든간에- 부모를 싸움에 끌어 들여서 자기편을 들도록 하기 위한 것이었다.

아이들의 싸움을 기록하는 주된 이점은 여러분을 일종의 중립상태인 관찰자의 위치에 머무르게 하는 것이다. 그래서 이 어머니는 매번 싸움을 해결하기 위해 개입하는 대신 조용히 지켜 보았다. 아이들의 싸움을 며칠 더 기록하고 나서 그녀는 자신이 개입하지 않자, 아이들이 싸우는 횟수도 줄고, 싸움도 오래 계속하지 않는 것을 알게 되었다.

어느날 아침 엄마는 아이들이 옆방에서 싸우는 소리로 잠을 깼다.

희철 : 형은, 내 생일파티에 오지마.
희민 : 아냐. 네가 싫어하든 좋아하든 갈거야.
희철 : 형이 와도 난 끼워주지 않을거야.
희민 : 이 바보! 넌 멍청이야.

이런 일이 일어날 경우, 이전 같으면 잠자리를 떨치고 나가 싸움을 말렸겠지만, 이번에는 이불을 뒤집어 쓰고는 밖으로 나가지 않았다. 2분 정도 지나자 아이들은 웃고 떠들며 함께 샤워를 했다. 그녀는 나중에 워크숍에서 이렇게 말했다.

"저는 그때 아이들이 이런 싸움을 실제로 즐기고 있다는 것을 깨달았어요. 일전에 작은 아이가 큰 아이에게 구슬치기를 하자고하자, 큰 아이는 '친한 친구가 없어서 못해.'라고 했지요.

그러자 작은아이는 '이리와, 같이 하자 형'하고 다시 부탁했어요.

그제서야 큰 아이도 '그래, 농담으로 그런거야'라고 말하는 거예요. 작은아이는 '나도 알아. 내가 형의 가장 친한 친구라는 것을'이라고 말했어요. 그때 저는 아이들이 잘 놀다가도 금새 싸운다는 것을 알게 되었어요. 특히 제가 끼어들지 않을 때는 생각했던 것 이상으로 아이들이 친하게 지낸다는 것을 알게 되었지요"

지연 : 그건 내거야. 왜 언니가 입는거야?

지희 : 그래. 하지만 원래는 내 것이었어.

지연 : (큰 소리로) 빨리 벗어!

엄마 : 무슨 일이니?

지희 : 지연이가 내 셔츠를 입었어요.

지연 : 그건 이젠 언니한테 맞지 않아. 언니가 나한테 주었잖아!

지희 : 난 절대로 지연이한테 주지 않았어요. 지연이는 거짓말쟁이
       에요. 빨리 돌려 줘.

엄마 : 지연아, 언니한테 돌려줘.

지연 : 엄만 맨날 언니 편만 들어.
       내 편은 한 번도 든 적이 없어. 엄만 나보다 언니를 더 좋
       아하는 거지.

엄마 : 그렇지 않아.
       지희야, 네가 한 일을 잘 생각해 보렴.

지희 : 지연이가 내 옷을 입었잖아요. 난 잘못한 게 없어요.

엄마 : 너희들 방으로 가. 그 셔츠는 내가 가져야겠다. 너희들 둘
       다 그 옷을 입지 못하게 하려면 그 수밖에 없구나.

아이들은 시무룩해졌고 엄마는 짜증이 났다. 즉, 모두가 마음이 상
했다. 엄마는 중재자의 역할을 하려고 했기 때문에, 오히려 두 딸의
사이를 갈라 놓았던 것이다. 며칠이 지나고 나서 엄마는 아이들 싸움
에 끼어들지 않기로 마음 먹었다.

엄마는 아이들이 날카로운 목소리로 말다툼하는 것을 엿들었다.

지연 : 언니 라디오 소리가 너무 커. 내 라디오를 들을 수가 없단
       말이야.
지희 : 네 라디오 소리가 너무 크니까 나도 더 크게 한 것 뿐이야.
지연 : 언니 라디오 줄여.
지희 : 싫어.
지연 : 언니가 줄이지 않겠다면 내가 대신 꺼버릴거야.
지희 : 뭐라구? 내 라디오를 끄겠다구? 너 정말 그럴거야?
       엄마아…!
지연 : 엄마, 언니가 날 못살게 해요.
지희 : 아니예요. 지연이가 날 괴롭히는 거예요.

옆방에서

엄마 : 너희들끼리 해결해.

엄마는 아이들이 서로 신체적으로 상처를 입히지 않는한 이 싸움
에 끼어 들지 않기로 마음먹었다. 아이들은 엄마가 중재자로 나서려
고 하지 않는다는 것을 알게 되자, 스스로 해결책을 찾아냈다.

지연 : 언니가 줄이면 나도 줄일게.
지희 : 좋아, 그럼 내가 먼저 줄이지.

물론 그렇다고 해서 지연이와 지희가 다시는 다투지 않게 되었다
는 것은 아니다. 그러나 그 후 아이들은 엄마가 자신들의 싸움에 개

입하려 하지 않는다는 것을 알게 되자, 엄마의 중재없이 스스로 싸움을 해결하기 시작했으며 전보다 훨씬 덜 싸우게 되었다.

영미와 영호는 오랫 동안 몹시 싸웠다. 엄마는 대체로 영미를 두둔했고 영호를 나무랐다. 이것은 많은 부모들이 주로 행하는 한 형태에 불과하다. 즉, 엄마는 언제나 형을 동생보다 나이가 많기 때문에 야단을 치며, 형보다 약하고 순진한 어린 동생의 편을 들어 주는 것이다. 그러나 동생은 그런 기회를 포착해서 형을 야단맞게 하는 방법을 터득하게 된다. 결국 오빠를 자극해 꾸지람을 듣게 하고, 오빠는 승리한 여동생에 대해 더욱 화가 난다. 그 결과 그들의 싸움은 더욱 격렬해진다.

엄마는 아이들의 싸움에 자신이 개입함으로써 그들의 적개심을 악화시킨다는 것을 깨닫게 되자 개입하지 않는 방법을 쓰기로 했다. 그래서 아이들에게 단호하게 말했다. "이 싸움은 나와는 아무런 상관이 없구나. 앞으로 너희들 스스로 해결하도록 해. 엄만 너희들이 그렇게 할 수 있다고 믿어."

처음으로 이말을 들은 영미는 엄마를 응시하였다. 자신의 든든한 보호자를 잃는다는 생각에 화가 났고 또 오빠와 동맹을 맺어야 했기 때문에, 영미는 뒷짐을 진채, 볼멘 목소리로 이렇게 말했다.
"엄만 왜 그래?"

영미는 부모들이 모든 싸움을 다 중재하지는 않는다는 것을 곧 알게 되었다. 영미와 영호는 엄마가 자신들의 싸움에 개입하지 않으려고 한다는 것을 알자, 자신들의 싸움을 조정할 능력을 가진 사람은 바로 자신들이라는 것을 깨달았다. 여러분이 중재자로서 아이들의 싸움에 개입하지 않을수록, 아이들은 스스로 해결책을 찾아낼 기회를 더 많이 갖게 된다.

그러나 때때로 우리는 중재를 해야만 한다. 아이들이 서로 신체적으로 다치게 하는 경우에, 부모는 아이들이 '그 싸움을 스스로 해결'하도록 내버려 둘 수는 없다. 여러분은 아이들의 감정에 대해 관대할수는 있지만, 허용될 수 있는 행동이 어떤 것인지에 관해서는 분명하고 단호하게 말해야 한다.

여러분은 형제자매 중 한 아이가 다른 아이를 다치게 하는 것을 막아야 한다. 그것은 피해자의 안전을 지켜주기 위해서 뿐만 아니라 가해자를 보호하기 위해서라도 더욱 그렇다. 아이가 형제자매에게 심한상처를 입혔을 경우, 그 아이는 죄의식을 느끼게 된다. 그 아이는 사랑하는 형제를 다치게 했기 때문에 스스로를 '나쁜 아이'라고 생각할지도 모른다. 우리는 아이가 뜨거운 난로를 만지려 하거나 차도로 뛰어 들려고 할 때 막는 것처럼, 아이들이 싸울 때 한 아이가 다른 아이에게 상처를 입히지 못하도록 보호할 필요가 있다. 그 둘 모두를위해서는 더욱 그렇다. 경우에 따라서는 아이들을 서로 떨어져 있게하는 것이 유일한 해결책일 수 있다. 어떤 부모는 다음과 같은 공정한 선언이 싸우기 시작하는 아이들에게 특히 유용하다는 것을 알았다. 즉, "엄마는 너희들을 모두 사랑하기 때문에 서로 때리는 것을 용납할 수 없다."

아이들의 편을 들거나 서로에 대한 적개심을 악화시키지 않고서도중재할 수 있는 몇 가지 방법이 있다. 다음의 예에서 한 아버지가 행한 것처럼, 앞 장에서 배운 기술, 특히 감정을 인정하는 방법과 명확한 한계를 설정하는 방법을 사용할 수 있다.

봉미 : 오빠가 날 때렸어요.

아빠 : 오빠가 널 때렸구나? 그래서 화가 났구나.

봉미 : 예, 그리고 나더러 돼지래요.

봉주 : 봉미가 자꾸 귀찮게 굴어요. 봉미더러 저를 좀 가만히 내버려 두라고 하세요. 안 그러면 또 때릴거예요.

아빠 : 봉미가 널 귀찮게 한다는 건 나도 알아. 그렇다고 동생을 때릴 수는 없잖니? 동생을 때려서는 안 돼.

봉주 : 봉미도 절 때리는 걸요. 그럼 봉미한테도 때리지 말라고 하세요.

아빠 : 너희들 둘 다 이리와. 아빠 지금 몹시 화가 났어.
이것은 심각한 문제야, 너희들이 도울 수 있겠니?

봉주 : 어떻게요?

아빠 : 너희 둘 다 서로 때려서는 안 된다는 규칙을 어긴거야.

봉미 : 오빠가 먼저 때렸어요.

봉주 : 내가 언제 그랬니? 입 다물어, 이 바보야.

아빠 : 서로 때리는 문제를 어떻게 하면 좋을까?

봉주 : 모르겠어요.

아빠 : 그럼, 때리는 대신 할 수 있는 게 뭘까?

봉주 : 말로 하는 거예요.

아빠 : 좋은 생각이구나. 그럼 때리지 말고 말로 하는 것에 모두 찬성하니? 자, 모두들 지킬 수 있겠지?

봉미 : 예.

봉주 : 예.

이 대화를 통해서 봉미와 봉주의 아버지가 매우 능숙한 사람이라는 것을 알 수 있다. 그는 굳이 잘잘못을 가리지 않고서도 서로에 대한 아이들의 부정적인 감정을 받아들였다. 대화 도중에서 또다른 싸움의 기미가 엿보이긴 했지만("오빠가 먼저 때렸어요.""내가 언제 그랬니? 입 다물어 이 바보야"), 아버지는 물러서지 않았다. 그는 대화를 그 주제 -서로 때리지 않는다는 규칙- 에 초점을 잘 맞추어서 이끌어 나갔다. 그는 아이들에게 문제를 해결하도록("어떻게 하면 좋을까?")함으로써 아이들이 대결을 피하도록 했으며, 서로 때리지 않도록 하기 위해서는 반복과 강화가 필요하다는 것을 깨달았다. 그는 아이들이 결코 다시는 때리지 않으리라고는 생각하지 않았다. 그러나 아이들이 스스로 대안책을 정하도록 해줄 수 있다면, 아이들에게 싸우지 말라고 명령할 때보다도 더 기꺼이 그것을 받아들이게 된다는 것을 알고 있었다. 그러므로 아버지는 판정을 내리는 대신 공정하게 처리했고, 아이들이 문제 해결을 하도록 했으며 가족의 기본적인 가치관을 확인시켜 주었다.

싸움이 격한 상황에서는 감정을 인정(acknowledgment)해 주는 것이 가장 가치 있는 방법들 중의 하나이다. 애령이의 사촌형제들이 여름방학에 놀러 왔다. 이때 애령이는 엄마에게 불만을 털어 놓았다.

애령 : 불공평해요. 아빠 준이를 데리고 낚시를 가셨고, 주영이는
　　　　친구들과 함께 놀면서 날 끼워 주지 않아요.
엄마 : 넌 따돌림 받았다고 생각하는구나, 그렇지?
애령 : 예(그리고는 울음을 터뜨린다.)
엄마 : 너만 혼자라고 느끼는거지? 하지만 엄마도 혼자야.

엄마도 친구가 필요해. 쇼핑갈 때 친구가 되어 주겠니?

애령 : (엄마를 끌어안으며) 좋아요. 엄마.

이것은 애령이 스스로 해결책을 찾도록 할 수 있는 상황은 아니다. 아이는 자신의 감정을 돌보아 줄 누군가를 필요로 하고 있는 것이다.

아버지가 두살 난 태훈이를 무릎에 놓고 흔들어 주고 있을 때, 여섯살 된 소영이가 방으로 들어오다가 (그것을 보고는) "아빠 나한테는 한 번도 그렇게 해준 적이 없어"라고 말했다. 평상시의 반응대로라면 "아니야, 너도 아기였을 때는 흔들어 주었어"라고 말함으로써 그 사실을 설명해 주거나 혹은 아이의 감정을 부정했을 것이다. 그러나 그렇게 하지 않고 아빠는 딸의 감정을 인정해주었다.

아빠 : 아빠가 너만 흔들어 주기를 바라는구나?

소영 : 예.

아빠 : 차라리 태훈이가 없어져 버렸으면 좋겠지?

소영 : 난 태훈이가 정말 미워요.

아빠 : 아빠를 아기와 함께 나누어 가져야 하는 게 싫은 게로구나.

소영 : 그래요. 아빠를 독차지하고 싶단 말이예요.

아빠 : 그래. 하지만 넌 이 아빠의 하나밖에 없는 딸이야.

소영이는 크게 웃었다. 소영이 아빠는 딸에게 동생이 아직 어리다는 사실을 설명하려고 하지 않았다. 그 대신 그는 바로 그 순간 딸이 필요로 하는 것을 주었다. 즉, 설교가 아닌 관심을 보여 주었던 것이다. 또 딸이 자신을 나쁘게 생각하지 않고서도 질투심을 표현할 수 있도록 해주었다. "하지만 넌 아빠의 하나밖에 없는 딸이란다"라고 말해줌으로써 딸아이의 기분을 좋게 해주었다.

엄마는 유아원으로 정수를 데리러 갈 때, 6개월 된 동생을 데리고 갔었다. 그들이 막 유아원을 떠나려고 할 때, 한 무리의 꼬마들이 유모차 주위로 몰려들어 야단 법석을 떨었다. 선생님 두분도 그 틈에 끼어 있었으며, 아기는 소리를 내며 깔깔웃었다. 정수는 옆에서 엄마의 치맛자락을 움켜 잡고는 묵묵히 있었다. 몰려들었던 아이들이 아기에게 작별인사를 하며 흩어졌을 때 정수는 씩씩거리며 말했다.

정수 : 화가 나 죽겠어.

엄마 : 넌 사람들이 아기 주위에 몰려들어 법석을 떠는 것이 싫었구나?

정수 : 아녜요. 그렇지 않아요.

엄마 : 그럼, 모든 사람들이 아기에게만 관심을 갖고 네게는 관심을 갖지 않으니까 그게 못마땅한 게로구나?

정수 : 예, 정말 화가나요.

엄마 : 넌 아기가 귀엽지 않은가 보구나.

정수 : (강력하게) 아니예요.

엄마 : 저런, 아주 골이 났네? 하지만, 사람들은 언제나 아기 주위에 몰려들어 법석을 떤단다.

엄마가 아들의 말대꾸를 따뜻하게 받아주자, 아이의 감정이 점차로 풀리는 것을 느낄 수 있었다. 대부분 우리들은 어렸을 때, 다음과 같은 말을 들은 기억이 있을 것이다. "넌 동생이 있어서 좋겠다", "바보처럼 굴지마, 너도 어렸을 땐 사람들이 네 주위에 모여 그렇게 야단

들이었어". 그러나, 정수엄마는 무시당하고 있다는 정수의 당연한 분
노에 민감하게 반응했다. 우리들은 자신의 동생 때문에 관심을 끌지
못하는 아이를 동정하긴 하지만 그 아이를 어떻게 위로해야 할지 몰
라 난처한 경우가 있다. 정수가 자신의 감정을 완벽하게 이해할 수
있는 엄마를 가진 것은 그에게는 행운인 것이다.

우리는 종종 다음과 같은 생각을 하게 된다. 만일 우리가 아이들을
공평하고 동등하게 다룬다면, 그리고 아이들에게 부모들이 공평하다
는 것을 알게 할 수만 있다면, 아이들은 누가 더 많이 가졌는지, 누가
더 먼저 가졌는지, 그리고 누가 부모의 사랑을 더 받고 있는지의 싸
움은 하지 않게 될 것이다.

그러나 부모가 아무리 공평하게 한다해도, 결코 성공할 수 없다. 우
리 스스로는 공평하다고 생각해도 아이들은 그렇게 여기지 않을 것
이다. 공평하게 할 수 없다면 그것을 그만두는 것이다. 만일 우리가
그렇게 하지 않는다면, 결국 영준이 엄마처럼 그 게임의 주도권을 아
이에게 넘겨주게 될 것이다.

영준 : 공평치 못해요. 영호는 인형극을 두 번이나 봤는데, 난 한
　　　 번밖에 못봤어요. 제가 다 나으면 더 보여 주셔야 해요.
엄마 : 엄마더러 이래라 저래라 하지 말아. 네가 수두에 걸린 것
　　　 이 엄마 잘못은 아니잖니! 누구 잘못도 아니야.
영준 : 상관없어요.
엄마 : 넌 써커스를 몇 번이나 보았니?
영준 : 두 번요.
엄마 : 그럼 영호는?

영준 : 한 번요.

엄마 : (공평하게 해주려는 데 깊이 빠져서) 아니야, 동생은 한 번
도 써커스를 보지 못했어. 자, 이런 무의미한 말싸움은 그
만 두자.

영준 : 불공평해요. 엄만 제 기분은 상관없다는 거죠?

영준은 엄마가 아이들을 똑같이 대우하려고 하는 한, 아이들은 계
속해서 점수를 따려고 할 것이다. 그리고 그 점수따기가 계속되는 한,
한 아이는 앞서게 되고 다른 아이는 뒤처지게 된다. 심지어 어떤 경
우에는 한 아이는 항상 앞서고, 다른 아이는 항상 그 뒤를 쫓아가야
만 하므로 아이들은 서로 앞서려고 한다.

만일 여러분이 한 아이에게만 책을 사다 줄 때, 다른 아이가 "왜
형(혹은 언니나 동생) 것만 있고, 제 것은 없는거예요?"라고 말한다
면, 당신은 다음과 같이 간단히 아이의 감정을 인정할 수 있다. "네
것도 사왔으면 좋았을 텐데. 하지만 다음 번엔 널 위해 가장 근사한
것을 보아 두었다가 널 놀라게 해주마." 우리가 형제자매간의 점수따
기를 전혀 배제할 수는 없겠지만, 그러나 그것을 조장해서는 안 된다.
만일 부모가 공평하게 대해주려고 개입하면, 아이들은 그것을 어처구
니 없는 지경에까지 몰고갈지도 모른다.

12살 된 병희는 주말에 학교캠프에서 돌아왔다.

병희 : 병철이는 주말에 무슨 프로를 보았어요?

엄마 : 오늘은 "맥가이버"를 보더라.

238 바람직한 자녀와의 대화방법

병희 : 어젯밤에는요?

엄마 : "유머극장"을 보았지.

병희 : "쇼비디오자키"도 보았어요?

엄마 : 그래, 봤어.

병희 : 정말로? 어떻게 그럴수가 있어요. 병훈이는 그걸 보면 안되
잖아요. 우리가 봐도 되는 프로가 아니잖아요. 그래서 난
못 보는데… 좋아요. 그럼, 다음주 일요일엔 병철이는 못
보게 하고 저만 보게 해주세요.

엄마 : 엄마가 병훈이에게 그 프로를 보라고 허락한 것은 병훈이
가 금요일 밤부터 토요일 아침까지 TV를 전혀 보지 않았
기 때문이야. 그래서 규칙을 조금 어겼어.

병희 : 좋아요. 그럼, 제가 주말내내 TV를 보지 않으면, 저도 다음
일요일날 "쇼비디오자키"를 보도록 해주세요.

엄마 : 안돼. 만일 네가 그렇게 하면 문제가 계속 생겨.
엄만 허락할 수 없어.

병희 : (목소리를 높이며) 전 보고 싶어요. 허락해주세요.

엄마 : (소리치며) 넌 집에 온지 20분도 채 안 됐어. 정말 왜 그러
니? 넌 왜 불평거리만 찾아내서 엄마와 싸우려고 하니?
엄만 도대체 널 이해할 수가 없구나.

엄마는 밖으로 나가며 문을 쾅 닫아버렸다.

<Your Second Child>에서 존 바이스(John Weiss)는 다음과 같이
언급함으로써 공평하게 해주는 것이 아무 소용이 없음을 지적했다.

비록 아이들이 똑같이 대우받기를 원한다해도 그것은 불가능한 일이며, 또한 부모에게 있어서도 힘든 일이다. 그리고 그것은 아이들이 진정으로 원하는 것도 아니다.

한 연구에 의하면 두 딸에게 모든 것을 똑같이 나누어 준다는 -두 개의 그네, 두 개의 모래주머니… 두 개의 자전거, 두 짝의 고무덧신 -것이 싸움을 막지는 못한다고 한다. 왜냐하면, 아이들은 실제로 그네, 쿠키, 혹은 죠다쉬 청바지 때문에 싸우는 것이 아니기 때문이다. 그들이 싸우는 것은 부모의 사랑 때문이다. 아이들이 필요로 하는 것은 부모로부터 사랑받고 있다는 확인인 것이다.

여러분은 아이들을 동등하게 대하기보다는 각각의 아이들을 독특하게 대하도록 노력해야 한다. 만일 당신이 아이에게 여덟 번째 생일선물로 두발자전거를 사준다면, 그 동생의 여덟 번째 생일선물로 똑같이 자전거를 사줄 필요는 없다. 한 아이가 피아노 레슨을 받고 있다고 해서 동생도 똑같이 받을 필요는 없다. 왜냐하면, 오히려 기타나 발레 혹은 체조를 더 좋아할 수도 있기 때문이다. 만일 아이들의 기질, 재능, 외모가 똑같다면, 그처럼 따분한 일이 또 어디 있겠는가. 아이들은 각각 다르므로 우리 부모로부터 다른 반응을 자아내게 하는 것이다. 어떤 아이는 당신의 소심한 성격을 상기시켜 줄 것이고, 또 다른 아이는 당신 배우자의 성격을 생각나게 할지도 모른다. 그러므로 우리는 둘째 아이를 첫째 아이와 다르게 대해야 하고, 또 셋째는 둘째와 다르게 다루어야 한다. 아이들은 동등하게 대하고자 하는 함정에 빠지기가 쉽지만, 그것은 가능한 것도 아닐 뿐만 아니라 필요하지도 않다. 워크숍에서 한 어머니는 자신의 부모가 자신과 동생에게 선물, 혜택, 책임감을 어떻게 나누어 주었는가를 다음과 같이 회상했다.

"우리는 항상 같은 시간에 잠자리에 들어야만 했어요. 제가 비록 나이가 더 많았지만, 결코 동생보다 더 늦게까지 있을 순 없었죠. 그러다가 제가 립스틱을 바를 수 있을 만큼 컸을 때, 부모들은 동생에게도 립스틱 바르는 것을 허락하셨어요. 전 정말이지 그 일이 두고두고 원망스러웠어요."

왜 큰 아이가 작은 아이보다 더 많은 혜택을 누릴 수 없단 말인가? 진호가 아버지에게 "어째서 형은 9시까지 있어도 되고, 난 왜 그럴 수 없지요?"라고 물었을 때, "넌 아직 여섯살이니까 그렇지"라고 대답하는 대신에 "넌 여덟살이 될 때까지 기다릴 수 없는 게로구나. 너도 8살이 되면 형처럼 늦게까지 있을 수 있는데"라고 말했다.

이러한 아버지의 대답은 진호가 어리다는 이유로 억누르기 보다는 즐거움을 가지고 기다릴 수 있도록 해준 것이다. 한 엄마는 아이로부터 누구를 제일 사랑하느냐는 질문을 받자 이렇게 답했다. "너희들은 엄마의 열 손가락과 같아. 너희들은 각기 다르지만, 엄만 너희들이 모두 필요하고 또 하나라도 없으면 살 수 없어."

때때로 잠시 아이들을 각기 떨어져 지내도록 하는 것이 하나의 장기적인 방안이 될 수 있다. 아이들은 제각기 부모들의 완전한 관심을 얻고자 하는데, 그때마다 형제들이 끼어든다. 아이들의 개성을 강조하고 아이들의 끊임없는 요구를 줄이는 방법은 "특별한 시간"을 갖는 것이다. 이것은 특별하게 시간을 정하여 한 아이와 함께 놀거나, 혹은 책을 읽어 주거나, 이야기를 하거나 산책을 하는 것이다(물론 다른 아이의 방해를 받지 않아야 한다). 만일 당신이 매일 혹은 하루 걸러 10분씩 각각의 아이들과 따로 지낼 수 있다면, 아이들에게 특별한 기분이 들도록 해줄 수 있을 것이다. 어떤 부모들은 특별한 시간 동안에는 전화선을 뽑아 놓는데, 그렇게 하면 확실하게 방해를 받지 않을 수 있기 때문이다.

여러분이 아이와의 특별한 시간을 미리 알려 준다면, 아이들은 즐거움을 가지고 기다릴 수 있을 것이다. 아이들은 부모들이 오직 자기에게만 관심을 두는 시간이 있다는 것을 알게 되므로, 부모의 관심을 얻기 위해 다른 형제와 경쟁하는 일이 적어질 것이다. 둘 혹은 그 이상의 많은 자녀들이 한꺼번에 당신에게 달려들 때는, "이 문제에 대해서는 나중에 우리 둘만의 특별한 시간에 얘기하자"라고 말하며 제지할 수 있다.

여섯살 난 쌍동이를 둔 한 취업모의 경우, 각각의 아이와 특별한 시간을 갖는 것이 엄마의 관심을 얻기 위해 심하게 싸우는 아이들을 다루는 데 매우 유용하다는 것을 깨닫게 되었다. 어느날 저녁 쌍동이 중 한 아이인 영수와 보내는 특별시간에 그들은 좋아하는 것과 싫어하는 것에 관해 이야기했다.

엄마 : 네가 가장 좋아하는 것은 뭐니?

영수 : 제 생일요.

엄마 : 그럼, 가장 싫어하는 것은 뭐니?

영수 : 영준이가 엄마를 독차지하는 거요.

엄마 : 엄마가 너만 위해주기를 바라는 것처럼 들리는데?

영수 : 예. 이따금 영준이가 없어져 버렸으면 좋겠어요. 어디로 가 버렸으면 좋겠어요.

엄마 : 그럼 넌 엄마가 언제나 너하고만 있었으면 좋겠니?

영수 : 아니요. 제가 원할 때만 있으시면 돼요.

그 특별한 시간이 영수에게 자신의 감정을 표현할 수 있는 기회를 주었고, 엄마에게는 아들의 감정을 인정하도록 해주었다. 아이에게 부모와 단둘이 보내는 시간은 자신이 부모가 사랑하는 유일한 자녀라는 생각을 들게 하고, 또한 특별한 친밀감을 갖게 해준다. 왜냐하면 적어도 그 순간만큼은 어느 누구와도 부모를 공유할 필요가 없기 때문이다.

아이들을 동등하게 대하기보다는 특별하게 대하는 방법과 형제자매에 대한 아이들의 감정을 받아들이는 방법에 덧붙여서, 여러분은 "확성기 기술"이라고 부르는 방법을 통하여 형제자매들간의 싸움을 조정할 수 있다. 자녀들이 서로 다투다가 서로에 대한 불만을 부모앞에서 털어 놓기 시작할 때, 아이들이 고자질하는 소리를 반복함으로써 강화시키거나 어느 편도 들지 않고 아이들로 하여금 말을 하도록 할 수 있다. 어떤 아버지는 그것을 다음과 같이 실행했다.

성준 : 혜영이가 날 발로 찼어요.
혜영 : 아네요, 난 안 그랬어요.
아빠 : 혜영아, 오빠는 네가 발로 찼다고 하는데?
혜영 : 아네요, 안 그랬어요.
성준 : 혜영이가 날 발로 찼단 말이예요.
아빠 : 사람을 발로 걸어 찬다는 것은 허용할 수 없어.
　　　그때 성준이가 혜영이의 인형을 잡아 당겼다.
혜영 : 내 인형에 손대지 마.
성준 : (소리치면서) 좀 줘봐!
혜영 : 안돼. 이건 내거야.

아빠 : 혜영아, 오빠가 인형을 만져보고 싶은 모양이로구나.

예영 : 안 돼요, 이건 내 인형이에요.

아빠 : 성준아, 혜영이가 안 된다고 하잖니. 너희 둘이 그 문제를
　　　해결할 수 없겠니?

놀랍게도 세살 난 성준이는 "문제를 해결하라"는 아버지의 말을 알
아들었다.

성준 : 혜영아, 네 인형을 조금만 가지고 놀면 안 되니?

예영 : (의기양양하게 인형을 머리위로 쳐들고는) 안돼, 이건 내거야.

아빠 : 성준아, 아마 혜영이가 마음이 바뀌면 만지게 할거야.

혜영이는 깜짝 놀라서 아빠를 쳐다보았다. 잠시 후, 혜영이는 성준
에게 인형을 주었다. "오빠는 네가 발로 찼다고 하는데?", "혜영이는
그렇게 하지 않았다는구나"와 같이 아이들의 요구를 부연해 주는 것
은 아이 중 한 쪽만을 편들지 않도록 해준다. 또한 그것은 아이들로
하여금 자신들의 싸움을 부모가 해결해 줄 것을 기대하지 않고 서로
직접 얘기할 수 있게끔 해주는 것이다.

우리는 아이들이 서로 사랑하기를 바라는 것처럼 함께 나누어 갖
기를 바란다. 그러나 공유한다는 것은 그만큼 덜 갖는 것을 의미한다.
"아마 혜영이가 마음이 바뀌면 만지게 할거야."라는 아빠의 말은 바
람직하다. 왜냐하면, 그것은 성준이로 하여금 스스로 그 문제에 대한
선택을 했다는 감정을 갖게 해줄 뿐만 아니라, 공유할 수 있는 능력-
아이들에게 그것이 결코 쉽지 않지만-에 대한 자신감을 표현하도록
해주었기 때문이다. 어떤 아이들은 다른 아이가 장난감을 가지고 놀

때, 비로소 그 장난감에 관심을 가지게 될지도 모른다. 아무튼 특별한 장난감, 사탕, 혹은 부모의 관심을 다른 아이와 공유하는 것을 좋아할 아이는 아무도 없다. 아이들은 부모가 강제로 어떤 것을 공유하게 하면, 오히려 더 저항하게 된다. "넌 동생과 그것을 함께 나누어 가져야만 해."라고 말하는 대신 오히려 그런 공유의 어려움을 강조하는 것이 보다 효과적이라는 것을 알아야 한다. 즉 "그것을 함께 가지고 논다는 것이 어려운 일이라는 걸 아빠도 잘 알아. 그러나 네가 그것을 다 가지고 논 다음엔 동생에게 가지고 놀도록 할 수 있잖니?"라고 말해야 할 것이다.

만일 당신이 공유하기 어렵다는 것을 인정할 때 약간의 환상적인 방법을 첨가한다면 아이들로 하여금 기꺼이 공유하도록 하게 할 수 있다. 8살인 경아가 4살 된 경철이의 마지막 남은 젤리를 가로챘을 때, 엄마는 갈등의 원인을 제거해 버렸고, 그리하여 아이들의 다툼에 말려 들어가는 것들 방지할 수 있었다.

경철 : (발을 동동 구르며) 내 놔, 내 놔.
엄마 : 넌 젤리가 수천 개 있었으면 좋겠지?
경철 : 예, 천 개요.
엄마 : 그럼 이 세상에 있는 젤리 전부 말이지?
경철 : 예. 다음번에는 제 과자통에 넣어 주세요. 난 누나와 나눠 먹고 싶지 않아요.
엄마 : 그래, 다음번에는 숫자를 세어서 똑같이 나누어 줄께. 만일 하나가 남으면, 그건 엄마거야!

워크숍에서 어떤 부모들은 아이들로 하여금 형제자매간에 다툼을 해결할 수 있도록 하기 위해 많은 기술을 이용한다. 또 어떤 부모들은 싸움이 일어나자마자, "잠깐만 멈춰라. 엄만 너희들이 하는 말을 녹음해 두고 싶어. 녹음기를 켤 때까지 기다려."라고 말하면서 녹음기를 틀어 놓는다. 그것은 종종 불에 젖은 담요를 던지는 것과 같은 효과를 낸다. 왜냐하면 아이들은 자신이 형제자매에게 소리친 말들을 다시 들어야 한다는 생각으로 인해 주의가 다른 데로 쏠리기 때문이다.

녹음기를 사용하는 것은 분위기를 바꾸는 일종의 견제적인 전술이다. 그러나 너무 자주 사용하면 효과가 없어진다.

다른 부모들은 특히 성가신 싸움이 일어날 때마다 연필과 종이를 가져다 주면서 이렇게 말한다. "자 여기에 써보자. 현자, 넌 현구가 너를 귀찮게 한 것을 모두 쓰고, 현구, 넌 현자에 대한 불만을 적어봐." 그러면 그 싸움은 폭발물의 뇌관이 제거된 것과 다름없게 된다. 아이들의 관심은 다른 데로 쏠리게 되므로 부모는 판정을 해야할 필요가 없어지게 된다.

여덟살 된 다혜가 친구와 놀고 있는 동안 동생이 방해를 했기 때문에 몹시 화가 나자, 엄마는 다혜에게 자신의 기분을 글로 써보라고 했다. 다혜는 다음과 같은 글을 휘갈겨 썼다.

바보 다면에게

잘 있니? 하지만 난 네가 잘 있지 않기를 바래. 날 기분좋게 하려면 어떻게 해야 하는지 알고 있겠지? 만일 내가 널 한방 때리면, 넌 코피가 터지고 이빨이 부러질거야. 그 다음에 내가 널 걸어차서 네가 넘어지면, 난 기분이 좋을거야.
　　　너를 미워하는 사람으로부터

　다혜는 결코 그 쪽지를 다민이에게 건네 주지는 않았다. 감정을 글
로 표현하는 것은 다혜의 격한 감정을 해소하는 데 도움을 주었다.
그날 오후가 되자 다혜는 그 "바보같은 다민"이와 함께 즐겁게 놀았
다.

　어떤 부모들은 같은 목적으로 종이와 크레용을 사용하는데, 특히
아이들이 너무 어려서 글을 쓸 수 없는 경우에 이 방법을 쓴다. 즉,
"만일 네가 경수 때문에 화가 나면 그것을 그림으로 그리는 것이 어
떻겠니?"라고 말하면서 권한다. 어떤 아이들은 자신을 공격하는 형제
자매를 그림으로 그린 다음에는 찢어 버리는데, 그것은 다른 사람에
게 아무런 해를 끼치지 않으면서도 자신의 분노를 완벽하게 표현할
수 있는 효과적인 방법이다.

　또 다른 부모들은 아이들이 형제자매에 대하여 화가 났을 때 베개
를 치도록 권유한다. 한 엄마는 아이에게 샌드백을 사주었는데, 그것
은 어린 동생이 화나게 할 때 그것을 치도록 하기 위한 것이었다. 어
느날 아침 2살 난 영수가 누나의 색칠 공부책을 찢어버리자, 누나 원
영이는 "도로 붙여 놔, 원래대로 해놓으란 말이야."라고 소리쳤다. 원
영이는 동생을 때리는 대신 그 샌드백 앞으로 가서는 몇 차례 세게
때렸다. 30분 후 원영이는 학교에 가기 전에 영수에게 뽀뽀를 해주었
다. 또 영수가 "미미의 집"을 부숴버렸을 때, 원영이는 샌드백에 분풀
이를 했다. 적대감을 표출하는 방법으로 받아들일만한 이와 같은 방
식을 강화하기 위해, 엄마는 "동생이 너를 화나게 할 때, 어떻게 해야

할 지 잘 아는구나"라고 말했다. 물론 이것이 모든 아이들에게 효과가 있는 것은 아니지만, 시도해볼 가치는 있다.

아이들이 서로 말싸움을 하고 주먹다짐을 하며 또한 부모의 관심을 얻기 위해 서로 경쟁하는 것을 지켜보는 것은 매우 어렵다. 그러나 형제자매간의 싸움에는 긍정적인 측면이 있다는 것을 안다면 좀 위안이 될 것이다. 당신은 아이들이 서로 고함치는 것을 들을 때, 형제자매 관계가 다른 사람과 함께 잘 지내는 방법을 알게 하는 가장 가치 있는 교육장이 된다는 사실을 믿기가 어려울지도 모른다. 안정된 가정에서 형제자매끼리 서로 싸우는 일은 아이들에게 "정정당당하게 싸우는 법", 갈등을 협상하는 법, 어려움을 해결하는 법을 배우게 하고, 그리고 삶이란 언제나 공평한 것이 아니라는 것을 깨닫게 해준다(엄마가 누군가를 먼저 재워야만 하고 달걀은 한 사람만이 깰 수밖에 없고, 또한 아빠가 무릎에 앉혀 흔들어 줄 수 있는 사람도 한 사람일 수밖에 없다는 사실들).

또한 형제자매 관계는 아이들에게 일련의 감정을 경험하고 표현할 수 있는 기회를 제공한다. 우리는 때때로 아이들이 서로에 대해 품고 있는 모순된 감정들로 인해 놀란다. 아이들은 어느 순간엔 서로 경멸하지만, 그것이 지나면 곧 사이좋게 놀거나 농담을 하며 서로 낄낄댄다. 형제자매들은 상호간에 매우 다양하면서도 강렬한 감정을 갖고 있다. 아마도 우리는 아이들이 큰소리로 말하기 때문에 서로 말다툼하고 질투하는 것으로 알지만 아이들이 서로에게 깊은 애정을 보여주는 모습은 종종 놓치고 만다. 다음에 아이들이 서로에게 소리를 지르는 경우가 있으면, 당신은 아이들이 양면성(사랑과 미움이 공존하는 반대감정 병존)을 가지는 것은 당연하며, 그 관계는 시시각각으로

변한다는 것을 명심하고 최선을 다해 그 싸움에서 벗어나게 해야 한다.

변화한다는 사실만큼은 변하지 않는다. 9살 난 동생과 12살 된 오빠는 공통점이 없어 오히려 많은 싸움을 할 수도 있지만, 몇년 후 사춘기가 되면, 청소년들이 갖는 공통화제로 인해 친근해질 수도 있다.

어떤 부모들은 잘 싸우는 형제자매가 실제로는 서로 사랑하고 있다는 것을 발견하고는 놀란다. 신혜의 부모는 동생에 대한 딸의 적대감 때문에 매우 걱정을 했는데, 신혜가 동생에게 보낸 우편엽서를 보고는 깜짝 놀랐다.

   사랑하는 내 동생 신구에게

 잘있니? 어떻게 지내니? 네가 보고싶어 집에 갈 때까지 기다릴수가 없을 지경이야. 내가 집에 돌아가면 우린 또 싸울 수 있겠지? 사랑해, 네가 정말 보고싶어.

                 사랑하는 누나가!

부모가 형제자매간의 싸움에 대해 지나치게 민감해질 때, 신혜의 그 편지는 우리들로 하여금 미움이 사랑의 감정을 없애지 않는다는 사실을 상기시켜 준다. 즉, 형제자매 관계에 있어서 사랑과 미움은 함께 공존하는 것이다.

준기엄마는 5살 된 준기가 동생을 몹시 시샘하는 것을 여러 번 목격했다. 그러나 엄마는 다음과 같은 대화에 놀랐다.

 준기 : 엄만 누굴 더 사랑해요? 나야, 준영이야?
 엄마 : 둘다 똑같이 사랑하지.

존기 : 알아요. 그래도 누굴 더 사랑해요?

엄마 : (지체하며) 넌 누굴 더 사랑하니?

존기 : (머뭇거리며) 글쎄… 엄마가 날 더 사랑하는 것 같아요. 하
지만 준영이한테는 말하지 마세요. 속상해할지 모르니까요.

우리는 아이들의 다툼에 너무 정신을 빼앗겨서 아이들이 싸움을
즐길 수도 있다는 사실을 흔히 잊어버린다. 싸움은 신나는 일이고, 아
이들은 지루한 것을 싫어한다. 깊은 애정이 싸움의 이면에 자리잡을
수 있다. 나의 아이들은 서로를 지나치게 모욕하곤 하는데, 나는 이것
이 바로 아이들의 독특한 의사소통 방식이라는 것을 알게 되었다.

12살 된 병일이가 여행을 떠나면서 13살 난 병국에게 작별편지를
남겨 놓았는데, 병국이는 그것을 읽고는 한바탕 크게 웃었다. 병국이
가 내게 보여준 그 편지에는 욕설과 음란스러운 말들로 가득 채워져
있었다(독자의 기분을 상하게 하거나 나의 아들을 난처하게 할 염려
가 있으므로 그 편지의 내용은 여러분의 상상에 맡긴다). 나는 충격
을 받았지만, 병국이는 그것의 진정한 의미, 즉 깊은 애정을 읽었다.
나는 그 편지를 통해서 중요한 것을 배웠다. 비록 아이들의 말이 우
리에게는 흉하게 들릴지라도, 아이들은 우리가 받아들이는 것처럼 그
렇게 심각하게 받아들이지 않는다는 것이다. 아이들이 그런 방식으로
다른 사람에게 말하지 않는 이상, 그들의 욕설을 너무 심각하게 받아
들일 필요는 없다. 그것은 단순히 형제자매들 사이의 독특한 언어일
뿐이다.

아이들이 서로에 대해 느끼는 다양한 감정과 그 정도를 탐색하도
록 도와주는 데 있어서 여러분은 자신의 기대를 재조정할 필요가 있

다. 대부분의 가족에게 있어서 부모들은 형이 동생보다 감정을 더 잘 통제하기를(그래서 보다 잘 행동하기를) 기대하기 때문에 문제가 발생한다. 그것은 일종의 과중한 부담이 된다. 큰 아이는 자신이 불필요하게 희생되었다고 느낄지도 모른다. 그러한 사실들은 자신이 습관적으로 작은 아이를 두둔하고 큰 아이를 야단칠 것이 아니라 문제를 해결하는 데 전념하는 것이 보다 중요하다는 것을 보여준다.

동욱(4살)이와 병욱(6살)이는 서로 떨어져 있기를 싫어했다. 그러나 같이 있기만 하면 서로 말다툼을 하고 욕설을 퍼붓는다. 싸움이 발길질과 주먹다짐으로 격해질 때 엄마는 아이들을 떼어 놓지만, 아이들은 곧 다시 함께 있게 해달라고 애원한다. 엄마는 큰 아들인 병욱에게 해결책을 생각해 보라고 말했다.

　엄마 : 병욱아, 우리에겐 지금 아주 심각한 문제가 있는데 그것
　　　　 때문에 골치가 아프구나.
　병욱 : 저도 알아요.
　엄마 : 그래?
　병욱 : 예, 엄만 제가 동욱이와 너무 심하게 싸운다고 그러시는 거
　　　　 죠?
　엄마 : 그래, 맞아. 네가 동생을 다치게 할까봐 정말 걱정이야.
　병욱 : 알았어요.
　엄마 : 뭘?
　병욱 : 지금 엄만 "우리가 어떻게 했으면 좋겠니?"라고 말하시는
　　　　 거잖아요.
　엄마 : 맞았어.

병욱 : 제게 좋은 생각이 있어요. 집에다가 '때리지 않기'란 표지를
두 개 붙여두는 거예요. 하나는 문 옆에 붙이고 또 하나는
우리들 방에요. 그래서 누구든지 다른 사람을 때리려고 하
면, 그때마다 우리는 "표지"라고 외치는 거예요.

엄마 : 그 표지가 무엇을 뜻하는 거니?

병욱 : 서로 다치게 해서는 안 된다는거죠.

엄마 : 정말 좋은 생각이구나!

병욱이와 엄마는 그 표지를 만들어서 붙였다. 그 후, 어느날 동욱이
가 병욱이를 때렸다.

병욱 : 엄마, 동욱이가 글을 읽지 못한다는 것을 미처 생각지 못했
어요. 어떻게 하죠?

엄마는 미소를 지으며 동욱이의 손을 잡고 그 표지 앞으로 데리고
갔다. 그리고는 천천히 엄숙하게 그것을 읽어주었다. 엄마는 병욱이가
스스로 해결책을 찾도록 했을 뿐만 아니라, 동욱이에게도 역시 '때리
지 않기'라는 규칙의 중요성을 알려주었다. 그리고 엄마는 그 규칙이
병욱이 자신에게 중요한 만큼 동생에게도 중요하다는 것을 보여준
것이다. 불과 몇 주 동안이지만, 그 표지로 인해 싸움은 줄어들었다.
그러나 아이들이 표지에 흥미가 없어지자 엄마는 새로운 계획을 시
도해야만 했다.

일단 형제자매간의 노여움이나 질투심 그리고 애정을 자연스러운
감정으로 인정하기만 하면, 여러분은 그러한 갈등이 정상적인 것이며
받아들일 수 있다는 것을 아이들에게 이해시킬 수 있게 된다. 아이들

은 형제자매를 사랑하면서도 동시에 미워할 수 있다.

당신이 아이들로 하여금 자신들의 다른 점을 이해하고, 자신의 해결책을 제안하며, 서로에 대한 감정을 나타내게 하는 방향으로 유도할 때, 아이들에게 미래의 인간관계를 준비하도록 해주는 셈이 된다.

형제자매간의 관계는 인생에서 가장 오래 지속된다. 당신은 형제간의 긍정적인 감정은 복돋아 주고 부정적인 감정은 극복하도록 도와줄 수 있다. 형제자매끼리 애정과 관심을 나타낼 때, 부모는 격려해줄 수 있다. 한 엄마는 세살 된 딸 정주가 투정을 부리자, 여섯 살 난 언니 정윤이가 동생에게 가장 좋아하는 담요를 가져다 주었을 때 그들을 격려해 주었다.

정윤 : 울지마, 정주야. 언니가 네 담요 갖다 줄게.

정윤이가 정주에게 담요를 가져다 주자,

엄마 : 정윤아, 어쩜 그렇게 동생을 잘 보살펴 주니? 정주는 이렇게 좋은 언니를 두어서 참 좋겠구나.

형제자매간의 관계가 그다지 좋지 않을 때, 부모는 아이들을 꾸짖지 않고서도 그들의 부정적인 감정을 받아들일 수 있다. 만일 당신이 그렇게 하면 샘을 내거나 화를 낸 아이는 죄책감을 느끼지 않고도 자신의 감정을 받아들일 수 있게 되며, 형제간의 다정한 관계를 발전시켜 나갈 수 있게 된다. 워크숍에서 한 엄마는 자신의 어머니가 그러한 상황을 얼마나 능숙하게 다루었는지를 다음과 같이 회상하였다.

"제가 8살이고 제 동생은 3살이었어요. 그 무렵에 어머니께서는 아기를 낳았어요. 동생은 샘이 아주 많았어요. 어느날 전 어머니와 함께 현관에 있었는데 그때 갑자기 무언가 떨어지는 소리와 함께 아이의 날카로운 울음소리가 들렸어요. 동생이 유모차를 넘어뜨려서 아기가 그만 떨어졌던 거예요.

어머니는 조심스럽게 아기를 안아서 부드럽게 달래셨어요. 그리고는 두려움으로 아무 말도 못하고 서 있는 동생에게 아기를 데리고 가셨어요. 전 어머니가 동생에게 아기를 건네 주시는 것을 보고 놀랬죠. 어머니가 이렇게 말씀하셨어요.

'준이야, 아기는 너무 작아서 혼자서는 아무 것도 할 수 없어. 넌 크고 힘도 세니까 아무래도 앞으로는 네가 아기를 보살펴 주어야 할 것 같아. 엄마 생각엔 네가 아기를 잘 돌보아 줄 수 있을 것 같구나'

동생은 진지하게 들으며 아무 말도 하지 않았어요. 그 후 동생은 몇 년 동안 아기를 잘 돌보아 주었고, 그들은 아주 친하게 되었어요. 물론 동생이 아기에게 언제나 잘 했던 것은 아니지만 그것은 하나의 시작이었죠."

준이로 하여금 죄책감을 느끼지 않게 하고서 그의 질투심을 받아들였기 때문에 어머니는 준이에게 사랑의 감정을 갖도록 해주었다. "넌 크고 힘도 세니까 아무래도 네가 아기를 보살펴 주어야 겠다"라고 한 엄마의 말은 준이에게 긍정적인 감정을 갖게 해주었다.

제 **9** 장

외부 세계와 대처하는 방법:
다른 사람들과 협력하기

필자는 앨리스 기너트(Alice Ginott) 박사와 함께 연구하는 동안, 전에는 결코 생각할 수 없었던 것들에 관해 많은 것을 깨닫게 되었다. 그와 여러 가지 문제들에 관해 논의하면서 요즈음 어떻게 하면 아이들과 전과 다른 방식으로 대화할 수 있는가를 배우고 있는 중이라고 그녀에게 진지하게 말했다. 그녀는 의아해하면서 조금은 답답해하는 시선으로 나를 쳐다 보았다. "당신은 아이들과 대화하는 법을 배워야 한다구요? 부모가 되기 위해 공부를 해야 한다는 말입니까?" 라고 그녀는 물었다.

나는 그녀의 그런 반응에 대해 저항감을 느끼지는 않았다. 왜냐하면 이미 나와 아이들간에는 커다란 변화가 생겼다는 것을 알았기 때문이다. 아이들의 행동에 대해 습관적으로 명령하고 야단치고, 벌주고, 성가신 잔소리를 하는 것에 무감각해지게 된 지 수년 후에야, 나는 이와 같은 긍정적인 대안책을 발견하고는 감격했었다.

필자는 이전에 사용하던 방식을 바꾸기 위해, 벌주는 대신 행동의 결과를 알도록 해주었으며, 비평하는 대신 칭찬을 하기 시작하였으며, 나는 아이들의 감정을 인정해 주고, 아이들에게 보다많은 자율성을 부여하고, 되도록 충고는 하지말아야 한다는 것을 알게 되면서 나의 훈육방법이 어떻게 우리의 힘겨루기를 줄여 주고, 또 어떻게 우리를 보다 친밀하게 해주는지를 알고는 기분이 흐뭇해졌다.

그러나 기너트(Ginott) 여사의 논평은 필자로 하여금 어떤 현실을 알게 해주었다. 그녀는 많은 사람들이 부모가 되는 것만으로도 충분한 것으로 생각한다는 사실을 필자에게 상기시켜 주었던 것이다. 어떤 사람들은 아이들을 양육하는 방법이란 꾸짖고, 벌주고, 아이들의 잘못을 지적하는 것이라고 믿을지도 모른다.

대부분의 부모들은 자신이 아이들에게 말하는 방식이 바로 아이들의 반응에 영향을 미친다는 사실에 대해서는 인정하지만, 아이들과의 대화에 있어서 기술이 필요하다는 것은 깨닫지 못하고 있다.

여러분이 지금까지 사용한 낡은 훈육방법을 새로운 방식으로 교체하는 작업은 매우 어려운 일이다. 당신에게는 비평하거나 도전하는 사람이 필요한 것이 아니라, 협력자가 필요한 것이다. 아이들이 큰 소리로 싸우기 시작할 때, 어떤 남편은 손을 휘두르면서 이렇게 말했다고 한다. "당신은 자녀양육에 관한 책들을 모두 읽었잖아. 그럼, 이럴 때 어떻게 해야 하는지를 당연히 알아야지. 왜 아이들을 제대로 키우지 못하는 거요?" 부인은 당황해서 어쩔줄을 몰랐다. 그녀는 형제자매간의 싸움에 내재되어 있는 역동성(dynamics)을 알고 있었기 때문에 아이들의 싸움에 개입하지 않으려고 노력하고 있었던 것이다. 그러나 어떻게 해야 남편을 설득시킬 수 있을 것인가?

많은 부모들이 바로 이 시점에 도달하게 된다. 그들이 새로 터득한 기술을 사용할 때, 배우자, 친척, 이웃, 선생님, 심지어 타인까지도 오해를 하거나 비평을 한다. 그렇게 되면, 아이들의 감정을 인정하고, 비평을 억제하며, 아이에게 자율성을 주고, 벌주는 대신 그 행동의 결과를 통해 경험하도록 하는 방법의 장점에 대해 다른 사람들에게 설교하고 싶을지도 모른다. 또한 자신이 연습하고 있는 일련의 모든 기술들을 일일이 열거해 보이고 싶을 것이다. 그럴 땐 당신은 이렇게 외치고 싶어할 것이다."좋아요, 그럼 저를 공격만 하지 말고 제가 하고 있는 일을 당신이 직접 해보는 게 어때요?"

자녀들의 생활에 관련된 많은 사람들은 다음과 같은 반응을 한다. 즉, 그들은 부모자녀간의 대화법을 배우는 것을 보고는 회의적으로 바라본다. 나는 이 책 전반에 걸쳐, 자녀들과 협력하는 방식에 관해 언급하였다. 만일 여러분이 그 일이 힘들다고 생각한다면 배우자나 친척 그리고 다른 사람들과 협력하는 것은 더욱 힘들다는 것을 알게 된다. 만일 여러분이 자신과 아이들을 위하여 다른 사람들과 협력하기를 바란다면, 여러분은 자신의 기술을 행동으로 증명함으로써 그들을 설득시킬 수 있다. 그러나, 여러분이 그들에게 설교하거나 그들의 방식으로 비평함으로써 변화시키고자 한다면, 그것은 다음의 영철이네 가족처럼 역효과만 가져오게 될 것이다.

저녁식사후, 아버지는 영철이에게 구구단을 외어보라고 하였다.영철이는 떠듬떠듬 불안하게 외우기 시작했는데, 갈수록 엉망으로 하자, 나머지 식구들은 은근히 불안해졌다.

아빠 : 영철아, 넌 구구단을 전혀 외우지 않았구나.
　　　당연히 미리 연습을 했어야지. 영호야, 네가 한 번 해 보렴.

영철이는 울음을 참으려고 참으려고 애쓸 뿐 아무 말도 하지 않았다. 다음날 아침 영철이 엄마는 그 문제를 다시 거론했다.

엄마 : 우린 전에도 이런 문제에 대해 이야기 했어요. 그렇잖아도 당신과 영철인 사이가 좋지 않은데, 어젯밤 당신은 영철이 에게 너무 심하게 하셨어요.

아빠 : 난 잘못한 것이 없는데.

엄마 : 당신은 가족들 앞에서 그 아이를 당황하게 했잖아요. 그리고 아이의 자존심을 상하게 했어요.

아빠 : 그래, 하지만 영철이는 미리 연습을 했어야만 했어.

엄마 : 아무도 영철이에게 그렇게 말할 순 없어요.

아빠 : 그렇게 말할 수 없다구? 내가 어렸을 땐, 아무도 나한테 미리 외우라고 한 적이 없었어.

엄마 : 그앤 당신이 아니잖아요. 당신이 그애와 좀 더 바람직하게 대화할 수 있는 방법에 대해 제가 얘기할 땐, 제발 제말을 좀 들으세요.

아빠 : 나의 대화 방법엔 아무 문제가 없는 것 같은데.

엄마 : 당신이 마음을 좀 넓게 갖고 부모교육과정을 수강하거나 제가 가지고 있는 책을 읽는다면 제 말을 이해하시게 될 거예요.

아빠 : 내가 시간이 없다는 건 당신이 더 잘 알잖아.

엄마 : 당신이 계속 이러시면, 아마 오랫동안 당신은 그애와 원수 처럼 지내게 될 거예요.

아빠 : 언제나 당신은 그 아이 편만 드는군. 도대체 어떻게 해야 잘 하는거요?

자신들이 막다른 골목에 다다른 것을 알았을 때, 영철이 엄마는 절

망감 속에서 포기하고 말았다. 이런 경우를 어떻게 해야 개선할 수 있을까? 여기서 영철이 엄마는 정확했다. 분명히 영철이 아빠는 아이를 당황하게 만들었던 것이다. 그러나 그녀는 남편이 아이에게 했던 것처럼 남편을 비평할 것이 아니라 협력을 구했어야만 했다.

유사한 상황에서 다른 사람은 보다 바람직한 방법으로 아내에게 접근했다.

엄마 : 안나야, 식탁을 깨끗이 닦아라.

안나 : 싫어요.

엄마 : 좋아, 너 식탁을 닦지 않으면 내일 밤 디저트는 없다.

한나(어린 동생) : 난 어제 얼마나 깨끗하게 닦았다구.

엄마 : 그래, 우리 한나가 제일 착하지. 안나야, 어서 이리와 닦지 못하겠니. 지금 당장 말이야.

아버지는 묵묵히 듣기만 하고 아무 내색도 하지 않았다.

안나 : 싫다니까요.

엄마 : 엄마 말 안들으면, 네 롤라스케이트를 압수할거야.

안나는 결국 식탁을 닦았지만, 뾰로통하고 원망어린 눈으로 엄마를 쳐다 보았다.

아이들이 방을 나간 후, 남편은 부인에게 다음과 같이 말했다.

아빠 : 여보, 당신이 싸움에서 이긴 것 같지만, 결국은 진거야.

엄마 : 하지만, 안나에게 식탁을 닦도록 했잖아요.

아빠 : 물론, 그랬지. 하지만 분명히 더 좋은 방법이 있었어.

엄마 : 제가 어떻게 해야 했는데요?

아빠 : 나 같으면 협박하지 않고 오히려 도움을 청했을거야. 싸움
　　　에서 대부분의 아이들처럼 안나도 그렇게 반응한 거야.

엄마 : 전 그렇게 말고는 어쩔 수가 없어요. 그앤 고집이 너무 세
　　　요.

아빠 : 다음에 당신은 잘할 수 있을거야. 나도 안나가 성질을 부
　　　린다는 것을 잘 알아. 그러나, 난 당신이 일전에 안나의
　　　협력을 구하는 것을 본 적이 있어.

엄마 : 당신 말이 옳은 것 같아요. 제가 일을 억지로 시키려고 했
　　　기 때문에 안나를 화나게 했어요. 제 기억에도 안나에게
　　　명령하는 대신 부탁을 했을 때, 덜 반항했던 것 같아요.

비록 남편은 부인이 아이를 다루는 방식에 찬성하지는 않았지만,
부인을 공격하지 않았다. 만일 부인을 비판하거나, 딸을 어떻게 다루
어야만 하는가에 대해 말했다면, 부인은 오직 방어적으로 반응했을
것이다. 여기서 남편은 아이들에게 사용하기 위해 배운 기술을 부인
에게도 사용하였다. 즉, 그는 비판을 억제하고 칭찬을 했던 것이다.
또한 부인이 딸을 앞으로 다르게 다룰 수 있을 것이라는 신뢰감을
나타냈다(다음 번에 당신이 잘할 수 있으리라 믿어). 그는 안나의 행
동으로 인한 부인의 좌절감을 인정해 주었다(안나가 고집이 세다는
것은 나도 잘 알아). 그리고 부인의 잘못을 가볍게 지적하였다(여보,
당신이 싸움에서 이긴 것 같지만, 결국은 진거야). 또한 그는 아이들
이 방을 나간 후에 부인에게 말할 정도로 세심한 배려를 했다. 우리
가 불가피하게 아이들의 잘못된 행동에 대해 다루어야 할 경우, 아이

들 앞에서는 서로를 공격하지 않는 것이 중요하다.

아빠 : (고함치며) 이것 좀 봐, 거실이 온통 점토투성이야.
　　　애들이 카페트에도 묻혔고, 벽에도 붙여 놓았구만.
엄마 : 여보, 제가 배운 새로운 기술을 한 번 써보지 그래요.
아빠 : 어떻게 하는데?
엄마 : 명령하지 말고, 사실을 말하세요. 있는 그대로 말이예요.
아빠 : 있는 그대로 말하라구?
엄마 : 이를테면, "점토가 카페트와 벽에 묻어 있구나. 깨끗하게
　　　닦아야겠는걸"하고 말하는 거지요.
아빠 : 뭐라구? 그랬다가 아이들이 닦을 때, 소맷자락으로 벽을
　　　문지르면 어떻게 하라구?
엄마 : (상냥하게) 그럴땐 이렇게 말하는 거예요. "저런 너희들 옷
　　　에 점토가 묻었구나. 옷에 묻히지 않고 점토를 떼낼 수 있
　　　는 좋은 방법이 없을까?"
아빠 : 그거 괜찮은데! 당신이 한 번 해보구려.
엄마 : (웃으면서) 좋아요. 절 따라 와서 보세요.

거실로 가서 부인은 "카페트와 벽에 묻어 있는 점토를 닦아야 겠는
걸"하고 조용히 말했다. 아이들은 깨끗이 닦기 시작했다. 부인은 의기
양양하게 남편을 바라보았다. 아내는 아이를 다루는 데 능숙했는지
모르지만, 남편을 다루는 데 있어서는 그만큼 능숙하지 못했다. 아내
의 우쭐한 태도는 남편에게 저항감을 주었다. 부인은 남편에게 협력
을 구하는 대신 자신의 유능함과 남편의 서투름을 강조함으로써 남

편으로 하여금 열등감을 느끼게 했다. 아내가 잘난체했기 때문에 그
들은 함께 협력할 수 없었던 것이다.

당신이 새로운 기술을 시도하고자 할 때, 배우자가 "당신이 전문가
니까 당신이 하세요"라고 말할 경우, 상대방을 방관자로 만들지 않고
서도 반응할 수 있는 몇 가지 방법이 있다.

"저도 모든 문제를 해결할 능력이 있었으면 좋겠어요."

"예, 저도 많은 책을 읽었지만, 당신의 도움이 정말로 필요해요."

"이것을 읽고, 당신이 어떻게 생각하는지 말해주시겠어요?"

"어떻게 해야 할지 알았으면 좋겠는데, 항상 그렇지 못해요."

만일 배우자가 자녀양육에 관해 당신과 일치된 태도를 갖기를 원
한다면, 당신은 곤란에 처하게 될 것이다. 왜냐하면, 우리는 각자 서
로 다른 사람이기 때문이다. 여러분은 서로 양육방법이 다른 부모밑
에서 성장했다. 그래서 모든 사람은 자신과 아이들에 대하여 서로 다
른 기대를 가지게 된다. 아이들이 어질러 놓는 방을 보고, 당신의 배
우자는 화가 날 수도 있지만, 당신에게는 그것이 그렇게 성가신 일이
아닐 수도 있다. 여러분 각자는 장단점을 가지고 있다. 그래서 각자에
게 무엇이 실제로 중요한가를 밝혀 서로 타협할 준비를 해야 한다.

그러나, 여러분은 서로의 차이점을 공동의 이익을 위해 사용할 수
있다. 만일 여러분 가운데 아침에 아이들이 늦잠자는 문제에 대해 한
사람은 매우 엄격하고 다른 사람은 그렇지 않다면, 이때 덜 엄격한
부모가 그 문제를 잘 다루며, 염려를 덜 하는 부모가 아이의 행동을
관망하여 그 문제를 보다 잘 다룰 수 있다는 사실에 동의할 수 있을
것이다.

여러분은 모든 면에서 배우자와 항상 일치하지 않고서도 협력자가

될 수 있다. 부모란 항상 일관된 태도를 보여야만 한다는 통념을 받아들일 필요는 없다. 실생활에서 전적으로 일치하기란 불가능하다. 왜냐하면 우리는 서로 다를 뿐만 아니라, 자신의 마음과 감정이 자주 변화하기 때문이다.

아이들은 부모가 다양한 정서와 시각을 가지고 있다는 것을 알 때 유익하다. 그러나, 당신은 아이들이 각개전술(만일 엄마가 안 된다고 하면, 아빠에게 부탁해보자)을 완전히 터득하지 않도록 하기 위해서라도 어느 정도 명료한 의견일치를 볼 필요가 있다. 우리는 아이들 앞에서 서로를 반박하거나 상대방을 깎아내리기를 원하지는 않는다. 그러므로 아이들이 없는 자리에서 서로의 차이점을 조정하도록 해야 한다.

이 책은, 우리가 말하고 행동하는 방법에 따라 아이들의 반응이 결정된다는 전제를 기초로 하고 있다. 이것은 성인에게도 똑같이 적용된다. 만일 당신이 다른 사람의 결점을 비난하는 대신 협력할 수 있도록 격려하는 말을 사용한다면, 여러분이 원하는 반응을 이끌어내기가 훨씬 쉬울 것이다. 만일 당신이 아이들의 생활에 있어 중요한 역할을 하는 배우자, 조부모, 선생님이나 그 밖의 다른 사람에게 이러한 방법을 적용한다면, 당신은 귀중한 도움을 줄 협력자를 얻게 될 것이다.

여러분이 새로운 기술을 행함에 따라, 매일 함께 생활하는 사람들은 당신의 행동의 변화를 보게 될 것이다. 그들은 당신이 사용하는 새로운 기술에 반대하거나 저항감을 나타낼 수도 있다. 당신이 할 수 있는 일은 본보기를 보여서 결국 그들이 당신을 모방하도록 하는 것이다.

그러나 그럴 때 당신은 무엇을 할 수 있는가? 남편이 아들을 호되게 꾸짖거나 시어머니가 딸아이의 옷차림을 나무랄 때 당신이 할 수 있는 일이란 무엇인가? 여러 가지가 있을 수 있겠지만, 당신이 할 수 있는 최상의 일은 그 상황에서 잠시 벗어나는 것이다. 당신은 어느 누구의 편도 들고 싶지 않을 것이다. 당신은 나중에 그들 각자가 느끼는 바를 이해한다고 그들에게 개별적으로 말할 수 있다.

다롱이 할머니는 쉴새 없이 명령을 하곤 했다.

"그 위에 올라가지 마라, 떨어질라…"

"조심해, 그러다가 다칠라…"

"그렇게 하지마, 탁자에 홈집이 생겨…"

할머니 명령에 대해 "아니에요, 전 그렇지 않아요"라는 다롱이의 반응은, 두 사람 사이만 악화시킬 뿐이었다. 엄마는 다롱이가 할머니와 같이 있으면 불편해 하는 것을 볼 때마다 괴로웠지만, 자칫 그들 두 사람이 반목하게 될지도 모르는 방법으로 개입하고 싶지 않았다. 신중히 생각한 끝에, 할머니가 멀리 떨어져 계신 것을 틈타 엄마는 이를 닦고 있는 아들에게 말했다.

엄마 : 할머니께서 사사건건 이래라 저래라 하시니까 무척 힘들지?

다롱 : 예.

엄마 : 그런데 할머니가 그러시는 이유를 엄만 알 것 같구나.

다롱 : 왜 그러시는데요?

엄마 : 할머니께선 너를 네살 이전에만 보셨기 때문에, 네가 떨어지지 않고도 침대에 서 있을 수 있고, 다치지 않고 침대에 뛰어 오를 수 있으며, 주스를 흘리지 않고 따를 수 있다는

것을 모르셔. 할머니께서는 이제 네가 의젓하게 컸다는 것
을 모르시는 거란다.

"엄만 혈육인 절 믿으세요. 아니면 남남인 아빠를 믿으세요?"

다롱이는 아무 말도 하지 않았지만 엄마의 말을 경청하고 있는 듯
했다.

다음날 할머니께서는 마치 다롱엄마에게 보고라도 하는 듯이 기분
좋아하셨다. "다롱이가 방금 나더러 제놈에 대해 그렇게 염려할 필요
가 없다고 그러는구나. 글쎄 그 녀석이 그러는데, 이젠 네놈도 다섯
살이니까 더이상 무엇을 해라 어쩌라 말하지 않아도 된다는 게야."

그로부터 며칠이 지나서, 엄마는 다롱이가 다음과 같이 말하는 것을 여러 번 들었다. "걱정마세요, 할머니. 전 떨어지지 않아요. 저더러 이래라 저래라 하지 않으셔도 돼요." 이런 변화는 다롱이 엄마가 할머니와 아이를 비평하지 않았기 때문에 이루어진 것이다. 다롱이에게 이야기하면서 엄마는 자신이 아들 편이라는 것을 보여 주었으며 또한 아들이 스스로에 대해 좋은 감정을 가질 수 있도록 도와 주었던 것이다.

만일 "제발 그렇게 뛰어다니지마. 껑충껑충 뛰지마. 할머니곁에선 얌전히 있어야지."라고 말했다면, 다롱이는 자신이 심한 야단을 맞았다고 여겼을 것이다. 즉, 엄마까지도 할머니와 한 편이 되어 자신을 못살게 군다고 생각했을 것이다. 그러나 그러는 대신, 엄마는 아들이 유능하다고 느끼게끔 도와줌으로써 할머니에게 보다 잘 반응할 수 있게 한 것이다. 그리고 할머니는 손자의 의견을 기분좋게 받아들일 수 있었고 자신의 명령을 줄일 수 있었던 것이다.

때로는 당신이 다롱이 엄마처럼 아이들에게 개인적으로 말할 기회를 갖지 못할 수도 있다. 당신이 어쩔도리없이 그들 중간에 끼게 되는데, 그러나(그럴 경우에서도) 당신은 한 쪽을 나무라거나 사태를 악화시키지 않을 수 있다.

할아버지와 일요일 저녁식사를 함께 하게 되었다. 고양이가 식탁 위로 뛰어 올라오자, 할아버지께서 "안돼"라고 소리치면서 고양이를 철썩 때렸다. 그러자, 미자가 울기 시작했다. "싫어요, 할아버지. 제 고양이를 때리지 마세요." 아버지는 미자의 편을 들 수도 할아버지의 편을 들 수도 없었다.

그러나 그 상황을 중재해야만 했다. 아버지는 아주 능숙하게 행동했다. 즉, "저희들은 고양이를 때리지 않아요. 고양이를 내려 놓고는 호되게 야단치죠. '여기 올라오면 안돼'라고 말이에요." 그 후 고양이가 식탁 위로 또 뛰어 올라왔다. 할아버지께서는 아무 말씀도 하지 않으셨다. 미자는 눈을 휘둥그렇게 뜨고 할아버지와 아빠를 번갈아 쳐다보았다. 아버지는 고양이를 붙잡아서 바닥에 내려놓으며 "여기 올라오면 안돼."라고 말했다

자녀양육에 관한 생각이 우리와 다른 조부모와 친척들과 아이들간에 개입하지 않기란 어렵다. 우리는 아이들의 편을 들어주고 싶지만 동시에 어른들과 멀어지고 싶지도 않다. 애란이 할머니께서 손녀의 옷차림에 대해 불만을 얘기하자, 엄마는 할머니의 감정을 순순히 받아들였다.

엄마 : 어머니께선 애란이가 청바지나 자루같은 스웨터를 입지 말았으면 하시는 거죠? 애란이가 치마를 입었을 때 만큼 여자다워 보인 적은 없다고 생각하시는 거죠?

할머니 : 그래, 치마를 입었을 때는 정말 숙녀처럼 보이더라.

엄마 : 어머님 생각은 잘 알아요. 하지만 전, 자기자신의 일은 아이 스스로 결정하도록 하는 것이 중요하다고 생각해요. 그래서 전 애란이가 옷을 스스로 고르도록 놔두고 있어요.

선생님은 아이들의 생활에서 중요한 부분을 차지하기 때문에 당신의 협력자로서 도움을 구할 수 있다. 그런데 불행하게도 많은 부모와 교사는 서로 대립적이다. 어떤 교사는 "내 자신이 부모가 되기 전까지, 반아이들이 잘못을 저지르면, 전 그 아이의 부모를 비난했어요"라

고 말했다.

필자는 일반적으로 부모들이 학부모회의에 참석하면 거기서 교사들이 아이들을 비평한다는 말을 여러 번 들었다. 부모들이 워크숍에 와서는 아이들과 선생님에 대해 화를 내고, 결국은 자신이 부모로서 부족했다는 느낌을 갖는다고 말했다.

많은 교사들은 헌신적이며 좋은 의도를 갖고 있지만, 자신들이 부모들에게 미치는 영향에 대해서는 잘 깨닫지 못한다. 특히, 자신들이 아이들에 관해 부정적인 면을 말할 때 미치는 영향에 대해서는 더욱 그렇다. 부모는 자녀의 선생님에게 좋은 말을 듣고 싶어한다. 그래서 앨렌 갤린스키(Ellen Galinsky)는 「Between Generation」라는 저서에서 다음과 같이 썼다.

부모들은 자녀의 생활과 관련된 다른 사람에게서 직접적이든 간접적이든간에 "부모로서 내가 어떻게 해왔는가"에 대한 판단에 신경을 쓴다. "전 유아원의 처음 몇 달을 기억해요."라고 세살 난 아이의 어머니가 이렇게 얘기를 시작한 적이 있다. "저는 아이를 잘 키웠다는 칭찬을 듣고 싶었어요. 선생님으로부터 100점짜리 엄마라는 칭찬을 받고 싶었지만, 어느날 학교에 선생님을 찾아갔을 때, 선생님이 제게 칭찬을 하리라고 생각했는데 그러지 않더군요. 그래서 마음이 상했어요."

선생님은 아이의 잘못에만 신경을 쓰고 잘한 점은 말하지 않음으로써 부모를 비참하게 만들고, 부모에 대한 편견을 가지는 경우도 많이 있다.

부모의 예민함을 잘 아는 교사들은 솔직하게 다음과 같이 묻는다.

"아이들의 문제행동에 대해 제가 그 부모에게 어떻게 말할 수 있겠어요?" 교사는 아이가 단정치 못한 아이, 부주의한 아이, 노력을 하지 않는 아이라는 것과 같은 별병(label)을 붙이는 대신 다음과 같이 말할 수 있다.

"영철이에게 소리를 지르지 말고 손을 들어야 한다고 말해주세요."

"종일이는 가끔 안절부절 하고 얌전히 앉아 있는 것을 힘들어해요. 하지만 이 문제는 우리가 함께 해결하려고 노력하고 있어요."

"철수에게는 다른 아이를 때리거나 다른 아이의 물건을 빼앗지말고 말로 할 수 있도록 지도해 주셨으면 좋겠어요."

병훈이의 선생님은 아이들에게 "칠칠이", "말썽쟁이"라는 별명을 붙여 주었다. 5살 때는 모든 아이들이 그럴 수 있는데도 말이다. 선생님은 병훈이 엄마에게 학교에 오라고 전화를 했고 엄마는 무슨 말을 듣게 될까 두려웠다. 엄마는 재빨리 자신을 방어할까도 생각해 보았지만 아들을 위해서 선생님과 협력해야만 한다고 생각했다. 면담이 시작되면서, 병훈엄마는 아들의 좋은 점에 관해 묻는 것으로 말을 시작하기로 마음먹었다. 선생님은 성의껏 보고를 해주었는데, 그러나 그때마다 '산만하다', '철부지 같다'는 부정적인 말들이 쏟아져 나왔다.

꼬리표라는 것은 주관적이며 부정확하고 오해의 여지가 있다. 그것들은 아이에게 아교처럼 달라붙게 되고, 부모들은 그것을 좀처럼 잊지 못한다. 병훈엄마는 교사의 무관심한 말에 대해 방어하거나 비판하지도 않았다. 오히려 워크숍에서 배운대로, 즉 아이의 성격을 평가하는 대신 아이의 행동을 묘사하도록 선생님에게 부탁했다. 어머니는 선생님에게 어떤 점에서 아이가 철이 없는지 그 구체적인 실례들을 물어 보았다. 선생님은 다음과 같이 구체적인 예를 들었다. "특활시간에 다른 아이들은 조용히 앉아 있는데, 병훈이는 쉴새없이 껑충껑충 뛰어다녀요." 일단 구체적인 실례들이 열거되자, 엄마와 교사는 아이에게 도움이 될 실질적인 해결책 -가령, 아이가 조용히 앉아 있을 때마다 칭찬을 해주는 것- 을 논의하기 시작했다. 면담을 끝냈을 때, 선생님과 엄마는 협력자가 되었다. 다음날 엄마는 감사의 편지를 보냄으로써 협력관계를 한층 강화하였다.

선생님께서 병훈에게 자신감을 심어주고, 좋은 행동을 격려함으로써 병훈이의 긍정적인 면을 강조해 주시니 매우 기쁩니다. 어제 선생님께서 시간을 내주셔서 정말 감사했습니다. 앞으로 의논할 일이 있거나 제가 도와드릴 일이 있으시면 연락을 주십시오. 다시 한 번 명훈이에 대한 선생님의 관심에 깊은 감사를 드립니다.

나중에 선생님은 병훈이 엄마에게 자신은 대체적으로 부모들로부터 불평만을 들어왔기 때문에 그 편지를 받고는 정말 기뻤다고 말했다.

부모와 교사간의 보다 나은 협력관계를 촉진시키는 하나의 방법은 학교에서의 면담에 아이를 참석시키는 것이다. 아이가 참석하면, 교사는 아무래도 부정적인 명칭을 덜 사용하게 될 것이다. 아이에 관해 이야기하는 것이 아니라 아이에게 직접 말할 수 있게 된다. 결국 자신의 행동을 고칠 수 있는 사람은 바로 그 아이 자신이기 때문이다.

중학교 1학년인 두남이가 너무 자주 지각을 해서 선생님은 두남이 엄마에게 전화를 걸어 면담을 요청했다. 선생님은 어머니에게 출석부를 보여 주면서 두남이가 일주일에 평균 두 번은 지각을 한다고 알려 주었다.

엄마 : 제 생각엔 이 문제에 대해 저보다는 선생님께서 두남이에
　　　 게 직접 말씀을 해주시는 것이 좋겠는데요.
선생님 : 좋은 생각입니다. 그럼 제가 두남이를 교실에서 불러오죠.

두남이가 오자, 엄마는 가능한 한 말을 적게 하려고 노력했다.
왜냐하면 이 문제는 두남이 자신이 해결해야 한다고 여겼기 때문이
다. 아이와 선생님은 지각하게 되는 이유에 대해 말한 후, 엄마와 셋
이서 두남이가 제시간에 등교할 수 있는 계획을 세웠다. 두남이가 나
가자 어머니는 선생님에게 이렇게 말했다. "두남이를 불러와 스스로
해결책을 찾도록 도와주셔서 감사합니다. 선생님께서 그 문제를 직접
말씀하신 것이 두남이에게 제가 어떤 잔소리를 하는 것 보다도 더
강한 인상을 주었을 거예요."

아이가 고학년이 될수록 학교에서의 면담에 아이를 참여시키는 일
은 매우 중요하다. 나는 약 국민학교 3학년 정도부터는 아이에게 직
접 말하는 것이 바람직하다고 생각한다. 예를 들면, 만일 부모가 혼자
서 선생님을 만나 "미영이가 숙제를 전혀 해오지 않는군요"라는 말을
듣게 되면, 우리는 집으로 돌아와 아이에게 그 말을 전할 것이다.

아이는 선생님과 엄마가 한 편이 되어 자신을 공격한다고 느낄지
도 모른다. 아이는 "그건 사실이 아니예요"라고 항의할 것이다. 이때
우리가 무엇을 말할 수 있겠는가? 또한 선생님과 아이 중 누구를 믿
어야 하는가?

행동을 변화시킬 수 있는 사람은 바로 아이 자신이므로 아이가 선
생님의 말을 직접 듣고 반응하게 할 필요가 있다. 많은 선생님들에게
는 아이를 면담에 참석시켜야 한다는 것이 어렵고 곤란한 것처럼 보

일지도 모른다. 그러나, 시도해 본 사람들은 아이를 문제 해결하는 데 참여시키는 것이 바람직하고 효과적인 방법이라는 것을 알게 된다.

12살 된 수철이는 체육과목에서 낙제점수를 받자 충격을 받았다.

수철 : 맙소사, 체육선생님이 시키는대로 다했는데, 선생님은 점수를 잘 안주셨어요. 전 체육이 싫어요. 하지만 선생님께서 낙제점수를 주리라고는 꿈에도 생각치 못 했어요.

수철엄마는 아들의 말을 듣고 함께 체육선생님을 만나자고 제안했다. 며칠후 그들은 함께 만났다.

엄마 : 수철이와 관계된 일이라서 아이와 함께 와야 한다고 생각했어요.

체육선생님은 처음엔 불편해 했지만, 수철엄마는 다음과 같이 말함으로써 선생님을 설득하였다. "수철이는 낙제점수를 받은 데에 대해 의아해하고 있어요. 그래서 전 선생님께서 아이에게 설명을 해주셨으면 해요. 사실 그 문제에 대해서는 저보다는 아이가 훨씬 더 많이 알고 있거든요." 처음에 선생님은 수철이를 무시하고 엄마에게 말했다. 그는 학교규칙에 대한 장황한 설명을 늘어놓기 시작하면서 채점기준을 설명하고, 체육과목을 이수하기 위해 학생이 지켜야 할 사항들을 '자신의 소관사항이 아니다'라고 주장하였다.

엄마 : 어떤 일들은 선생님의 권한 밖의 일이라는 것을 저도 알아요. 하지만 이 상황에서 수철이를 도울 수 있는 방법이 있는지를 생각해 주셨으면 좋겠습니다.

선생님 : 네, 옳으신 말씀입니다.

엄마 : 이 문제에 대해 수철이는 어떻게 생각하는지 알아보는 게
　　　어떨까요?

수철 : 전 노력을 했다고 생각해요. 하지만 제가 정말 싫어하는 종
　　　목이 몇 개 있어요.

선생님 : 좋아. 네가 노력을 했다는 것은 중요해. 하지만 넌 수업을
　　　너무 빼먹었기 때문에 낙제점수를 받은거야.

수철 : 그래서 낙제점수를 주신 거예요? 하지만 전 학교 연극부원
　　　이어서 며칠동안 총연습을 하느라고 수업을 들어갈 수가
　　　없었어요.

선생님 : 넌 내게 미리 얘기하지도 않았어.

엄마 : 수철이는 체육과목 때문에 학년진급을 하지 못하게 될까봐
　　　걱정하고 있어요.

선생님 : 자, 수철아. 그럼 분명히 우리는 이 문제를 해결할 수 있
　　　겠구나. 연극공연이 끝나면 네가 빠진 수업을 보충하도록
　　　해주마. 오후 보충학습을 위해 내가 짬을 내도록 하마.

수철 : 감사합니다. 선생님, 열심히 하겠습니다.

　수철이 엄마는 몇 가지 기술을 사용하였다. 첫째로, 아들을 선생님
과의 면담에 데리고 갔다. 체육교사가 불편해하긴 했지만 능숙하게
아들을 참여시키도록 권장했다. 그 다음 그녀는 면담이 "규칙"이라는
문제에만 얽매이지 않도록 했다. 체육교사를 비판하지 않으면서도 문
제의 핵심을 유지했다. 아들이 스스로 어떻게 생각하는지를 말하게
하자고 제안함으로써 그 면담이 아들에게 향하도록 했다. 왜냐하면

그것은 아이 자신의 문제였기 때문이다. 어머니가 중재자가 아닌 방관자로 있는 동안 수철이와 선생님은 서로 대화를 나누며 자신들의 오해를 풀었다.

아이들의 생활에 관련된 다른 사람들은 어려운 상황에서 아이를 도와달라고 요청할 때에만 협력자로서 참여한다. 6살 된 정희는 치과에 가야만 했다. 아이는 도중에서 칭얼거리며 엄마를 괴롭혔다. 그들이 치과에 도착하는 순간 아이는 긴장했다. 엄마는 미리 단단히 각오했다. 그들이 한참을 기다리고 나서야 마침내 의사를 만날 수 있었다. 의사는 아이에게 퉁명스럽게 다음과 같이 말했다.

의사 : 자, 어서 이 의자로 올라와서 가만히 앉아 있어라.
　　　 이건 아프지 않아.

정희는 의자에서 몸을 움직였다.

의사 : 자, 가만. 입을 크게 벌려.

정희는 의사의 치료기구가 가까이 다가오자 입을 꽉 다물어 버렸다. 엄마는 사태가 점점 악화되는 것을 볼 수 있었다.

엄마 : 선생님, 정희는 겁을 먹고 있어요. 제가 보기에 선생님께서 좀 서두르시는 것 같아요. 선생님께서 무엇을 하시려는지 아이에게 미리 말씀해 주시면 일이 훨씬 수월해질 것 같은 데요. 정희는 선생님이 무엇을 할 것인지를 알면, 선생님께 잘 협조해 드릴 수 있을거예요.

의사는 고개를 끄덕였다. 의사의 어조는 부드러워졌다. 그는 정희에

게 자신이 사용하려는 기구들을 보여주면서 무엇을 할 것인지에 대
해 설명해 주었다. 아이는 눈에 띄게 편안해했다. 치료가 끝나자 의사
는 정희에게 "매우 협조적인 꼬마 아가씨"였다고 칭찬해 주었다.

모든 사람들이 다음의 소아과 의사처럼 능숙하게 아이들을 다룰
수 있다면 얼마나 좋겠는가 !

8살 된 송희는 목이 아팠지만 병원에 가는 것이 무서워 엄마에게
의사 선생님한테 가지말자고 했다. 이윽고 병원에 도착하자 송희는
엉엉 울기 시작했다. 하지만 의사는 강제로 아이의 입을 벌리게 하지
않고 오히려 부드럽게 말했다.

의사 : 송희야, 너 몹시 겁이 나는 모양이구나.
　　　　하지만 아저씨는 세계에서 제일 안 아프게 치료하는 의사
　　　　란다. 자, 한 번만 아저씨를 믿고 입을 벌려봐. 만일 아프게하
　　　　면 다시 벌리지 않아도 돼.
송희 : (울음을 그치며) 좋아요.
의사 : 옳지, 넌 앉아서 치료를 받아도 되고, 누워서 받아도 돼. 그
　　　　리고 눈은 뜨고 있어도 되지만, 정 겁이 나면 눈을 감으렴.

의사는 송희에게 선택을 하게 함으로써 아이가 겁먹지 않고 치료
를 받을 수 있도록 해주었다. 아이는 앉아서 눈을 감았다. 치료는 아
주 빨리 그리고 평화스럽게 끝났다. 의사는 약을 처방해 주면서 송희
가 알약과 물약 중 하나를 선택하도록 해주었다. 송희는 깜짝 놀랐다.
여태껏 치료받은 의사선생님 중 자신의 의견을 물어 본 것은 이번이
처음이었기 때문이다. 어머니는 의사 선생님에게 "선생님 덕분에 악

몽같은 치료가 오히려 즐거운 일이 되었어요"라고 말했다. 병원을 나
서며 송희는 엄마에게 "다음 번에 또 아프면 이 아저씨한테 올거야"
라고 말했다.

우리가 다른 사람들과 함께 있을 때, 우리는 아이들이 가정교육을
잘 받은 아이처럼 행동하도록 압력을 가하고 싶어진다. 어떤 아이들
은 부모의 압력을 느끼고서는 "부모의 꼭두각시가 아니다"라는 것을
증명하기 위해 반대로 행동할지도 모른다. 이것은 우리를 더욱 당황
하게 만든다. 우리는 다른 사람의 시선을 받게 되면, 자기 생각대로
행동하기가 어렵다. 특히 누군가 우리의 행동을 판단하고 있다고 느
낄 때는 더욱 그렇다. 다른 사람들이 직접 우리에게 말하거나 아니면
그들의 시선을 통해 우리는 "당신 아이는 가정교육이 엉망이군요. 당
신은 왜 아이 하나 제대로 다루지 못해요?"라는 말을 듣게 된다. 이
런 곤경에 빠질 때 다른 사람에게 신경을 쓰기 보다는 아이들이 더
소중하다는 것을 안다면, 우리는 보다 쉽게 아이들의 욕구에 주의를
기울일 수 있을 것이다.

동수와 엄마가 엘리베이터를 탔을 때, 한 뚱뚱한 남자가 서 있었다.
만약, 아래의 동수처럼 다른 사람에게 곤혹스러운 질문을 하게 되면
당신은 분명 당황할 것이다.

동수 : 아저씨는 왜 그렇게 뚱뚱해요?
엄마 : (깜짝 놀라서) 동수야!
아저씨 : 난 사탕을 너무 많이 먹어서 그렇단다.

엘리베이터에 타고 있는 동안 동수와 아저씨는 사탕에 대한 이야

기를 즐겁게 했고, 헤어지기를 진심으로 아쉬워했다. 어린 아이들이란 좀처럼 다른 사람의 눈치를 살피지 않는다. 아이들은 호기심이 무척 강해 거침없이 말을 한다(그래서 어떤 어머니는 "전 아이가 분별 있게 말을 했으면 좋겠어요"라고 말한다). 다행히도 그 아저씨는 동수의 눈치없음을 이해해 주었다. 그가 동수의 말에 화를 냈다면, 어머니가 그 상황에서 할 수 있는 일이란 아무 것도 없었을 것이다. 다만, 나중에 다음과 같이 말해야만 했을 것이다. "동수야, 네가 그 아저씨의 기분을 상하게 하려고 한 것이 아니라는 것을 잘 알아. 하지만, 사람들의 외모에 대해 큰소리로 말하면 그 사람의 기분을 상하게 할 수 있어." 우리는 아이들이 다른 사람에게 공손하고 사려깊게 행동할 수 있도록 가르쳐야 한다. 그러나 여러 사람 앞에서 아이의 잘못을 지적함으로써 아이에게 창피를 주어서도 안 된다. 이와 같은 상황에서 우리는 소중한 아이의 감정을 돌볼 필요가 있음을 기억하는 것이 중요하다.

정준엄마는 공원에서 잠시 아이를 이웃 사람에게 맡겨 놓고는 자전거를 가지러 집에 갔다. 자전거를 가지고 돌아왔을 때, 4살 된 정준이는 엄마에게 달려와 울음을 터뜨렸다. 아이는 울먹이면서 자기가 다른 아이를 다치게 했다고 말했다. 엄마는 아이를 껴안고, 아이가 자초지종을 말할 수 있을 때까지 머리를 쓰다듬어 주었다.

정준 : 내가 막대기를 가지고 놀다가 다른 애 눈을 찔렀어요. 눈이 다치지는 않았지만 상처가 났어요. 피가 나진 않았지만 그래도 내가 정말 나빴어요. 난 그럴려고 한 것이 아닌데 앙앙앙… 엄마아!

아이는 다시 서럽게 울기 시작했다.

엄마 : 저런, 그랬었구나. 하지만 엄만 네가 나쁜 아이가 아니라는
      것을 잘 알아. 자, 그 애가 괜찮은지 가보자.
      그 애가 어디 있지?

정준이는 여전히 울면서 자기가 놀던 곳으로 엄마를 데리고 갔다.
정준이 엄마는 그 아이가 자기 엄마품에 안겨 있는 것을 보았지만,
얼마나 심하게 다쳤는지 알 수가 없었다.

정준 : 엄마, 그애한테 내가 잘못했다고 말하고 싶어요. 하지만
      그 애 아빠가 날 보면 화를 낼 거예요. 저 아저씨예요.

그때 정준엄마는 큰 체구의 사람을 발견했다. 엄마는 금새 그 남자
가 정준이에게 거칠게 말함으로써 아이를 겁나게 했음을 짐작했다.

엄마 : 이걸 어쩌죠? 제 아들이 댁의 아이를 다치게 해서 정말 죄
      송합니다.

아기아버지 : 내 아들은 막대기를 얌전히 가지고 놀았는데,
           댁의 아이는 마치 칼처럼 휘두르더군요.

엄마 : 지금 두 아이 모두가 상처를 입었습니다. 댁의 아이는 눈을
      다쳤고, 제 아이는 마음의 상처를 입었죠.
      아이들은 우리가 자신들의 기분이 좋아지도록 도와 주기
      를 바랄거예요.

정준 : 잘못했어요. 하지만 다치게 하려고 일부러 그런 것은 아니
      예요.

정준이는 또 다시 울기 시작했다.

아기아버지 : 그래, 잘 알았다. 울지마라. 네가 일부러 다치게 하
려고 그런 것은 아닌줄 알아. 나도 널 너무 심하게
야단쳐서 미안하구나.

정준엄마는 낯선 사람과 용감하게 협상했다. 어떤 경우에는 아이들
과 관련된 사람이 잘 아는 사람이기 때문에 아이를 위해 개입하는
것을 주저하게 될지도 모른다. 우리가 잘 아는 사람과 맞선다는 것은
곤혹스러운 일이기 때문이다.

병애엄마는 "감정을 지나치게 표현하는" 이웃사람 때문에 난처한
경우를 당했는데, 그때의 상황을 다음과 같이 설명했다. "그녀는 언제
나 지나치게 친절해서 제 아이에 대한 감정을 노골적으로 나타내곤
했어요. 어느날 길거리에서 우리를 보자 우리에게로 달려와서 병애를
꼭 끌어 안았어요. 병애가 싫어한다는 것을 쉽게 알 수 있었지요. 저
는 몹시 당황했지만, 예의를 벗어나는 것이 두려워서 아무 말도 못했
어요.

병애엄마의 반응은, 대부분 우리가 젖어 있는 관습의 허점을 나타
내주는 것이다. 즉 어떻게 해서든지 남의 기분을 상하게 하지 않으려
는 것을 뜻한다(아이들은 이런 관습에 익숙하지가 않다). 엄마는 곤
혹스러워서 이웃사람의 감정을 상하게 하지는 않았지만 결국은 아이
의 기분을 상하게 했다. 엄마의 침묵은 병애에게 싫다는 내색을 다른
사람에게 해서는 안 된다는 뜻을 전달한 결과가 되었다. 엄마가 아무
말도 하지 않음으로써 무심코 딸에게 '착한아이'가 되기 위해서는
자신의 정당한 감정도 무시해야 한다는 것을 가르치게 된 것이다.

병애엄마가 그 이웃사람의 감정을 상하게 하지 않고 할 수 있는 말은 무엇이겠는가? 그녀는 다음과 같이 말할 수 있었을 것이다. "우리 병애는 누구든 물어보지도 않고 껴안으면 불편해 해요" 혹은 "안아주시기 전에 아이에게 먼저 물어 보셨으면 좋겠어요" 비록 병애엄마는 그 순간에 자신이 개입하지 못한 것이 괴로웠지만, 그 후에 이 사건을 통해서 아이에게 앞으로는 어떻게 대처해야 하는지를 가르칠 수 있었다.

그날 저녁,

엄마 : 그 아줌마가 널 껴안을 때 기분이 어땠니?

병애 : 싫었어요.

엄마 : 그러면 다음에 누가 널 껴안거나 뽀뽀하려고 할 때 싫으면 "절 껴안지 마세요. 싫어요."라고 말하렴.

당신은 아이에게 곤혹스런 상황에서 어떻게 행동해야 하는지를 알려줌으로써 그러한 상황에 대처하게 할 수 있다. 또한 아이에게 이렇게 말할 수도 있다. "누가 널 예쁘다고 뽀뽀하려고 할 때, 싫으면 그 사람에게 싫다고 말해." 부모가 아이들의 감정을 진지하게 받아들이면 아이들은 자신의 본능을 신뢰하게 되고, 외부세계와 대처하는 데 자신감을 갖게 된다.

여러분이 아이의 감정을 인정하고, 아이의 자아 존중감을 향상시키고, 자율성을 격려해줄 때, 외부세계는 당신과 의견이 같지 않다는 것을 상기해야만 한다. 한 번은 워크숍에서 어떤 아버지가 다음과 같이 질문을 했다.

"만일 아이가 자신의 감정을 인정하고 공감하는 부모에게 익숙해져 있다면, 다른 사람들과 어떻게 살아갈 수 있겠습니까? 대부분의 사람들은 아이에게 위와 같이 이야기하지는 않아요. 그러면 아이들이 그들과 어떻게 살아갈 수 있을까요?"

이러한 생각은 지극히 당연하다. 우리가 아이들을 이해하는 것만큼 외부세계가 그렇지 못하다는 것은 사실이다. 그러나, 나는 다음과 같은 사실을 굳게 믿는다. 즉, 긍정적으로 아이를 바라보고, 아이와 함께 기뻐하며, 아이가 지닌 특별한 점에 감사하는 단 한 사람이라도 아이의 생활에 함께 있다면, 그 아이는 정말로 행운아다.

한나엄마는 딸을 위해 그러한 역할을 해왔다. 심지어 딸이 잘못을 했을 때에도, 딸이 능력이 없다고 생각하기보다는 오히려 학습의 기회로서 여겼다. 한나가 처음으로 수영을 하러 가서 몇 시간 뒤에도 뜨지 못했을 때, 지도교사는 "저런, 머리를 집어 넣어야지. 넌 그렇게 하면 평생 수영을 못 배울거야."라고 말했다. 한나는 처음엔 낙담했지만 포기하는 대신 엄마에게 이렇게 말했다. "엄마, 다시 잘 할거야. 머리를 물에 넣으면 뜬다니! 정말 신기해!"

한나와 같이 자기 생활을 공감해 주는 사람이 있는 아이는 선생님이나 동료나 친척들로부터의 부정적인 비평을 들었을 때 영향을 덜 받는다. 왜냐하면 이런 아이는 자신을 아주 유능하다고 생각하기 때문이다. 다른 사람으로부터 비평을 들을 때, 이런 아이는 "나의 잘못한 행동에 대해 말하는 것이지 날 비평하는 것이 아니야"라고 말할 것이다.

제 10 장

늦었다고 생각할 때가 가장 빠르다 :
당신에게는 항상 또 다른 기회가 있다

진구엄마는 9살 된 아들의 옷을 항상 자신이 골라 주었다. 어느날 아들의 새 잠바를 사기위해 하루종일 시간을 허비했다. 그러나 아들이 낡은 빨간색 잠바를 더 좋아하고 새로 산 잠바를 입지 않으려고 하자, 비로소 아들이 외모에 얼마나 신경을 쓰는지 처음으로 알게 되었다. 그 사건은 진구엄마에게 있어서 하나의 전환점이 되었다. 그래서 그 이후에 엄마는 아들 스스로 옷을 고르도록 허락했다. 그때부터 진구엄마는 아들에게 자율성을 부여하는 것에 자신감이 생기게 되었다고 워크숍에서 다른 사람에게 말하였다. 진구엄마는 여러 가지 생활면에서 선택할 수 있는 기회를 많이 줄수록, 아들이 보다 협조적이고 자신감을 보였다고 말했다.

진구엄마는 점차 아들의 행동에 대해 자동적인 반응을 억제하게 되었다. 즉, 충동적으로 반응하는 대신에 사려깊게 반응했다. 엄마는 아들의 잘못을 지적하지 않고, 아들의 잘못된 행동으로 인한 자신의 분노와 노여움을 말로 표현하기 위해 노력하게 되었다. 아들에게 별명을 붙이거나 비평하는 대신 자신의 감정을 말로 나타냈다. ("엄마는 네가… 할 때 화가 난단다.")

진구엄마는 자신의 과거 양육방식이 아무 소용없다는 것을 알게 되면서 다음과 같은 여러 가지 새로운 대안을 취하게 되었다. "제가 아들에게 설교하고, 비난하고, 달래거나 위협하고 싶을 때, 자신에게 '잠깐 기다려, 그렇게 할 필요가 없어. 문제를 해결하는 데 아들을 참여시키거나 상황을 바로 잡기 위해 취해야 할 행동을 말해주자. 아들에게 벌주지 말고 스스로 행동의 결과를 알게 해주자.'라고 다짐한답니다. 그래서 아들이 화를 내거나 불평할 때 저는 문제를 일으켰다고 비난하거나 아들이 잘못했다고 가정하거나 기분을 상하게 하는 대신 아들이 느끼는 감정을 인정해 주고 아들의 말에 더욱 귀를 기울이게 되었죠. 그래서 지금 이 새로운 기술을 배운 덕택에 우리 집이 얼마나 평화스러워졌는지 몰라요. 이건 정말 상상조차 못했던 일이예요."

진구엄마는 자신의 성공담을 끝내면서 밝게 미소지었다. 그러나 일주일 후 진구엄마는 풀이 죽어서 워크숍에 왔다. "이번 주엔 정말 죽을 지경이었어요. 모든 일이 멋지게 잘 되어가고 있었어요. 저는 아이가 잘 할 때마다 빠짐없이 칭찬해 주었어요. 비평하는 말은 전혀 하지 않았어요. 그런데 화요일에 아들이 절 화나게 했어요. 할머니의 꽃병을 깨뜨려 버렸던 거예요. 값비싼 것은 아니었지만 전 무척 화가 나더군요. 그런데 설상가상으로 아들은 그 사실을 감추려고 했어요. 저는 아들이 꽃병을 깨뜨린 것 때문에 화가 나긴 했지만 그 보다 더 저를 화가 나게 한 이유는 아들이 절 속이려고 했던 점이에요. 모든 상황을 알게 되었을 때 결국 전 폭발하고 말았지요. 제가 배운 모든 기술은 다 잊어 버렸죠. 전 큰소리로 고함쳤어요. 그건 정말 끔찍했어요. 제가 배운 그 좋은 기술은 모두 사라져버린건가요?"

진구엄마의 실망은 확실히' 이해가 된다. 왜냐하면, 새로운 기술에 차츰 숙달되어 가고 있을 때 문제가 생겼기 때문이다. 진구엄마는 일이 잘 되어가고 있다가 문제가 발생했기 때문에 더욱 좌절이 심했다.

그러나 모든 것이 사라진 것은 아니다. 진구엄마처럼 우리는 이 책에서 배운 기술이 항상 어느 경우에나 성공적으로 적용될 것으로 기대해서는 안 된다. 이것은 현실적으로 가능한 것이 아니다. 아이들은 우리가 상상하는 것처럼 천사가 아니며 불완전하다는 것을 받아들이려고 노력하는 것처럼, 우리는 자신의 불완전함을 인정할 필요가 있다.

또한 우리 자신을 동정할 필요가 있다. 우리는 때때로 다른 문제로 너무 기진맥진하여 피곤하거나 다른 일에 정신을 빼앗기게 된다. 이럴 때 우리가 할 수 있는 최선의 일은 아이들과의 관계에 손상을 주지 않는 것이다.

5장에서 논의한 것처럼 당신은 화를 낸 후 냉정을 되찾기 위해 그 상황을 잠시 피했다가 나중에 아이에게 당신의 감정과 화를 낸 이유를 말해 줄 수 있다. 매우 화냈음에도 불구하고 당신이 여전히 아이를 사랑하고 있다는 것을 재확인시켜 줄 수 있다.

심지어 당신이 새로운 기술을 사용하는 데 실패했을 때에도 아이들은 항상 당신이 생각한 것 보다도 더 일찍 그 기술을 연습할 수 있는 또 다른 기회를 준다.

동혁이 엄마는 12살 된 아들이 자신의 마음에 상처를 입힌 어느날 저녁에야 비로소 자신의 기술이 진전되어 가고 있음을 느꼈다. 아들은 엄마가 오랜 시간 특별한 음식을 준비하기 위해 애썼음에도 불구하고 엄마가 만든 요리에 대해 비평했다.

동혁 : 닭고기 위에 뿌린 게 뭐예요?

엄마 : 그건 아주 맛있는 양념이야.

동역 : 웩. 토할것 같아요. 엄만 왜 할머니처럼 음식을 맛있게 만
    들지 못해요?
엄마 : 조용히 먹기나 해. 그건 맛있어. 네가 항상 불평하는 것에
    진저리가 나고 피곤해 죽겠어.
동역 : 전 항상 불평하지는 않아요!

나머지 식사시간 동안 동혁이는 접시를 포크로 치며 음식을 먹지
않았고, 엄마는 아들의 행동과 자신이 과거의 훈육방식을 다시 사용
한 것에 화가 나서 끓어오르는 분노를 꾹 참고 조용히 먹었다. 엄마
는 아들에게 명령을 하고("조용히 먹기나 해."), 음식에 대한 아들의
느낌을 거부하며("그건 맛있어."), 비평했다("항상 불평하는 것에 진저
리가 나고 피곤해 죽겠어")는 것을 알고 있었다.

그러나 엄마는 아들이 새로운 기술을 사용할 수 있는 또 다른 기회
를 이내 줄 것이라는 것을 알고 있었기 때문에 포기하지 않았다. 며
칠 후 엄마는 닭고기를 국물과 함께 아들에게 주었다. 이번에 엄마는
새로운 기술을 사용할 마음의 준비가 되어 있었다.

동역 : 이 끈적끈적한 게 뭐예요?
엄마 : 닭의 눈물이야!
동역 : 하하하! 정말 그건 것 같은데요.
엄마 : 네가 좋아할 줄 알았어.
동역 : 만약 추울 때 닭을 잡으면 눈물이 나올지 궁금한데요.

동혁이는 큰소리로 웃었고 닭고기와 함께 국물도 먹었다. 동혁이는

닭고기 국물을 아주 좋아하지는 않았지만 엄마가 유머를 사용함으로써 싸움의 요인을 제거했고 즐거운 저녁시간을 갖게 되었다.

비록 당신이 실수하거나 부주의해서 아이의 마음에 상처를 입히는 말을 했더라도 낙심하지 마십시오. 당신은 항상 시행착오를 통해 배우며, 다음번에는 기술이 더 세련되어 질 것이다. 따라서 습관적이고 충동적인 반응을 한 잘못에 얽매일 필요는 없다.

변화란 결코 쉬운 일이 아니다. 당신이 이미 익숙해져 있는 것을 포기하는 변화는 특히 더 어렵다. 새로운 기술은 항상 연습이 필요하다. 만약 당신이 빙판에서 스케이트를 타 본 적이 없거나 혹은 피아노를 쳐 본 적이 없다면, 당신은 숙달되기까지 머뭇거릴 것이며 실수도 많이 하게 될 것이다.

필자 역시 이 기술을 가르친 지 여러 해가 지난 후에도 아들 에릭으로부터 다음과 같은 말을 할 때, 그것이 좋은 대화방법이 아니라고 긴 연설을 하곤 했다. 그럴 때 아들은 다음과 같이 말했다. "엄마, 전 엄마가 워크숍에서 지금 제게 하는 것처럼 다른 부모에게도 그들 자녀에게 하라고 가르치진 않을 거라고 생각해요."

물론 아들의 말이 옳았다. 그래서 필자가 냉정을 되찾은 후 우리는 다시 화해할 수 있었다.

"경숙이가 예의 바르게 행동하도록"하기 위해 경숙이 엄마는 지금까지 써온 유일한 훈육방법을 사용했다. 즉 엄마는 딸을 위협하고, 잔소리하고, 달콤한 말로 속이며, 벌을 주었다. 그러나 시간이 지남에 따라 경숙이 엄마는 딸의 협조를 얻기 위해 강제로 시키는 것보다는 격려하는 것이 더 유용한 방법이라는 것을 알게 되었다. 엄마는 하루에 단 5분만이라도 새로운 기술을 사용하는 것이 효과적이라는 것을 알게 되었다. 즉, 경숙이는 엄마가 새로운 기술을 사용할 때 훨씬 더 엄마의 말을 잘 들었다.

경숙이는 병원에 가는 것을 가장 무서워했다. 엄마는 경숙이가 몹시 열이 나자 의사에게 전화를 걸었다. 경숙이는 엄마가 의사에게 다음과 같이 말하는 것을 들었다. "예, 선생님. 곧 갈께요."경숙이는 자기방으로 달려가며 "싫어요, 안 갈래요. 병원에 가기 싫단말예요."라고 소리쳤다. 그런다음 문을 쾅 닫고는 이불을 뒤집어 썼다.

엄마 : 엄만 네가 병원에 가기를 몹시 겁내는 것을 알아.
경숙 : (소리치며) 전 안 가요. 절 데려갈 수 없을 거예요.
　　　전 안 갈래요!

엄마는 침대위에 앉아서 딸이 흐느껴 우는 것을 들었다. 그리고 엄마는 잠시동안 아무 말도 안하고 딸의 등을 어루만져 주었다. 딸이 울음을 그치기 시작했을 때 다음과 같이 말했다.

엄마 : 엄만 네가 병원가기 싫어하는 것을 알아.
경숙 : 전 병원에 가고 싶지 않아요.
엄마 : 엄마도 잘 알아.

엄마는 더이상 아무 말도 하지 않았지만 어떻게 하면 딸을 강제로 병원에 데려가지 않을 수 있을까 생각하고 있었다.

몇 분이 지난 후 :

엄마 : 애야, 몸이 아플 때 병원에 가지 않으면 안돼.
　　　우린 병이 낫도록 해야만 한단다.

경숙이는 울음을 그쳤다. 그리고 몸을 뒤치락거리며 엄마를 쳐다 보았다.

엄마 : 병원에 '가고' '안 가고'는 선택할 수 있는 일이 아니야. 엄마 네가 빨리 낫도록 도와주어야만 해. 그게 엄마가 할 일이야. 네가 병원에 가는 것이 편안해지도록 엄마가 도와줄께. 넌 엄마 무릎에 앉을 수도 있고 또 엄마가 네 손을 꼭 잡아 줄 수도 있어. 또 우린 의사선생님이 어떻게 치료할 것인지 미리 알 수도 있어.

잠시 침묵이 흐른 뒤,

엄마 : 경숙아, 지금 병원에 가자.
경숙 : 좋아요, 그런데 엄마, 병원에서 꼭 제 옆에 있을거죠?
엄마 : 그럼, 물론이지. 약속할께.

일년 전이라면 경숙이 엄마는 위협("만약 당장 엄마를 따라오지 않으면, 일주일동안 장난감을 가지고 놀 수 없어")하거나 아이에게 창피("넌 울보구나")를 주거나 아이를 매수("네가 만일 병원에 가면 아이스크림을 사줄께")했을 것이다.

그러나 경숙이 엄마는 과거의 훈육방식대로 하지 않았다. 경숙이 엄마는 아이의 협조를 얻기 위해 딸의 감정을 인정해 주는 기술을 사용할 줄 알았다. ("엄만 네가 병원에 가기를 몹시 겁내는 것을 알아… 엄만 네가 병원가기 싫어한다는 것을 알아") 엄마는 딸의 감정에 반응함으로써 경숙이 편이라는 것을 보여 주었다. 엄마는 딸의 병원에 대한 공포를 제거할 수는 없었다. 그러나 딸의 두려움을 이해하

며, 곁에 함께 있어 줄 것을 약속함으로써 두려움을 극복할 수 있도
록 용기를 북돋아 주었다.

엄마에게 그것은 쉬운 일이 아니었다. 엄마는 딸을 병원에 데려가
야만 한다는 것을 잘 알고 있었다. 엄마는 딸의 감정에 관대하면서도
동시에 명확한 제한("… 병원에 가지 않으면 안돼… 그건 선택할 수
있는 일이 아니야…")을 하였다.

엄마는 또 다른 기술을 사용해서 일을 더욱 순조롭게 풀어 나갔다.
즉, 엄마는 경숙이에게 몇 가지 선택(병원에 가야만 한다는 엄마의
한계 내에서)을 주었다. 즉 "넌 엄마 무릎에 앉을 수도 있고 또 엄마
가 내손을 꼭 잡아 줄 수도 있어. 또 의사선생님이 어떻게 치료할 것
인지 미리 알 수도 있어." 이런 선택을 줌으로써 엄마는 딸이 어려운
상황에서 자신을 통제할 수 있는 방법을 연습할 기회를 주었다.

경숙이 엄마가 힘든 상황을 항상 성공적으로 다룰 수 있는 것은 아
니었다. 그러나 자신의 감정이 폭발해서 실패로 끝날 때마다 무엇이
잘못되었는지를 검토하고, 다음번 문제를 보다 효과적으로 다루기 위
한 정보로서 그것을 사용하려고 노력했다. 경숙이 엄마처럼 대부분의
부모는 한 번의 성공은 또다른 성공을 이루는 데 도움이 된다는 것
을 안다. 결과적으로 당신은 아이들을 다른 시각으로 보게 되며, 훨씬
더 아이들과 즐겁게 지낼 수 있게 된다. 그것은 일종의 "눈덩이 효과
(snowball effect)"이다. 아이들은 부모가 자신을 사랑한다고 느낄 때
이에 대한 부모의 기쁨은 다시 아이의 행동에 영향을 미치게 된다.

경숙이 엄마의 경우는 너무나 근사해서 사실로 믿기가 어려울지도
모른다. 그러나 이 책에 실린 대화는 실제로 부모가 자녀에게 한 말
이다. 이것은 전형적인 교과서가 아니다. 그리고 "꼭 해야만 한다는

의무"도 없다. 이 대화들은 단지 예로써 제시되는 것이지 암기하거나 그대로 반복해야만 하는 공식은 아니다. 당신은 자신의 방식대로 응용하는 것에 대해 염려할 필요가 없다. 왜냐하면 당신만큼 자녀를 잘 아는 사람도 없으며, 당신은 아이와 자신에게 가장 좋은 것이 무엇인지를 잘 알고 있기 때문이다.

이 책에서 논의한 기술들은 일반화될 수 있을 것이다. 한 부모가 "비록 저는 부모의 뜻이 무엇인지를 잘 알고 있었지만, 부모님이 제게 말하는 방식은 단지 갈등과 노여움만 생기게 했어요. 그 순간에는 부모의 말에 복종했지만 결국 부모님과 친밀감을 형성할 수 없었어요. 전 제 아이들과는 친밀한 관계를 맺고 싶어요."라고 말한 것과 같다.

필자는 여러분이 아이들과의 생활에서 언제든지 긍정적인 대화 기술을 사용할 수 있다고 믿는다. 물론 일찍 시작하면 할수록 아이들의 사춘기를 더 잘 대비하게 될 것이다. 그래서 여러분은 덤(bonus)을 얻게 될 것이다. 즉, 아이들이 성인이 되었을 때 당신과 훨씬 더 친밀한 관계를 가질 수 있을 것이다. 모든 부모는 성인자녀가 의무감이나 죄책감보다는 오히려 즐거움을 가지고 함께 지내길 바랄 것이다.

만약 당신이 가끔씩이라도 자녀에게 공감적으로 반응할 수 있다면 아이에게 당신뿐만 아니라 친구, 형제자매, 그리고 선생님과 대화하는 데 있어서 새로운 모델을 제시하는 것이 된다. 그렇게 되면 아이들은 자연스럽게 배우게 되어 성인이 되었을 때 자녀양육에 관한 책을 읽거나 강의를 들을 필요가 없을 것이다. 6살 된 수미는 이미 이런 방식에 익숙해져 가고 있었다.

수미아버지가 시간을 내서 워크숍에서 배운 기술을 연습하고 있었다. 아내가 외출중이던 어느날 저녁 수미아버지는 매우 지쳐있었는데 3살 된 아들이 잠옷 입는 문제로 매우 괴롭히고 있었다. 반시간동안 아들은 심하게 칭얼댔다. 아버지가 수철이에게 잠옷을 입히려고 할 때 수미는 줄곧 2층 침대 위에서 바라보고 있었다. 아들이 발길질을 하며 입지 않으려고 하는 것에 아버지는 화가 나서 아들을 찰싹 때렸다. 수철이는 큰소리로 울기 시작했다. 아버지는 자신이 충동적으로 행동하고 있다는 것을 즉시 알면서도 멈출 수가 없어서 또 때리려고 했다.

수미 : 아빠, 때리면 안 돼요. 만일 수철이가 아빠 말을 안 들으면 어떻게 되는지 결과를 체험하게 해요. 만약 수철이가 아빠 말을 듣지 않으면 무슨 일이 생기는지를 설명해 주세요. 수철이를 복도(문제를 해결하기 위한 일반적 가족의 장소)로 데리고 가서 말예요. 때리지는 마세요.

아버지 : (잠시 놀래서 할 말을 잃고) 그래, 수미야. 네 말이 정말 맞아. 아빠에게 말해줘서 매우 고맙다.

아버지 : (아들을 향해서) 미안하다. 아빠가 제정신이 아니었어. 아빠 네가 잠잘 준비를 할 때까지 잠자코 기다릴 수가 없어서 몹시 화가 났었단다. 널 때리지 말았어야 했는데. 때려서는 안 되지. 수철아, 미안해. 아빠 널 사랑한단다.

수철 : 아빠 저도요.

그리고 나서 그들은 서로 꼭 껴안고 뽀뽀를 했다.

SELECTIONS FOR FURTHER READING

Briggs, Dorothy C. *Your Child's Self-Esteem*. New York: Doubleday, 1970.

Based on the belief that a healthy self-concept is the source of psychological well-being, Briggs's focus is on helping parents develop this quality in their children.

Dodson, Fitzhugh. *How to Discipline with Love*. New York : New American Library, 1978.

Many practical strategies that suggest specific ways to deal with children's behavior from birth through adolescence.

Dreikurs, Rudolf, and Soltz, Vicki. *Children, the Challenge.*New York : Dutton, 1964.

Dreikurs, a student of Alfred Adler, presents techniques to help parents diminish conflict. Of particular interest are his chapters on siblings, the use of consequences and the disadvantages of reward and punishment.

Faber, Adele, and Mazlish, Elaine. *Liberated Parents—Liberated Children.* New York : Grosset & Dunlap, 1974.

Two mothers who studied with Haim Ginott relate their successes and failures with warmth and conviction. A moving book with which parents can identify.

_____. *How to Talk So Kids Will Listen and Listen So Kids Will Talk.* New York: Rawson-Wade, 1980.

A follow-up to Liberated Parents—Liberated Children, this concentrates more on specific techniques of communication with children.

Fraiberg, Selma. *The Magic Years*. New York: Scribners, 1959.

In clear jargon-free prose, Fraiberg helps parents grasp the basic psychoanalytic concepts as they apply to the first six years. An important book in understanding children's emotional development.

Ginott, Haim. *Between Parent and Child*. New York: Macmillan, 1965.

The inspiration for many of the ideas in my book began with Ginott who was one of the first psychologists to emphasize the need for caring, skillful communication with children.

_____. *Between Parent and Teenager*. New York: Macmillan, 1969.

This is still the book I prefer for parents of teenagers because it combines an understanding of adolescent behavior with specific, practical advice.

_____. *Teacher and Child*. New York: Macmillan, 1972. Helpful for parents as well as teachers, particularly as it relates to school problems, homework and enhancing teacher-child relationships.

Gordon, Thomas. P. E. T., *Parent Effectiveness Training*. New York: Peter Wyden, 1970.

A very structured approach to communication skills, with similarities to Ginott, and some differences(such as Gordon's discussion of parental anger and setting limits).

Kersey, Katherine. Sensitive Parenting. Washington, D.C.: Acropolis Press, 1983.

A positive and down-to-earth approach that supplements many of the ideas in this book. Contains interesting examples.

Lerman, Saf. *Parent Awareness: Positive Parenting for the 1980's*.
Minneapolis: Winston Press, 1981.

A humane view of children that seeks to help parents discipline with compassion.

LeShan, Eda, *When Your Child Drives You Crazy*. New York: St. Martin's Press, 1985.

A variety of essays about the pains and pleasures of being a parent presented in LeShan's warm, personal style. Valuable insights into everyday problems.

Other Book You May Find Helpful

Ames, Louise B. *He Hit Me First: When Brothers and Sisters Fight*. New York: Dembner Books, 1983.

Offers many hints on how to diminish parent involvement in sibling squabbles, and includes useful information about child development.

Ames, Louise B., and Chase, Joan Ames. *Don't Push Your Preschooler*. Rev. ed. New York: Harper & Row, 1980.

The title tells you what Ames has discovered after many years of research at the Gesell Institute of Child Development. The book tells you why not to push and what to do instead.

Atkin, Edith, and Rubin, Estelle. *Part-Time Father*. New York: Vanguard Press, 1976.

As a support to fathers who are in the process of divorce or separation, this clear and useful book fills an important gap. Helpful to mothers as well.

Axline, Virginia. *Play Therapy*. Boston: Houghton Mifflin, 1947.

A pioneer in the use of play therapy for children, Axline offers insights into the art of acknowledging feelings.

Balter, Lawrence. *Dr. Balter's Child Sense: Understanding and Handling the Common Problems of Infancy and Early Childhood.* New York: Poseidon Press, 1985.

Dr. Balter talks to parents of young children in ways that are supportive and nonjudgmental and gives practical advice about many common problems.

Bank, Stephen, and Kahn, Michael. *The Sibling Bond.* New York: Basic Books, 1983.

This book is a thoughtful examination of the many combinations and complexities of the sibling bond from birth through old age.

Bergstrom, Joan. *School's Out: Now What?* Berkeley, Calif.: Ten Speed Press, 1984.

An immensely practical book that gives parents concrete suggestions and extensive resources for helping children make the most of their free time.

*Bernstein, Anne. *The Flight of the stork.* New York: Dell, 1978.

A sound, straightforward book for parents who want to understand and respond helpfully to children's questions about sexuality at different ages and stages.

Brazelton, T. Berry. *Toddlers and Parents.* New York: Delacorte, 1969.

One of America's most respected, authoritative pediatricians reassures parents about the normal, expectable parameters of toddlerhood.

_____. *To Listen to a Child: Understanding the Normal Problems of Growing Up.* Reading, Pa.: Addison-Wesley, 1984.

An informed approach to some of the emotional and physical problems encountered in the process of children's growth.

*Brenton, Myron. *How to Survive Your Child's Rebellious Teens.* New York: Lippincott, 1979.

Helps parents distinguish between normal adolescent behavior and serious acting-out. A sensible well-balanced approach.

Burck, Frances Wells. *Mothers Talking: Sharing the Secret.* New York: St. Martin's Press, 1986.

A moving portrayal of the intensity and diversity of the mothering experience as told by mothers in their own words.

*The books marked with an asterisk are currently out of print, but check your local library.

Calladine, Andrew and Carole. *Raising Brothers and Sisters Without Raising the Roof.* Minneapolis: Winston Press, 1983.

One of the most straightforward books to help parents deal with sibling dilemmas on a day-to-day basis. Contains many specific suggestions.

Chess, Stella, Thomas, Alexander; and Birch, Herbert. *Your Child Is a Person: A Psychological Approach to Parenthood without Guilt.* New York: Viking, 1965; New York: Penguin, 1977.

This nonblaming approach, based on long-term studies, stresses the importance of temperament as a guide to understanding children.

Davitz, Lois and Joel. *How to Live (Almost) Happily with a Teenager.* Minneapolis: Winston Press, 1982.

This approach helps parents deal with their adolescents in a rational, well-thought-out manner.

Franke, Linda B. *Growing Up Divorced.* New York: Linden Press, 1983.

One of the best of many books on this subject. Contains important insights lucidly expressed.

Galinsky, Ellen. *Between Generations: The Six Stages of Parenthood.* New

York: Times Books, 1981.

An innovative description of the ways in which parents change and grow as they pass through the different stages of their children's development.

Gardner, Richard A. *The Boys and Girls Book about Divorce.* New York: Bantam Books, 1971.

Although written for children, this book is useful for parents as well. Contains many insights into the strong, ambivalent feelings accompanying divorce and separation.

_____. *The Boys and Girls Book about One-Parent Families.* New York: Bantam Books, 1983,

One of the most helpful books for parents and children on the topic of the single-parents family.

*Harrison-Ross, Phyllis, and Peter Wyden, Barbara. *The Black Child*: A Parent's Guide. New York: Peter Wyden, 1973.

Valuable insights into the conscious and unconscious attitudes toward race that affect children, both black and white.

Hechinger, Grace. *How to Raise a Street-Smart Child.* New York: Facts on File, 1984.

One of the most sensible and rational of the many books to appear on all aspects of child safety.

*Heffner, Elaine. *Mothering: The Emotional Experience after Freud and Feminism.* New York: Doubleday, 1978.

An eloquent and thoughtful discussion of the ambivalent feelings accompanying motherhood. The chapters on anger and guilt are particularly helpful.

Hirschmann, Jane, and Zaphiropoulos, Lela. *Are You Hungry? A Completely New Approach to Raising Children Free of Food and Weight Problems.*

New York: Random House, 1985.

A novel approach that challenges many of the eating myths that parents of previous generations imposed upon their children. Thoughtful and provocative.

Jablow, Martha M. Cara: *Growing with a Retarded* Child. Philadelphia: Temple University Press, 1982.

Both a moving personal a account of raising a child with Down's syndrome and a vitally important guide for any parent bringing up a retarded child.

Kaplan, Louise. *Oneness and Separateness: From Infant to Individual.* New York: Simon & Schuster, 1978.

A poetic and clear explanation of Margaret Mahler's approach to the psychological development of the first three years.

Klagsbrun, Francine. *Married People: Staying Together in the Age of Divorce.* New York: Bantam Books, 1985, A wise and important contribution to our understanding of the many elements that make marriages work over time.

Lansky, Vicki. *Practical Parenting Tips.* Deephaven, Minn.: Meadowbrook Press, 1980.

A "nuts and bolts" collection of practical hints and ideas discovered by parents in their on-the-job training.

_____. *Practical Parenting Tips for the School-Age Years.* New York: Bantam Books, 1985.

Same as her Practical Parenting Tips but directed toward parents of children 6-10.

Lappé, Frances Moore. *What to Do after You Turn Off the TV.* New York: Ballantine Books, 1985.

Like many other parents, the author worried about the negative effects of television on her children. In this engaging book, she gives parents concrete alternatives that suggest what to do in place of TV.

Lofas, Jeannette, and Roosevelt, Ruth. *Living in Step*. New York: McGraw-Hill, 1977.

A down-to-earth, realistic discussion of the potential pitfalls of being a stepparent. One of the better books on this subject.

McBride, Angela B. *The Growth and Development of Mothers*. New York: Barnes & Noble, 1973.

An insightful discussion of guilt, ambivalence and the many myths that accompany the mothering experience.

McCoy, Kathy, and Wibbelsman, Charles. *The Teenage Body Book*. Rev. ed. New York. Pocket Books, Wallaby, 1984.

Immensely helpful for both teens and their parents. Comprehensive in scope and written with clarity and candor.

Miller, Alice. *For Your Own Good: Hidden Cruelty in Childrearing and the Roots of Violence*. New York: Farrar, Straus & Giroux, 1983.

A dramatic and powerful indictment of what Miller, a Swiss analyst, calls "poisonous pedagogy," in which harsh parental discipline is passed on from one generation to the next.

Napier, Augustus, and Whitaker, Carl. *The Family Crucible*. New York: Harper & Row, 1978.

One of the most interesting and readable books about the process of family therapy.

Norris, Gloria, and Miller, JoAnn. *The Working Mother's Complete Handbook*. Rev. ed. New York: New American Library, 1984.

A useful and comprehensive guide for parents working outside of the home.

Pomeranz, Virginia E., with Dodi Shultz. *The First Five Years*. New York: St. Martin's Press, 1984.

No-nonsense advice from a practicing pediatrician.

Reit, Seymour. *Sibling Rivalry*. New York: Ballantine Books, 1985.

Factual, realistic and reassuring information for dealing with the inevitability of sibling rivalry.

Satir, Virginia. *Peoplemaking*. Palo Alto, Calif.: Science & Behavior Books, 1972.

An innovative and original look at family dynamics.

Schiff, Harriet S. *The Bereaved Parent*. New York: Penguin, 1977.

A moving book by a parent who experienced the death of a child. Helpful not only to parents who have undergone this tragedy, but to their friends and relatives as well.

Spock, Benjamin, and Rothenberg, Michael. *Dr. Spock's Baby and Child Care*. Rev. ed. New York: Pocket Books, 1985.

Still the most complete reference book for accurate information about the physical and emotional health of children.

Trelease, Jim. *The Read-Aloud Handbook*. New York: Penguin, 1982.

This book is a must for any parent who wants to help his child learn to love reading. Helpful, specific, innovative ideas to make reading irresistible from birth through preadolescence.

Turecki, Stanley, and Tonner, Leslie. *The Difficult Child*. New York: Bantam Books 1985.

Dr. Turecki spells out a specific program for dealing with the temperamentally difficult child. Refreshingly free of blame toward either parent or child.

Viorst, Judith. *Necessary Losses.* New York: Simon and Schuster, 1986.

Wise and thought-provoking essays about growth and change in relationships, in which Viorst synthesizes psychoanalytic theory, vivid interviews and personal experience. Compelling and informative.

Visher, John and Emily. *Stepfamilies: A Guide to Working with Stepparents and Stepchildren.* New York: Bruner, Mazel, 1979.

Written by therapists who are themselves stepparents (of eight children), this is an authoritative guide for both parents and professionals.

_____. *How to Win as a Stepfamily.* Chicago: Contemporary Books, 1982.

Down-to-earth advice for stepparents, plus an excellent bibliography for children as well as parents.

Wallerstein, Judith S., and Kelly, Joan B. *Surviving the Breakup: How Children and Parents Cope with Divorce.* New York: Basic Books, 1980.

Based on one of the most complete, long-term studies of the effects of divorce on children of different ages, this book is valuable for parents and therapists as well.

*Weisberger, Eleanor. *Your Young Child and You: How to Manage Growing-up Problems in the Years from One to Five*: New York: Dutton, 1975.

Practical, readable and simple without being simplistic.

Weiss, Joan S. *Your Second Child: A Guide for Parents.* New York: Summit Books, 1981.

A detailed look at the impact of the second child on the family. Provides a good balance between theory and practice, and discusses the advantage and disadvantages of having more than one child.

◆ 역자 약력

• 김진숙

경희대학교 가정학 석사(아동학 전공) / 중앙대학교 이학 박사(아동학 전공)

現 | 경희대·중앙대에서 아동발달, 부모교육, 발달심리, 인간발달 등 강의 / 부모교육·상담센터 소장 / 상도어린이집 원장

역서 | 『참부모 역할』(공역, 학문사) / 『자녀와의 사랑만들기』(공역, 서원)

• 연미희

미국 오레곤 주립대학교 교육학 석사(유아교육 전공) / 경희대학교 가정학 박사(아동학 전공)

現 | 서원유치원 원장

경희대·총신대에서 유아교육론, 유아생활지도 등 강의

• 이인수

경희대학교 가정학 석사(가족학 전공) / 경희대학교 가정학 박사(가족학 전공)

現 | 경희대·인하대에서 가족관계, 한국가족론, 가족과 환경 등 강의

저서 | 『결혼과 가족』(공저, 경희대 출판국)

바람직한 자녀와의 대화방법

2003년 4월 10일 5쇄 인쇄
2003년 4월 15일 5쇄 발행

저　자 / Nancy Samalin & Moraghan Jablow
역　자 / 김진숙 · 연미희 · 이인수
발행인 / 김　기　형
조　판 / 학문사전산실
발행처 / **학 문 사**

서울특별시 종로구 사직동 7-2번지 사학회관
☎ (대) (02)738-5118　FAX 733-8998
(대구지사) (053)422-5000~3　FAX 424-7111
(부산지사) (051)502-8104　FAX 503-8121
등록번호　제1-a2418호

가격 9,000원

ⓒ HAKMUN PUBLISHING CO. 2003

ISBN 89 - 467 - 3103 - 6
E-mail: hakmun@hakmun.co.kr
http://www.hakmun.co.kr